भाषा शिक्षण

भाषा शिक्षण

डॉ. रवीन्द्रनाथ श्रीवास्तव

वाणी
प्रकाशन

प्रकाशन के उत्कृष्टतम 61 वर्ष

पेपरबैक पहला संस्करण : 2016
पेपरबैक दूसरा संस्करण : 2024

vaniprakashan.com

वाणी प्रकाशन
4695, 21-ए, दरियागंज, नयी दिल्ली-110 002
फ़ोन : +91 11 23273167, 23275710
शाखाएँ
अशोक राजपथ, पटना-800 004, बिहार
कॉफ़ी हाउस कैम्पस, महात्मा गांधी मार्ग, प्रयागराज-211 001, उत्तर प्रदेश
महात्मा गांधी अन्तरराष्ट्रीय हिन्दी विश्वविद्यालय, वर्धा-442 001, महाराष्ट्र
36/ए, शेक्सपियर सरणी, रानी बिरला गर्ल्स कॉलेज के पास, कोलकाता-700 017, प. बंगाल
sales@vaniprakashan.in
vaniprakashan@gmail.com

BHASHA SHIKSHAN
by Dr. Ravindranath Srivastava

ISBN : 978-93-5072-840-6
Linguistics

मूल्य : ₹ 225

जी.एस. ऑफ़सेट, दिल्ली-110 095 में मुद्रित

वाणी प्रकाशन का लोगो मक़बूल फ़िदा हुसेन की कूची से

पूज्य पिताजी को
जो अब मेरे जीवन के मौन अध्यापक हैं

दो शब्द

(द्वितीय संस्करण)

गत दो दशकों में भाषा शिक्षण के क्षेत्र में काफी परिवर्तन आया है। न केवल भाषा अर्जन और भाषा अधिगम को लेकर इधर सैद्धान्तिक चर्चा उठी है बल्कि इस विचार-विमर्श के परिप्रेक्ष्य में भाषा शिक्षण की नई विधियों के प्रणयन और उनके विकास के भी प्रयत्न हुए हैं। भाषा शिक्षण की समसामयिक विधियों के पीछे इन दो दशकों में होने वाले भाषा चिन्तन सम्बन्धी परिवर्तन का हाथ देखा जा सकता है। भाषा सिद्धान्त के अभिविन्यास में संरचनात्मक भाषाविज्ञान के स्थान पर हम संज्ञानात्मक भाषाविज्ञान का प्रचलन पाते हैं, अधिगम सिद्धान्त के क्षेत्र में स्किनर और आसगुड के 'साहचर्यवादी' दृष्टिकोण के स्थान पर एक ओर चॉम्स्की, काट्स, लेनेबर्ग आदि का 'सत्ववादी' दृष्टिकोण पाते हैं और दूसरी तरफ बीवर, फ्रोडर, पिआजे, ब्राउन आदि विद्वानों द्वारा प्रतिपादित 'प्रतिक्रियावादी' दृष्टिकोण को विकसित होते देख रहे हैं। इसी तरह हम पाते हैं भाषा शिक्षण के 'केन्द्रक' में नया परिवर्तन। पहले इसके केन्द्र में या तो 'पाठ सामग्री' थी या फिर कक्षा का संचालक 'अध्यापक'। नये युग का केन्द्रक 'शिक्षार्थी' है। शिक्षार्थी केन्द्रित होने के कारण भाषा शिक्षण की धुरी आज भाषा अर्जन और भाषा अधिगम के सिद्धांत बन गए हैं। साथ ही भाषा अध्ययन के क्षेत्र में उसकी प्रकार्यात्मक और सम्प्रेषणात्मक दृष्टि ने रूपरचना और व्याकरणिक व्यवस्था को अपना साधन बना लिया है। आज हम भाषिक क्षमता के साथ-साथ सम्प्रेषणपरक दक्षता की बात करते हैं।

परिवर्तन की इन दिशाओं ने भाषा शिक्षण की इधर कई नई विधियों को जन्म दिया है, जैसे—सम्प्रेषणपरक शिक्षण-विधि, बोधात्मक विधि, मौन विधि, समुदायपरक विधि, सांकेतिक विधि, परिवीक्षण विधि आदि। यही कारण है कि इस संशोधित संस्करण में दो अलग से नए अध्याय जोड़े गए हैं। एक का सम्बन्ध भाषा शिक्षण के मनोवैज्ञानिक दृष्टिकोण के साथ है जिसमें भाषा अर्जन और भाषा अधिगम सम्बन्धी विभिन्न सम्प्रदायों की चर्चा है, दूसरे का सम्बन्ध भाषा चिन्तन

में परिवर्तन के फलस्वरूप विकसित भाषा शिक्षण की उन नई विधियों से है जो सम्प्रति प्रयोग और अनुसंधान के विषय बने हुए हैं।

इसमें संदेह नहीं कि न तो समय स्थिर होता है कि और न ही समाज की अपनी गतिविधियां। मनुष्य और मशीन की अन्त:क्रियात्मक प्रकृति ने भाषा-शिक्षण के उपकरणों को भी प्रभावित किया है। भाषा शिक्षण के क्षेत्र में मशीन के रूप में कंप्यूटर और पाठ अभ्यास के रूप में क्रमादेशी अधिगम नई उपलब्धियाँ हैं, जो नए ढंग से आज की शिक्षण विधि को प्रभावित कर रही हैं। इनसे सम्बद्ध पाठांश भी इस संस्करण की विशेषता है। मानवेतर जीव-जन्तुओं (यथा चिम्पाजी, डाल्फिन आदि) पर अधिगम सम्बन्धी नए-नए प्रयोग किए गए हैं। इन प्रयोगों का एक उद्देश्य यह भी रहा है कि हम यह देख पाएं कि मानव भाषा और उसके भाषा अधिगम की क्षमता कहां तक जाति-विशिष्ट है। इन प्रयोगों के सन्दर्भ में मानव-भाषा और तत्सम्बन्धी मानव की अधिगम क्षमता पर प्रकाश डाला गया है।

भाषा शिक्षण सम्बन्धी इन नए विचारों को समेटने की प्रक्रिया में नए-नए पारिभाषिक शब्दों का प्रयोग स्वाभाविक ही है। पारिभाषिक शब्दावली के साथ सन्दर्भ ग्रंथ सूची को भी अद्यतन बनाया गया है, निश्चय ही इससे पुस्तक अधिक उपयोगी बन गई है।

दिल्ली
1992

रवीन्द्रनाथ श्रीवास्तव

दो शब्द

(प्रथम संस्करण)

अनुप्रयुक्त भाषाविज्ञान, भाषावैज्ञानिक सिद्धांतों का किसी लक्ष्य विशेष की प्राप्ति के संदर्भ में अनुप्रयोग है। सिद्धांत का अनुप्रयोग होने के कारण इसकी प्रकृति मूलतः संक्रियात्मक होती है। भाषा की संरचना और उसकी आंतरिक प्रकृति से संबंधित जो जानकारी भाषाविज्ञान देता है अनुप्रयुक्त भाषाविज्ञान अपनी लक्ष्य-सिद्धि के लिए उनका उपयोग करता है। इसमें संदेह नहीं कि आज ज्ञान-विज्ञान के विभिन्न क्षेत्रों में भाषावैज्ञानिक सिद्धांतों का उपयोग हो रहा है। कभी हम 'मन की प्रकृति' को समझने के लिए इनका उपयोग पाते हैं और कभी 'समाज की प्रकृति' पर प्रकाश डालने के लिए इनका सहारा लेते देखते हैं। इसी प्रकार साहित्य की संरचनात्मक व्याख्या (शैलीविज्ञान), शब्दकोशों का निर्माण (कोशविज्ञान), उच्चारण और श्रवण संबंधी दोष निर्धारण और उनका परिहार (वाक् चिकित्सा विज्ञान) आदि विभिन्न क्षेत्रों में भाषावैज्ञानिक सिद्धांतों का सार्थक अनुप्रयोग चल रहा है। वैसे तो इन विभिन्न क्षेत्रों में भाषावैज्ञानिक सिद्धांतों का अपना महत्त्व और उनके अनुप्रयोग की अपनी सार्थकता देखी जा सकती है पर भाषा शिक्षण के संदर्भ में वे अपनी सार्थकता पूरी तरह सिद्ध कर चुके हैं। भाषा शिक्षण के संदर्भ में भाषाविज्ञान न केवल अपना एक अलग इतिहास बना चुका है वरन आज भी उसके व्यवहार क्षेत्र को बहुआयामी और प्रभावशाली बनाने की ओर सक्रिय है। यही कारण है कि कुछ विद्वानों की शब्दावली में अनुप्रयुक्त भाषाविज्ञान और भाषा शिक्षण पर्यायवाची संकल्पनाएं मानी गई हैं।

यह कहा जा सकता है कि आज तीन विभिन्न संदर्भों में अनुप्रयुक्त भाषा विज्ञान की संकल्पना का प्रयोग किया जा रहा है। पहला संदर्भ दो ज्ञानक्षेत्रों के संधिस्थल से संबद्ध है, यथा भाषाविज्ञान और मनोविज्ञान (मनोभाषाविज्ञान), भाषाविज्ञान और समाजशास्त्र (समाजभाषाविज्ञान)। इस संदर्भ में अनुप्रयुक्त होकर भी भाषाविज्ञान सिद्धांतों का अन्वेषण करता है। सिद्धांत से संबद्ध होने के

कारण कुछ विद्वान इसे 'अनुप्रयोग' का क्षेत्र नहीं मानते। उदाहरण के लिए, चॉम्स्की के मत में मनोभाषाविज्ञान ही वस्तुतः भाषाविज्ञान है और लेबाव के अनुसार समाज-भाषाविज्ञान, स्वयं में ही भाषाविज्ञान है। दूसरा संदर्भ विधाविशेष के क्षेत्र में भाषावैज्ञानिक सिद्धांतों के उपयोग से संबद्ध है—यथा शैलीविज्ञान, कोशविज्ञान, वाक् चिकित्सा विज्ञान आदि। भाषावैज्ञानिक सिद्धांतों के अनुप्रयोग का यह क्षेत्र विधाविशेष को एक सुनिश्चित प्रणाली और तकनीक देता है। तीसरा संदर्भ, भाषा शिक्षण का है जहां साध्य और साधन दोनों ही भाषा और भाषा-प्रयोक्ता के घेरे में आ सिमटते हैं। अनुप्रयुक्त भाषाविज्ञान के इन तीन संदर्भों को उनके कार्य-क्षेत्रों एवं प्रकार्य की अर्थव्याप्ति की दृष्टि से क्रमशः व्यापक, सामान्य और सीमित संदर्भ कहा जा सकता है। अपने व्यापक संदर्भ में वह सिद्धांत निर्माता है, सामान्य अर्थ में ज्ञान एवं व्यवहार के किसी भी क्षेत्र में वह भाषावैज्ञानिक सिद्धांतों का अनुप्रयोग है और अपने सीमित अर्थ में वह मात्र भाषा शिक्षण के क्षेत्र का विषय है।

अनुप्रयुक्त भाषाविज्ञान आज अगर एक ओर भाषावैज्ञानिक सिद्धांतों और उनकी उपलब्धियों से कटकर अपने प्रभावशाली बनाने में असमर्थ है तो दूसरी ओर यह भी देखा जा सकता है कि अपनी विशेष समस्याओं के संदर्भ में वह भाषाविज्ञान की अनेक आधारभूत संकल्पनाओं पर प्रश्नचिह्न लगाकर उसे गति देने में भी समर्थ है। यह एक दूसरा प्रश्न है कि भाषा शिक्षण ऐसे अनुप्रयुक्त भाषाविज्ञान का कोई अपना सैद्धांतिक संदर्भ हो भी सकता है या नहीं? भाषा शिक्षण तो भाषावैज्ञानिक सिद्धांतों का शिक्षण के विशेष संदर्भ में अनुप्रयोग है, उसका अध्येता तो पूर्वनिर्धारित सिद्धान्तों का 'प्रयोक्ता' होता है, भाषा-वैज्ञानिक सिद्धांतों का 'निर्माता' नहीं। इसके साथ ही यह भी कहा जा सकता है कि भाषा शिक्षण के मूल में भाषाव्यवहार और भाषिक कौशल होते हैं स्वयं भाषा की अपनी संरचना या प्रकृति नहीं। अतः उसका लक्ष्य 'व्यावहारिक' और सिद्धांत से इतर 'प्रयोजन-सिद्धि' है। पर इस प्रश्न को एक दूसरे संदर्भ में भी उठाना संभव है। यह पूछा जा सकता है कि भाषिक नियमों का वास्तविक प्रयोक्ता कौन है—शिक्षक या शिक्षार्थी? अगर यह माना जाए कि भाषा शिक्षण का केंद्रक न तो 'शिक्षक' है और न शिक्षण प्रणाली, वरन स्वयं 'शिक्षार्थी' है तब यह भी कहा जा सकता है कि भाषा का 'प्रयोक्ता' और भाषा शिक्षण का 'केंद्रक' दोनों ही स्वयं 'शिक्षार्थी' हैं। एक संदर्भ में वह सहज और स्वाभाविक रीति से अनौपचारिक वातावरण में भाषा सीखता है और दूसरे संदर्भ में वह नियंत्रित और औपचारिक वातावरण में 'शिक्षक' और 'शिक्षण तंत्र' के संदर्भ में भाषा को सायास ग्रहण करता है। भाषा शिक्षण की आधुनिक दृष्टि अपनी प्रणाली को इस प्रकार विकसित करने के पक्ष में है कि 'शिक्षण तंत्र' के नियंत्रित और औपचारिक

वातावरण का 'शिक्षार्थी' पर पड़ने वाला दबाव इस प्रकार कम हो जाए कि शिक्षार्थी भाषा को सहज प्रक्रिया द्वारा ग्रहण कर उसके विभिन्न कौशलों का सक्षम व्यवहारकर्ता बन जाए।

यह लक्ष्य जितना ही महत्त्वपूर्ण है, इसका निर्वाह उतना ही कठिन है। भाषा-प्रयोक्ता के रूप में न तो शिक्षार्थी अपने चतुर्दिक वातावरण से कटा 'स्वायत्त' इकाई होता है और न ही भाषा शिक्षण का व्यापार पूरे शिक्षण तंत्र की अपनी प्रकृति एवं बुनावट से कट कर ही चल सकता है। समाज की आर्थिक-सामाजिक प्रकृति क्या है, सरकार की शिक्षा और भाषानीति कैसी है, स्कूल के ढांचे का रूप क्या है, शिक्षक की योग्यता किस प्रकार की है— आदि प्रश्न न केवल भाषा शिक्षण के अनेक व्यावहारिक संदर्भों के साथ जुड़े हुए हैं वरन बहुत कुछ उसके सैद्धांतिक संदर्भों को भी प्रभावित करने में समर्थ हैं।

इन प्रश्नों से उत्पन्न जटिलताओं का विवेचन करने वाली भाषा शिक्षण पर बहुत ही कम पुस्तकें उपलब्ध हैं। भारत की अपनी वास्तविक स्थिति के संदर्भ में भाषा शिक्षण पर जो कार्य होने चाहिए थे वे नहीं के बराबर हैं। भारतीय समाज की बहुभाषिक प्रकृति, उसकी भाषानीति, भाषा शिक्षण की अपनी स्थिति और हिंदी के महत्त्व और प्रयोजनसिद्धि के संदर्भ में भाषा शिक्षण पर एक भी पुस्तक मुझे देखने को नहीं मिली है। यह पुस्तक इस दिशा में एक लघु प्रयास है। पुस्तक लिखने का उद्देश्य भाषा शिक्षण के उद्देश्य, प्रणाली और तकनीक का परिचय देने के साथ-साथ भाषा शिक्षण के व्यापक संदर्भ पर प्रकाश डालना भी रहा है। इस-लिए पुस्तक तीन खंडों में विभाजित है। पहले खंड में भाषा और भाषा शिक्षण के विविध संदर्भों की चर्चा है और तीसरे खंड में मातृभाषा और अन्य भाषा शिक्षण के अनेकानेक संदर्भों का विवेचन है : ये दोनों खंड भाषा शिक्षण की प्रणाली और तकनीक से उतना संबंध नहीं रखते जितना कि उसकी पृष्ठभूमि, दृष्टि और संबद्ध प्रश्नों के विविध आयामों से। दूसरे खंड का संबंध भाषा शिक्षण की विधि, प्रणाली और उसके प्रणालीतंत्र से है। प्रस्तुत संशोधित संस्करण में पुस्तक पांच खंडों में विभाजित है।

विश्वास है कि 'भाषा तथा भाषिकी' पुस्तकमाला के अंतर्गत प्रकाशित यह पुस्तक भाषा शिक्षण की सैद्धांतिक चर्चा करने वाले विद्वानों एवं उसको व्याव-हारिक रूप देने वाले अध्यापक-छात्रों के लिए समान रूप से उपयोगी सिद्ध होगी।

रवीन्द्रनाथ श्रीवास्तव

अनुक्रम

खंड एक

भाषा और भाषा शिक्षण : विविध संदर्भ

खंड चार

मातृभाषा और अन्य भाषा शिक्षण

खंड पांच

संदर्भ ग्रंथ सूची और पारिभाषिक शब्दावली

खंड एक

भाषा और भाषा शिक्षण : विविध संदर्भ

भाषा, भाषा प्रयोग और भाषिक विकल्पन

भाषा शिक्षण का संबंध एक ओर 'भाषा' से रहता है और दूसरी ओर 'मानव मन' एवं 'मानवीय व्यवहार' से। यहां सीखने और सिखाने वाली 'वस्तु' वस्तुतः 'भाषा' है और सीखने तथा सिखाने वाले दोनों ही मनुष्य होते हैं। यह बात दूसरी है कि सीखने और सिखाने वाला अपनी प्रक्रिया में अन्य उपकरणों की सहायता ले अथवा भाषा सीखने और सिखाने के समय वह भाषेतर विषय को भी साधता चले, पर भाषा शिक्षण के अपने संदर्भ में यह कहा जा सकता है कि व्यापारकर्ता मनुष्य है और लक्ष्यवस्तु 'भाषा' है।

जिस अर्थ में भाषा का आज हम प्रयोग करते हैं उस अर्थ में हम 'भाषा' और 'मनुष्य' को सहन्यस्त संकल्पनाएं मान सकते हैं। दोनों में किसी एक को हम दूसरे से अलग कर न तो समझ सकते हैं और न ही परिभाषित कर सकते हैं। पर सामान्य बोलचाल में 'भाषा' का प्रयोग हम कई अन्य संदर्भों में भी करते हैं। हम कभी 'पशु-पक्षियों' की भाषा को भी भाषा मान लेते हैं और 'आंखों की भाषा' को भी भाषा की संज्ञा दे बैठते हैं। इन संदर्भों में भाषा की संकल्पना का विस्तार कर उसे किसी भी 'संप्रेषण व्यवस्था' का पर्याय बना देते हैं अथवा उसका लाक्षणिक अर्थों में प्रयोग करने लगते हैं। भाषा शिक्षण के संदर्भ में जिस 'भाषा' को लक्ष्य बनाया जाता है वह वस्तुतः 'मानव भाषा' होती है जिसकी अपनी विशेष प्रकृति और अपने विशेष अभिलक्षण हैं। अतः यह आवश्यक है कि भाषा को अन्य संप्रेषण माध्यमों से अलग करने के लिए हम मानव भाषा के अभिकल्प अभिलक्षणों (डिजाइन फीचर्स) पर विचार कर लें।

मानव भाषा के अभिकल्प अभिलक्षण

नीचे भाषा के कुछ ऐसे अभिलक्षणों की ओर संकेत दिया जा रहा है जो मानव भाषा की अपनी संप्रेषण प्रकृति से संबद्ध हैं और जो मानव भाषा को अन्य संप्रेषण व्यवस्था से अलग करते हैं।

मौखिक-श्रव्य सरणि (वोकल-आडिटरी चैनल)

संप्रेषण व्यवस्था में जिस सरणि (चैनल) का प्रयोग मानव भाषा में होता है उसकी प्रकृति मूलतः मौखिक-श्रव्य है अर्थात किसी संकेत या संदेश को भेजने वाला (प्रेषक / वक्ता) संदेश को मुख से उच्चरित करता है और उसको पाने वाला (ग्राहक / श्रोता) उसे कान से सुनता है। यह अभिलक्षण इस ओर संकेत करता है कि भाषा, मूलतः मौखिक होती है। उसका लिखित रूप, मौखिक रूप पर ही किसी न किसी रूप में आधारित होता है। यह भी कहा जा सकता है कि अपने शत्रुओं की सूचना देने के लिए तेज बदबूदार गंध निकालना या पराग और शहद के स्थान की सूचना देने के लिए एक विशेष प्रकार से नाचना संप्रेषण की एक सरणि हो सकता है (और मधुमक्खी इस सरणि को अपनाती भी है) पर गंध-नृत्य की यह सरणि मानव भाषा का अभिलक्षण नहीं।

अंतर्विनिमयता (इंटरचेंजेबिलिटी)

यह माना जाता है कि मनुष्य, बोलने वाला प्राणी है। पर इस अभिलक्षण के अनुसार मानव को समझने के लिए यह संकेत अधूरा है। मनुष्य बोलता नहीं अपितु 'बातचीत' करता है। 'बातचीत' में दो व्यक्ति—'वक्ता और श्रोता' का होना ही आवश्यक नहीं, यह भी जरूरी है कि वक्ता और श्रोता, बोलने और सुनने की अपनी भूमिका को बदलते भी रहें अर्थात बातचीत के दौरान जो एक समय वक्ता है वह दूसरे समय पर श्रोता की भूमिका अपनाए और जो श्रोता है वह वक्ता की भूमिका निभाए। इस दृष्टि से एक ही व्यक्ति कभी वक्ता की भूमिका निभाता है और कभी श्रोता की। वक्ता और श्रोता के इस भूमिका परिवर्तन को संप्रेषण व्यवस्था के संदर्भ में अंतर्विनिमयता कहा गया है जो मानव भाषा का अभिलक्षण है।

यादृच्छिकता (आर्बिट्रेरीनेस)

भाषा ध्वनि प्रतीकों की व्यवस्था होती है। प्रतीक के रूप में उसमें कथ्य (सिग्निफाइड) और अभिव्यक्ति (सिग्निफायर) एक साथ जुड़कर आते हैं। कथ्य के रूप में 'अर्थ' और अभिव्यक्ति के रूप में 'वाणी/वाक्' की समन्वित इकाई को ही भाषिक प्रतीक कहा जाता है। यह अभिलक्षण संकेत देता है कि कथ्य और अभिव्यक्ति के संबंधों का आधार यादृच्छिक होता है न कि भौतिक या शरीर क्रियात्मक। यही कारण है कि एक ही 'कथ्य' के लिए भिन्न भाषाओं में भिन्न शाब्दिक अभिव्यक्तियां मिलती हैं और एक ही भाषा में भिन्न पर्यायवाची शब्द। यादृच्छिकता अभिलक्षण का ही परिणाम है कि अनुरणनात्मक शब्दों की अभिव्यक्ति भी भिन्न भाषाओं में भिन्न होती हैं यद्यपि अनुरणनात्मक शब्द की ध्वन्यात्मक

बुनावट किसी वस्तु या क्रिया के भौतिक प्रयोग से उत्पन्न ध्वनियों के अनुकरण पर होती है।

परंपरा (कन्वेंशनलिटी)

भाषिक प्रतीक के संदर्भ में कथ्य और अभिव्यक्ति के संबंधों की प्रकृति यादृच्छिक तो होती है पर भाषा प्रयोक्ता इसे ग्रहण कैसे करता है? क्या वह इसे जैविक (बायलोजिकल) आधार पर अपने पूर्वजों से प्राप्त करता है? यह अभिलक्षण यह संकेत देता है कि संबंधों की यादृच्छिक प्रकृति न केवल 'रूढ़िगत' होती है वरन इस रूढ़ प्रयोग को व्यक्ति परंपरा से अर्जित भी करता है। भाषा का समाज अनुमोदित रूढ़िगत प्रयोग एक पीढ़ी से दूसरी पीढ़ी के व्यक्तियों में भाषा शिक्षण और भाषा अधिगम के माध्यम से सिद्ध होता जाता है। इसीलिए मानव भाषा को सामाजिक परंपरा से अर्जित संस्कार के रूप में भी देखा गया है।

विविक्तता (डिस्क्रीटनेस)

ऊपर से देखने पर भाषा एक ओर ध्वनियों का अविच्छिन्न प्रवाह लगती है और दूसरी तरफ विचार की अविरल धारा। जब हम बोलते हैं तब हम किसी एक विचार को उसके संपूर्ण रूप में प्रेषित करना चाहते हैं और उसके लिए ध्वनियों की एक अटूट कड़ी का प्रयोग करते हैं। यही कारण है कि स्वाभाविक रूप से बोले गए किसी वाक्य में उच्चरित पहली ध्वनि से लेकर अंतिम ध्वनि तक भौतिक (अर्थात वायु तरंगों के धरातल पर) अथवा शरीर क्रियात्मक (अर्थात वाक् अवयवों के धरातल पर) स्तर पर हम कोई विराम या मौन की स्थिति नहीं पाते। फिर भी जब हम भाषा की प्रकृति के संदर्भ में किसी वाक्य पर ध्यान देते हैं तो उसे शब्दों में और शब्दों को स्वनिमों की 'इकाइयों' के रूप में खंडित / विच्छिन्न पाते हैं। मानव भाषा का यह अभिलक्षण, भाषा के अविरल या अविच्छिन्न प्रवाह को विविक्त / विच्छिन्न इकाइयों के संचित कोष के रूप में देखने की ओर संकेत देता है।

अभिरचना द्वित्व (ड्यूएलिटी आफ पैटर्निंग)

किसी 'संदेश' के उच्चारण की प्रक्रिया पर ध्यान देने पर स्पष्ट हो जाता है कि उसके दो स्पष्ट स्तर हैं। पहले स्तर का संदर्भ अर्थ / कथ्य से है। इस स्तर पर उच्चारण का पहला प्रयत्न अविच्छिन्न विचार को आर्थी दृष्टि से न्यूनतम विविक्त इकाइयों की शृंखला में बांधना है। वस्तुतः उच्चारण का पहला प्रयत्न उस अभिरचना स्तर से संबद्ध है जिसका संबंध विचार की न्यूनतम इकाइयों से रहता है। विचारों की न्यूनतम इकाई को हम 'एक रूपिम' और 'एक शब्द' के

समानार्थी 'एकिम' (मोनीम) के रूप में देख सकते हैं जैसे, 'जल', 'सेब', 'कुर्सी' की संकल्पना । उच्चारण प्रक्रिया के दूसरे स्तर का संबंध उन प्रकार्यात्मक इकाइयों से रहता है जिनका 'रूप' (फार्म) और प्रकार्य (फंक्शन) तो होता है पर सीधा अर्थ नहीं होता । सामान्यतः इनका संबंध वाक् ध्वनियों या स्वनिम (फोनीम) के साथ रहता है। उदाहरण के लिए 'जल' शब्द में ध्वनि स्तर पर हम जो इकाइयां पाते हैं वे 'ज्+अ+ल्+अ' हैं। 'ज्' ध्वनि का अपना 'रूप' और 'प्रकार्य' है (क्योंकि इसके स्थान पर दूसरी ध्वनि रख देने पर एक दूसरा शब्द बन जाता है जैसे 'कल', 'मल', 'नल' आदि) पर इस 'ज' का अपना कोई 'संकेतार्थ' नहीं। अगर हम पहले स्तर की इकाई को 'विचार सिद्धि की न्यूनतम इकाई' कह सकते हैं तो दूसरे स्तर की इकाई को 'प्रभेदन सिद्धि की न्यूनतम इकाई'। यह अभिलक्षण यह बताता है कि मानव भाषा एक साथ दो अभिरचनाओं की सिद्धि का परिणाम है जिसमें पहली अभिरचना 'विचार सिद्धि' की न्यूनतम इकाइयों का परिणाम होती है और दूसरी अभिरचना 'प्रभेदन सिद्धि की इकाइयों' का।

विस्थापन (डिस्प्लेसमेंट)

भाषा को उद्दीपन (स्टिमुलस) और अनुक्रिया (रेस्पांस) के संदर्भ में भी देखा जा सकता है। पशुओं की भाषा में 'उद्दीपन' और 'अनुक्रिया' 'वर्तमान में' प्रत्यक्ष होती है अर्थात जिस शत्रु की सूचना वह इस प्रकार के ध्वनिसंकेत (अनुक्रिया) से देता है वह शत्रु (उद्दीपन) पशु के सामने वर्तमान में प्रत्यक्ष रहता है। पर मानव भाषा में यह उद्दीपन 'समय' और 'स्थान' की दृष्टि से वक्ता से बहुत दूर हो सकता है और वक्ता जिस 'संदेश' को व्यक्त करना चाहता है उसकी विषय-वस्तु 'विस्थापित' भी हो सकती है। मनुष्य के स्मृतिकोष और चिंतन प्रक्रिया का आधार भी भाषा ही है । इस अभिलक्षण का ही परिणाम है कि हम भाषा में 'भूतकाल' और 'भविष्यकाल' की संरचनाएं पाते हैं। यह मानव भाषा का ही सामर्थ्य है कि वह एक ओर विगत घटनाओं पर विचार कर सकती है और दूसरी ओर भविष्य की संभावित घटनाओं की कल्पना भी।

सर्जनात्मकता (क्रिएटिविटी)

भाषा अपने व्यवहार और सिद्धि में व्यापक और सीमामुक्त होती है क्योंकि भाषा का संबंध मानव मन से है और मानव मन अपनी प्रकृति में सर्जनात्मक है। सर्जनात्मकता का यहां अर्थ है पहले से न बोले गए वाक्य को बोलना और पहले कभी भी न सुने गए वाक्य को समझ लेना। यह सामान्य अनुभव की बात है कि

व्यक्ति ऐसे वाक्य को बोलने में सक्षम है जिसे पहले कभी उसने न तो सुना होता है और न ही पढ़ा होता है। यही कारण है कि किसी भी मानव भाषा के लिए यह कहा जा सकता है कि उसका अंतिम वाक्य कभी भी बोला या लिखा गया नहीं रहता।

वाक्छल (प्रीवेरिकेशन)

न तो भाषिक यथार्थ और बाह्य यथार्थ का संबंध सीधा होता है और न ही भाषिक संदेश और तार्किक-धारणा का। भाषा के द्वारा व्यक्त किया गया संदेश बाह्य यथार्थ के ज्ञान के संदर्भ में झूठा हो सकता है और तर्क की दृष्टि से असिद्ध भी। हम भाषा के सहारे यह कह सकते हैं : "तुलसीदास ने 'शकुंतला' की रचना की" जो हमारे ज्ञान के संदर्भ में भले ही असंगत हो, भाषा के धरातल पर एक सही वाक्य है। इसी प्रकार भाषा के सहारे हम ऐसे वाक्य बोल सकते हैं : 'स्थान-हीन आसन पर बैठकर वह तेजी से दौड़ रहा था', जो व्याकरण की दृष्टि से शुद्ध है पर तर्क की दृष्टि से अर्थहीन।

अधिगमता (लर्नेबिलिटी)

मानव भाषा, अधिगम प्रक्रिया का परिणाम होता है। मनुष्य भाषा को सीखता है और मानव भाषा की प्रकृति ऐसी है कि मनुष्य दूसरी भाषा भी सीख सकता है। इसको दूसरे ढंग से भी कहा जा सकता है कि मानव मन की संरचना और प्रकृति इस प्रकार की है कि वह एक से अधिक भाषाएं सीखने में समर्थ है।

मानव भाषा और मानवेतर भाषा

मानव भाषा के निर्धारक तत्व के रूप में ऊपर दिए गए अभिलक्षण एक ओर विद्वानों की अवलोकन क्षमता के परिणाम माने जा सकते हैं और दूसरी तरफ मानवेतर प्राणियों (पशु-पक्षियों) की भाषा से उसे विशिष्ट सिद्ध करने के प्रयत्न के रूप में देखे जा सकते हैं। सामान्यत: यह माना जाता है कि पशु-पक्षी भी संकेत चिह्नों का प्रयोग करते हैं, वे भी इनके माध्यम से अपनी बात दूसरों तक पहुंचाते हैं और उनमें भी मनुष्यों की तरह अर्थग्रहण की क्षमता है। सवाल इस बात को लेकर है कि सम्प्रेषण व्यवस्था के सन्दर्भ में मनुष्यों की भाषा की अपनी प्रकृति पशु-पक्षियों की भाषा से किस प्रकार भिन्न है ? अगर ऊपर दिए गए अभिलक्षणों को एक एक कर अलग से लें तो वे किसी न किसी पशु पक्षी की 'भाषा' के गुण के रूप में अवश्य मिल जाते हैं। उदाहरण के लिए कुछ पक्षियों की भाषा में हम 'अभिरचना द्वित्व का गुण पाते हैं।' मधुमक्खियों की भाषा में एक सीमा तक 'विस्थापन' का गुण दिखलाई देता है, सूंस (डाल्फिन) की भाषा में 'अंतर्विनिमयता'

और चिम्पाजी की भाषा में एक प्रकार की 'यादृच्छिकता' के लक्षण मिलते हैं। इन तथ्यों के आधार पर यह कहना कहां तक तर्कसंगत है कि ऊपर दिए गए अभिलक्षण मानव भाषा तक ही सीमित हैं ?

विद्वानों के एक वर्ग का यह कहना है कि इन अभिलक्षणों को अलग-थलग रूप में देखना उचित नहीं क्योंकि मानव भाषा के सन्दर्भ में ये एक दूसरे से अंतरंग रूप में जुड़े हुए हैं। यह ठीक है कि अलग-थलग रूप में इन अभिलक्षणों में कुछ को हम कुछ पशु-पक्षियों की और कुछ को अन्य कुछ पशु-पक्षियों की भाषा में देख सकते हैं, पर एक संश्लिष्ट समुच्चयगुच्छ के रूप में ये अभिलक्षण एक साथ केवल मानव भाषा में ही मिलते हैं। मानवेतर किसी भी पशु-पक्षी की भाषा में एक साथ ये अभिलक्षण नहीं मिलते।

विद्वानों का दूसरा वर्ग इस तर्क से सहमत नहीं। उनके अनुसार ये अभिलक्षण पूरी तरह से मानव भाषा की आंतरिक प्रकृति को समझने में समर्थ नहीं। ये अभिलक्षण भाषा के गुण के रूप में ठीक वैसे ही हैं जैसे मनुष्य को समझने के लिए हम उसके एक सिर, दो आंखें, दो कान, एक नाक, दो हाथ, एक पेट, दो पैर आदि का हवाला दें और इन बाह्य तथ्यों के आधार पर मनुष्य को परिभाषित करें।

मानव भाषा की उस आभ्यंतर प्रकृति को जानने का इधर प्रयत्न किया गया जो जाति-विशिष्ट रूप में केवल मानव जाति की धरोहर हो और जिसके आधार पर मानव भाषा को मानवेतर भाषा से अलग किया जा सके। इस संदर्भ में 'भाषा' के दो अर्थों की ओर संकेत दिया गया। पहले का सम्बन्ध **शब्द उच्चारण** या **संकेत प्रयोग** से है। जैसा एक बोलता है वैसा ही प्राणी उसे दुहराता है। उदाहरण के लिए तोते को 'राम-राम' या 'चोर-चोर' सिखा दिया जाए, तो दुहराते हुए उसका उच्चारण वह अर्थ संकेत दे देता है। भाषा के धरातल पर ऐसे संकेत प्रयोग के लिए बाह्य परिस्थितियां उद्दीपन (स्टिमुलस) का काम करती हैं। दूसरे का सम्बन्ध **भाषा के सर्जनात्मक प्रयोग** से है। पहले तो विभिन्न परिस्थितियों में सार्थक ढंग से भाषा प्रयोग के विभिन्न नियमों का चयन किया जाता है और बाद में बिना किसी बाह्य उद्दीपन के भाषा को व्यवहार में लाया जाता है।

भाषा के इन दो अर्थों के सम्बन्धों की प्रकृति पर आज विवाद चल रहा है। इस तथ्य से किसी को इंकार नहीं कि मानवेतर (पशु-पक्षियों की) भाषा अपने मूल रूप में शब्द उच्चारण पर आधारित है जबकि मानव भाषा नियमों की सर्जनात्मकता की प्रवृत्ति से संचालित रहती है। पर विद्वानों का एक वर्ग (व्यवहारवादी) भाषा विकास के अविच्छिन्न (कन्टिनूअस) सिद्धान्त का समर्थक है, जबकि दूसरा वर्ग (संज्ञानवादी) विच्छिन्न (डिसकन्टिनूअस) सिद्धांत का। अविच्छिन्न सिद्धांत यह मानता है कि पशु-पक्षियों की आदिम सम्प्रेषण व्यवस्था के क्रमिक एवं सतत

विकास के परिणामस्वरूप ही मानव भाषा का जन्म और विकास हुआ है। साथ ही भाषा का 'सर्जनात्मक' प्रयोग और कुछ नहीं बल्कि शब्द उच्चारण के संकेत प्रयोग का ही परिमाणात्मक (क्वान्टिटेटिव) रूपांतरण है। विच्छिन्न सिद्धान्त के अनुसार मानव भाषा की अपनी प्रकृति एवं व्यवस्था पशु-पक्षियों की भाषा से गुणात्मक (क्वालिटेटिव) स्तर पर भिन्न है और इस गुणात्मक भेद का यह परिणाम है कि भाषा के सर्जनात्मक प्रयोग की क्षमता केवल मानव जाति में है।

मानवेतर भाषा प्रयोग : वाशो एवं सारा

सूंस और चिंपाजी भाषा प्रयोग और सम्प्रेषण संचार की दृष्टि से सर्वाधिक उपयुक्त मानवेतर प्राणी माने जाते हैं। इनमें चिंपाजी जाति को अपने विकासक्रम में मनुष्य के नजदीक होने का भी गौरव प्राप्त है। चिंपाजी पर मानव भाषा सिखाने के पहले के प्रयत्न इसलिए विफल होते रहे क्योंकि उन्हें 'मामा, पापा, कप' जैसे शब्दों के उच्चारण करने के प्रशिक्षण पर ज्यादा बल दिया गया। बाद में भाषा सिखाने के प्रयत्न की दिशा बदलकर संकेत विज्ञान की ओर मोड़ दी गई। इस बात पर बल दिया गया कि भाषा प्रयोग का सम्बन्ध बुद्धि और संज्ञान (काग्निशन) से है, उन अमूर्त नियमों से है जो वस्तुओं को 'प्रतीक' में बदलता है और वाक्य विन्यास के आधार पर विचार अभिव्यक्ति के लिए प्रतीकों की भाषावत प्रयोग में मदद करता है।

वाशो एक मादा चिंपाजी है जिसको गूंगे और बहरों की अमेरिकी संकेत भाषा में प्रशिक्षण प्रोफेसर गार्डनर और उनकी पत्नी की देखरेख में दिया गया। इसी प्रकार सारा चिंपाजी को डॉ० डेविड प्रेमाक और अन्ना जेम्स प्रेमाक की देखरेख में प्रशिक्षित किया गया। भाषा के शब्द संकेत के रूप में निर्धारित किए गए, जैसे 'मीठा' शब्द के लिए जीभ की सतह पर अंगुली रखना, 'मजाक' की संकल्पना के लिए नाक पर अंगुली रखना आदि। जल्दी ही ये चिंपाजी सौ से अधिक प्रतीक चिह्नों का प्रयोग करने लगे। यही नहीं अपने संकेत भाषा प्रयोग में एक शब्द की अभिव्यक्ति से आगे बढ़कर वे दो और दो से अधिक शब्दों की वाक्यात्मक अभिव्यक्ति भी करने लगे, जैसे 'मुझे ज्यादा मिठाई दो', 'आओ और मुझे गुदगुदाओ' आदि। प्रशिक्षकों का यह भी कहना है कि ये चिंपाजी न केवल उनके आदेश का पालन करते हैं बल्कि अभिरचनात्मक ढांचे को पहचानने और उनके अनुरूप आचरण करने की भी क्षमता रखते हैं। उदाहरण के लिए ये चिंपाजी ऐसी वाक्य संरचना में समानता और भेद को पहचानने में समर्थ थे—

1 क.	तुम	केला	खाओ
ख.	तुम	सेब	खाओ

2 क.	केला	सन्दूक में	रखो
ख.	सेब	आलमारी में	रखो

धीरे-धीरे वाशो और सारा के संकेतजन्य भाषा प्रयोग में यादृच्छिकता, अन्तविनिमयता, अभिरचना द्वित्व, विस्थापन आदि वे सभी अभिलक्षण मूल रूप में दिखाई देने लगे, जो मानव भाषा के आधारभूत लक्षण कहे जाते हैं। क्या इस प्रमाण के आधार पर यह कहा जा सकता है कि मानव भाषा इन्हीं मूलभूत लक्षणों का अधिक विकसित रूप है? हम क्या यह कहने की स्थिति में हैं कि चिंपाजी की भाषापरक सम्प्रेषणात्मक व्यवस्था और मानव भाषा का अन्तर अपनी प्रकृति में गुणात्मक न होकर मात्र परिमाणात्मक है?

मानव भाषा और मानवेतर भाषा : अन्तर का आधार

मानव भाषा और चिंपाजी की मानवेतर भाषा में अन्तर का आधार केवल मौखिक श्रव्य सरणि का ही नहीं है। मनुष्य शब्द के रूप में ध्वनि प्रतीकों का प्रयोग करता है, इस आधार पर वह भिन्न तो है ही, पर संज्ञान के धरातल पर वह नीचे दिए गए आधार पर भी चिंपाजी या अन्य प्राणियों से विशिष्ट है।

1. मानसिक चित्तवृत्ति (डिस्पोजिशन)

प्रत्येक प्राणी की अपनी जातिगत स्ववृत्ति या प्रकृति होती है। सम्प्रेषण का क्षेत्र भी इस स्ववृत्ति से मुक्त नहीं। कुत्ता अपने स्वभाव के साथ भौंकता है, घोड़ा हिनहिनाता है और मनुष्य 'बोलता' है। बोलना मनुष्य के स्वभाव में उसी प्रकार है जैसे उसका दो पांव पर चलना। मानव भाषा, मनुष्य जाति की स्ववृत्ति का परिणाम है। वह इस स्ववृत्ति को लेकर पैदा होता है इसलिए उसके मस्तिष्क में इसका जैविक आधार भी मिलता है। मानवेतर प्राणियों में मानवभाषा के अनुरूप न तो उसका जैविक आधार मिलता है और न ही उसकी स्ववृत्ति।

2. भाषा अर्जन (एक्वीजिशन)

मनुष्य जाति के लिए भाषा अर्जन एक स्वाभाविक प्रक्रिया है। बच्चे को मातृभाषा सिखाई नहीं जाती, वह समाज के खुले वातावरण में उसे स्वयं सीख लेता है। भाषा अर्जन की इस प्रक्रिया को भाषा अधिगम (लर्निंग) से अलग कर देखना चाहिए। बालकों में भाषा अर्जन की प्रक्रिया उसी प्रकार निहित रहती है जैसे कि उसका दो पांव पर चलना जबकि भाषा अधिगम को उस प्रकार की प्रक्रिया के रूप में देखा जा सकता है, जैसे तैरना। तैरना मनुष्य की स्ववृत्ति में नहीं है, इसीलिए उसे प्रशिक्षण के सहारे सीखना पड़ता है। चिंपाजी में मानव भाषा के गुण स्ववृत्ति के फलस्वरूप नहीं आते, उन्हें उसे सीखना पड़ता है, ठीक उसी प्रकार जैसे कुत्ते को दो पांव पर खड़े होकर मनुष्य की तरह चलने के लिए प्रशिक्षण की जरूरत पड़ती है।

3. उद्दीपनमुक्त (स्टिमुलस-फ्री) सर्जनात्मकता

भाषा के सन्दर्भ में सर्जनात्मकता के एक से अधिक अर्थ हैं। पहला अर्थ है पहले से न बोले गए वाक्य को बोलना और समझ लेना। दूसरा अर्थ है उद्दीपनमुक्त भाषा प्रयोग। जिस प्रकार वातावरण में खतरा देख या सूंघकर मानवेतर जीव-जन्तु तरह-तरह की आवाज निकालकर अपने संगी-साथियों को उसकी सूचना देते हैं, उसी प्रकार बाह्य परिस्थिति से प्रेरित होकर या उससे बंधकर मनुष्य भाषा का व्यवहार नहीं करता। बाह्य परिस्थिति (उद्दीपन कारण) और ध्वनि उच्चारण (प्रतीक-कार्य) में जानवरों की तरह कोई यांत्रिक सम्बन्ध भी उसके व्यवहार में नहीं ढूंढ़ा जा सकता। अगर वह कोई सुन्दर सा फूल देखता है, तो वह कुछ भी कह सकता है—'अहा ! कैसा सुन्दर फूल है !' 'यह फूल मुझे बहुत पसन्द है।' या थोड़ी देर मौन भाव से निहारने के बाद उसे तोड़ते हुए फुसफुसा सकता है—'यह उसकी वेणी के लिए सबसे अच्छा है।' अनुमेय-रहित उसका यह भाषा प्रयोग सर्जनात्मकता का ही परिणाम कहा जा सकता है।

4. संरचनात्मक अधीनता (डिपेन्डेन्सी)

मानव भाषा संरचना सापेक्ष होती है। वह मात्र शब्दों का अनुक्रम या कड़ी नहीं अपितु संरचना के आधार पर गुंथे हुए शब्दों की एक व्यवस्थित कड़ी होती है। चिंपाजी वाशो के संकेत व्यवहार में शब्दों की व्यवस्था का कोई निर्धारित क्रम दिखाई नहीं दिया। मानव भाषा न केवल संरचना-सापेक्ष होती है, बल्कि एक ही कथ्य को दो तरह से अभिव्यक्त करने की उसमें संरचनात्मक व्यवस्था भी मिलती है। हम कह सकते हैं—'बगीचा भौरों से गूंज रहा है', और इसी कथन को इस प्रकार भी व्यक्त कर सकते हैं—'बगीचे में भौरे गूंज रहे हैं।' साथ ही संरचनात्मक आधार पर भिन्न इन दो उक्तियों में हम भेद भी कर सकते हैं। संरचनात्मक आधार पर ऐसी सर्जनात्मक भिन्नता की कोई क्षमता मानवेतर भाषा प्रयोग में दिखलाई नहीं देती।

संप्रेषण व्यवस्था और भाषिक प्रकार्य

भाषा, संप्रेषण (कम्युनिकेशन) व्यवस्था का अन्यतम उदाहरण है। भाषा के विभिन्न प्रकार्य इस संप्रेषण व्यवस्था के विभिन्न उपकरणों के संदर्भ में निर्धारित किए जा सकते हैं। अतः हमें संप्रेषण व्यवस्था पर भी विचार कर लेना चाहिए।

किसी नियम संहिता (कोड) द्वारा व्यवहार और जीवन विधि के तत्वों / उपकरणों को समान रूप से ग्रहण करना संप्रेषण है। इसे उद्दीपन और अनुक्रिया के संदर्भ में इस रूप में कहा जा सकता है : संप्रेषण, उद्दीपन के प्रेषण (ट्रांसमिशन) और अनुक्रिया के परिणाम के बीच उत्पन्न होने वाला वह संबंध है जिसका अपना

'कोड' होता है।

संप्रेषणप्रक्रिया के संदर्भ में यह कहा जा सकता है कि इसमें एक ओर वक्ता / लेखक (ऐड्रेसर) होता है जो संदेश (मैसेज) भेजता है और दूसरी तरफ श्रोता / पाठक (ऐड्रेसी) रहता है जो इस संदेश को ग्रहण करता है। वक्ता और श्रोता के इस संदेश की पृष्ठभूमि में 'कोड' रहता है जो वक्ता और श्रोता की भाषिक चेतना और ज्ञान के संदर्भ में लगभग एक जैसा होता है। वक्ता, अपने 'कथ्य' को संदेश का रूप देने के लिए इस कोड का सहारा लेता है। कथ्य को संदेश रूप में बांधने की प्रक्रिया को कोडीकरण (एन्कोडिंग) कहा जाता है। श्रोता भी 'संदेश के कथ्य' को ग्रहण करने के लिए इसी 'कोड' की सहायता लेता है। संदेश में निहित कथ्य को पाने की प्रक्रिया को विकोडीकरण (डिकोडिंग) कहा जाता है। विकोडीकरण तभी संभव है जब कोडीकरण के समय वक्ता द्वारा अपनाए गए 'कोड' से श्रोता भी परिचित हो। संदेश का एक संदर्भ (कांटेक्स्ट) होता है जिसे बाह्य एवं आंतरिक जगत के उपादनों का संकेतार्थ (रेफरेंस) भी कहा जा सकता है। इसे संदेश की विषयवस्तु (सब्जेक्ट मैटर) भी कह सकते हैं। संदेश के प्रेषण के लिए वक्ता और श्रोता के बीच एक सरणि (चैनल) होती है जो वक्ता और श्रोता के बीच भौतिक अथवा मानसिक संबंधों का माध्यम बनता है। सरणि वस्तुत: वक्ता और श्रोता के बीच संबंध स्थापन (कांटैक्ट) का हेतु है। नीचे दी गई तालिका में संप्रेषण प्रक्रिया के विभिन्न उपकरणों को उनके अंतरसंबंधों के साथ दिखलाया गया है।

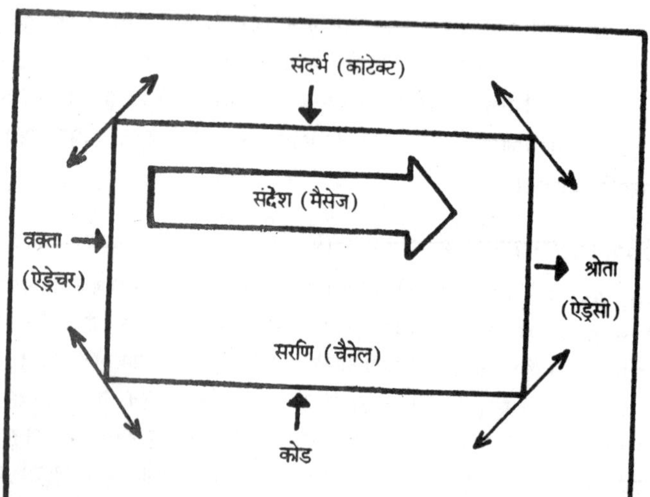

संप्रेषणप्रक्रिया के ये छः उपादान (वक्ता, श्रोता, संदर्भ, संदेश, कोड और सरणि) भाषा के प्रकार्य की विभिन्न प्रकृति को निर्धारित करते हैं। अतः इन उपादानों के आधार पर भाषा के निम्नलिखित छः प्रकार्य देखे जा सकते हैं :

उपादान	प्रकार्य
1. वक्ता	: अभिव्यक्तिपरक (भावात्मक) (एक्सप्रेसिव)
2. श्रोता	: निदेशपरक (क्रियात्मक) (कानेटिव)
3. संदर्भ	: संकेतपरक (विषयात्मक) (रेफरेंशियल)
4. संदेश	: काव्यपरक (कलात्मक) (एस्थेटिक)
5. कोड	: तर्कपरक (अधिभाषात्मक) (मेटालिंगुअल)
6. सरणि	: संपर्कपरक (संबंधात्मक) (फैटिक)

'अभिव्यक्तिपरक' प्रकार्य भाषा के उस व्यवहार से संबंधित रहता है जो विषय-वस्तु के प्रति वक्ता के अपने दृष्टिकोण या भाव को व्यक्त करता है। विस्मयादि-बोधक शब्द (ओह, अह ! आदि) या भाषित अभिव्यक्तियां (क्या ही सुंदर दृश्य है !) इसके अंतर्गत आते हैं। साहित्यिक विधाओं के संदर्भ में 'गीतिकाव्य' (लिरिक) इसका अन्यतम उदाहरण है। 'निदेशपरक' प्रकार्य का संबंध श्रोता से रहता है और व्याकरणिक संरचना की दृष्टि से संबोधनवाचक, प्रश्नवाचक, आज्ञावाचक अभि-व्यक्तियां इसके अंतर्गत आती हैं। साहित्यिक विधाओं के संदर्भ में 'नाटक' को इसका उदाहरण माना जा सकता है। 'संकेतपरक' प्रकार्य विषयवस्तु की सूचना देता है। इसके संदर्भ से प्राप्त सूचनाएं बाह्य ज्ञान के संदर्भ में सच या झूठी हो सकती हैं। साहित्यिक विधाओं के संदर्भ में इसका उदाहरण उपन्यास या महाकाव्य है। 'काव्यपरक' प्रकार्य का संबंध स्वयं संदेश की ओर मुड़ा होने के कारण अभि-व्यक्ति की शैलीगत विशेषताओं से जुड़ा होता है। साहित्यिक रचना की दृष्टि से 'छंद', तुक और लय अथवा लाक्षणिक और व्यंजनापरक प्रयोग इसके उदाहरण हैं। 'तर्कपरक' प्रकार्य भाषा के प्रति उस भाषा का प्रकार्य है जिसे वैज्ञानिक या तर्क-शास्त्री किसी विषयवस्तु की विवेचना के समय उपकरण के रूप में अपनाता है। इस प्रकार्य का प्रयोग हम सामान्य भाषा में भी करते हैं। हम जब यह पूछते हैं— इसका क्या अर्थ है ? या 'जो मैं कहना चाहता हूं क्या वह तुम समझ गए ?' तब वस्तुतः इसी प्रकार्य का उपयोग करते हैं। 'संपर्कपरक' प्रकार्य वक्ता और श्रोता के बीच भौतिक या मानसिक संबंधों की वह सरणि बनाता है जिसका सहारा लेकर वे संप्रेषण व्यापार में बने रहते हैं। टेलीफोन पर बोला गया पहला शब्द 'हेलो', वार्तालाप शुरू करते समय अभिवादनपरक अभिव्यक्तियां, या कथा-कहानी सुनते या सुनाते समय यह कहना—'क्या तुम सुन रहे हो' और 'हूं, हां' आदि इसके उदाहरण हैं।

संप्रेषण व्यवस्था के ये छः उपादान अथवा प्रकार्य भाषित अभिव्यक्तियों के रूप और प्रकृति को प्रभावित करते हैं। भाषा प्रयोगों में इनमें से कुछ या सभी की एक साथ सत्ता देखी जा सकती है पर स्थिति की विभिन्नता इन छः प्रकार्यों के विभिन्न आनुपातिक संयोग की मांग करती है। उदाहरण के लिए सामान्य वार्तालाप की स्थिति में बल 'संदर्भ' उपकरण पर होने के कारण भाषा की प्रकृति संकेतपरक हो सकती है पर इसका यह अर्थ नहीं कि संप्रेषण व्यवस्था के अन्य उपकरण अपनी सत्ता ही खो बैठते हैं। इसी प्रकार कविता में जो संवाद स्थिति देखने को मिलती है उसमें बल 'संदेश' पर दिया जाता है पर 'संदेश' पर बल देने का यह अर्थ नहीं कि अन्य भाषित प्रकार्यों (यथा, संकेतपरक अथवा अभिव्यक्तिपरक) की सत्ता वहां देखी ही नहीं जा सकती।

भाषा, समाज और भाषिक विकल्पन (वैरिएशंस)

संप्रेषण मूलतः एक सामाजिक प्रक्रिया है। सामाजिक प्रक्रिया का परिणाम होने के कारण भाषा अपने व्यवहार में विषमरूपी (हेटेरोजीनियस) होने के लिए बाध्य है। मनुष्य केवल 'वाक् पशु' (स्पीच एनिमल) ही नहीं वरन 'सामाजिक पशु' (सोशल एनिमल) भी है। वह समाज में रहने की नियति लेकर पैदा होता है। उसकी अपनी सत्ता हमेशा सामाजिक संदर्भों की मांग करती है। इसलिए भाषा को मामव मन की आंतरिक प्रकृति और बाह्य सामाजिक संदर्भों की द्वंद्वात्मक प्रक्रिया का परिणाम माना जा सकता है। भाषा के सामाजिक संदर्भ समरूपी नहीं होते। इसलिए भाषा भी अपनी प्रकृति में विषमरूपी होने के लिए विवश है।

भाषा अपने व्यवहार में विषमरूपी है क्योंकि उसमें भाषा प्रयोग के अनेक 'विकल्पन' (वरिएशन) मिलते हैं। यह भी ध्यान देने की बात है कि ये विकल्पन, न तो यादृच्छिक होते हैं और न ही किसी त्रुटि के परिणाम। इसीलिए भाषा-वैविध्य के भीतर एक निश्चित व्यवस्था या पैटर्न देखा जा सकता है। भाषा विकल्पन सामाजिक अर्थ का प्रकाशक भी है और भाषा विकास का प्रभावकारी उपकरण भी। वह न तो भाषिक क्षमता को दूषित करता है और न ही खंडित। नियमसापेक्ष्य होने के कारण विकल्पन, भाषिक व्यवस्था के भीतर 'उपव्यवस्था' का निर्माण करता है। इस संदर्भ में यह कहा जा सकता है कि भाषा अपने अमूर्त और कल्पित रूप में ही 'एक' व्याकरण (अर्थात समरूप भाषा व्यवस्था) की धारणा सामने लाती है। क्योंकि जितने प्रकार के भाषाभेद दिखलाई पड़ते हैं, उन सभी से संबद्ध एक व्याकरण देखा जा सकता है। अतः किसी भाषाविशेष का व्याकरण मूलतः भाषाव्यवहार संदर्भित भाषाभेदों के 'व्याकरण का समूह' (शीफ आफ ग्रामर्स) होता है। 'एक' व्याकरण की संकल्पना या तो भ्रामक है अथवा वह इस 'व्याकरणिक समूह' पर आरोपित अधिरचना (सुपर-स्ट्रक्चर) है।

भाषा वैविध्य, भाषा व्यवहार के कई स्तरों पर और कई संदर्भों में दिखाई

देता है। भाषा शिक्षण में विकल्पन के जिन संदर्भों की जानकारी की आवश्यकता पड़ती है उन पर संक्षेप में यहां विचार कर लेना असमीचीन न होगा। वर्गीकरण के रूप में इनको निम्नलिखित खाके में देखा जा सकता है :

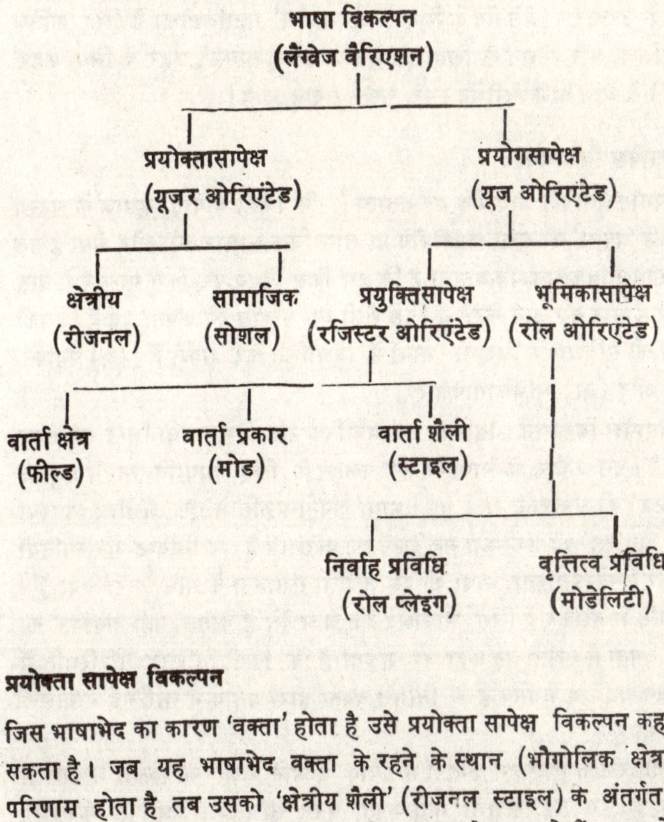

प्रयोक्ता सापेक्ष विकल्पन

जिस भाषाभेद का कारण 'वक्ता' होता है उसे प्रयोक्ता सापेक्ष विकल्पन कहा जा सकता है। जब यह भाषाभेद वक्ता के रहने के स्थान (भौगोलिक क्षेत्र) का परिणाम होता है तब उसको 'क्षेत्रीय शैली' (रीजनल स्टाइल) के अंतर्गत रखा जाता है। क्षेत्रीय शैली के हम हिंदी में कई उदाहरण देख सकते हैं। एक क्षेत्र में हम 'ऐ' 'औ' ध्वनियों को मूल स्वर के रूप में बोलते हैं तो दूसरे क्षेत्र में संध्यक्षर के रूप में (पैसा—पइसा, और—अउर), एक स्थान पर हम संख्यावाचक शब्दों में 'इ' का प्रयोग करते हैं तो दूसरे स्थान पर 'ए' का (इक्कीस—एक्कीस; इकसठ—एकसठ, इक्यासी—एक्कासी)। एक क्षेत्र में कुछ शब्दों में हम अनुस्वार का प्रयोग पाते हैं तो दूसरे क्षेत्र में अनुनासिक का (पाण्डे—पांडे; साण्ड—साँड)। शब्दों के स्तर पर भी यह भेद देखा जा सकता है। एक क्षेत्र में हम जिसे 'जुराब' कहते हैं, दूसरे क्षेत्र में उसी को 'मोजा', एक भाग में 'घीया और तोरी' कहते हैं तो दूसरे भाग में 'लौकी और नेनुआ'। जब भाषाभेद का आधार वक्ता का सामाजिक (उच्च,

मध्य, निम्न वर्ग) अथवा शैक्षिक-सांस्कृतिक (शिक्षित, अर्धशिक्षित, अशिक्षित) स्तर भेद होता है तब वह 'सामाजिक शैली' (सोशल स्टाइल) के अंतर्गत रखा जाता है। बोलते समय अंगरेजी या संस्कृत के शब्दों या अभिव्यक्तियों के प्रयोग या आगत शब्दों के उच्चारण (जैसे गेंद के लिए 'बाल या बॉल', महाविद्यालय के लिए 'कॉलेज या कालिज' और स्टेशन के लिए 'इस्टेशन या टेसन, टीसन', शहर के लिए 'शेहर' 'सहर') से आने वाले शैलीभेद इसके कुछेक उदाहरण हैं।

प्रयोगसापेक्ष विकल्पन

अगर प्रयोक्तासापेक्ष भाषाभेद यह बताता है कि किसी भाषाई समाज के सदस्य के रूप में 'वक्ता' की सत्ता का क्षेत्रीय या सामाजिक आधार क्या और कैसा है तब प्रयोगसापेक्ष विकल्पन यह बताता है कि हम किस विषय पर किस माध्यम से बात कर रहे हैं और हम बात करने में किस शैली या प्रविधि को अपना रहे हैं। इसको समझने की सुविधा के लिए दो भागों में विभाजित कर सकते हैं : (अ) प्रयुक्ति-सापेक्ष, और (आ) भूमिकासापेक्ष।

प्रयुक्तिसापेक्ष विकल्पन : विभिन्न व्यावहारिक संदर्भों में भाषा भिन्न रूप ग्रहण करती है। इस प्रकार के भाषाभेद को पकड़ने के लिए भाषाविज्ञान में प्रयुक्ति (रजिस्टर) की संकल्पना लाई गई। भाषा अपनी प्रकृति में एक लचीली व्यवस्था है और 'प्रयुक्ति' की संकल्पना यह देखने का परिणाम है कि निर्दिष्ट परिस्थितियों में पड़कर उसके प्रयोक्ता, भाषा की इस लचीली संभावना के साथ 'करते क्या हैं'। परिस्थिति से बंधकर वे जिस भाषाभेद को जन्म देते हैं वस्तुतः वही 'प्रयुक्ति' का आधार बनता है। अतः यह कहा जा सकता है कि किसी निश्चित परिस्थिति में सामाजिक दायित्व के निर्वाह के निमित्त वक्ता द्वारा प्रयोग में लाई गई भाषाशैली ही प्रयुक्ति है।

उदाहरण के लिए हम दफ्तरों में प्रयोग में आने वाली कार्यालयी भाषाशैली को ही देखें। हम वहां इत्तिला नहीं करते, वरन 'सूचित या प्रज्ञापित करते हैं', कारण नहीं पूछते बल्कि 'स्पष्टीकरण मांगते हैं', किसी चीज को वहां बताते नहीं अपितु उस पर 'प्रकाश डालते हैं', कागज/मिसिल की मांग नहीं करते वरन उसे 'प्रस्तुत करवाते हैं' और चिट्ठी मिलने की सूचना नहीं देते बल्कि 'पत्र प्राप्ति की पावती भिजवाते हैं।' प्रोक्ति (डिस्कोर्स) के व्यवहार क्षेत्र पर पाए जाने वाले ऐसे विकल्पन को 'वार्ताक्षेत्र' के अंतर्गत रखा जाता है।

इसी प्रकार भाषा बोलने और उसे लिखित रूप देने में हम दो भिन्न शैलियों को अपनाते हैं। बोलते समय हम पूरा वाक्य नहीं बोलते, उसको व्यवस्थित नहीं करते और न ही उसे सुधारते ही हैं भाषेतर माध्यमों (जैसे आंख नचाना, भौहें चढ़ाना, हाथ भांजना, पैर पटकना आदि) का प्रयोग करते हुए भी सूचना देते रहते

हैं और वाणी में रंजकता (भरभराहट, फुसफुसाहट, बोली ऊंची-नीची करना आदि) लाकर भी अपने भाव व्यक्त करते हैं। संप्रेषण सरणि के इस आधार पर पाए जाने वाले विकल्पन को 'वार्ता प्रकार' के अंतर्गत रखा जाता है।

व्यक्ति (वक्ता) और व्यक्ति (श्रोता) के परस्पर सामाजिक संबंध भी भाषा-भेद लाने के कारण बनते हैं जिन्हें भाषाशैली की संज्ञा दी जा सकती है। ऐसे संबंधों के कारण ही किसी से हम कहते हैं : 'कृपया ऊपर चलने का कष्ट करें' और किसी से बोलते हैं : 'अबे, ऊपर जा।' वक्ता और श्रोता के सामाजिक संबंधों के आधार पर भाषा में 'वार्ताशैली' के सामान्यतः पांच भेद दिखाई पड़ते हैं :

1. रूढ़िगत (फ्रोजेन) : आपसे यह अनुरोध है कि अब आप ऊपर चलने की कृपा कीजिए।
2. औपचारिक (फार्मल) : आप ऊपर चलने की कृपा करें।
3. सामान्य (कंसल्टेटिव) : क्या आप ऊपर चलेंगे।
4. अनौपचारिक (कैजुअल) : चलो, ऊपर चलें।
5. घनिष्ठ (इंटीमेट) : अरे यार, अब ऊपर चलो भी।

भूमिकासापेक्ष विकल्पन : भाषा व्यवहार में प्रयोक्ता के वक्ता और श्रोता की अपनी भूमिका के आधार पर जो भेद मिलता है उसके आधार पर भी भाषारूप में विकल्पन देखा जा सकता है। सामान्यतः भाषा, वक्ता (मैं) और श्रोता (तुम) के बीच की संवादस्थिति का परिणाम है जिसमें एक ही व्यक्ति कभी वक्ता और कभी श्रोता की भूमिका का निर्वाह करता है। अतः भाषा का मूलाधार संवाद (डायलाग) माना जा सकता है। संवाद के मूल में 'मैं-वस्तु' के संबंध के स्थान पर 'मैं-तुम' की स्थिति हमेशा बनी रहती है जिसमें 'वस्तु/वह' तो संकेतार्थ का कारण बनता है और 'मैं-तुम' संवाद निर्वाह का। पर यह संभव है कि 'तुम' की भूमिका को स्थिर कर संवाद को एकालाप (मोनोलाग) में बदल दिया जाए। संवाद में वक्ता और श्रोता के भूमिकापरिवर्तन के कारण अंतर्विनिमयता का जो लक्षण दिखाई देता है वह एकालाप में कई रूपों में देखने को मिलता है; जैसे : उसमें श्रोता, स्थिर होकर संवाद का मात्र दर्शक रह जाता है (यथा : भाषण); एक ही व्यक्ति, एक समय में स्वयं वक्ता और श्रोता बन जाता है (यथा : चिंतन); कोई तीसरा व्यक्ति 'संवाद' को घटनारूप में वर्णित करता है (यथा : विवरण) आदि।

वक्ता और श्रोता की अपनी भूमिका के आधार पर पाए जाने वाले विकल्पन के कुछ उदाहरण नीचे दिए जा रहे हैं :

1. संवाद : शीला : तुम मुझे गुलाब का फूल दे दो।
   मोहन : मैं नहीं दूंगा।
2. एकालाप : (i) मैंने मोहन से गुलाब का फूल मांगा पर उसका उत्तर

था : 'मैं नहीं दूंगा।'

(ii) शीला ने मुझसे गुलाब का फूल मांगा पर मैंने देने से इनकार कर दिया।

(iii) शीला ने मोहन से गुलाब का फूल मांगा लेकिन मोहन ने उसे शीला को नहीं दिया।

(iv) शीला के गुलाब का फूल मांगने पर भी मोहन ने उसे नहीं दिया।

'निर्वाह प्रविधि' का संबंध, संवाद में स्थित वक्ता और श्रोता की भूमिका से जुड़ने (अर्थात संवाद/एकालाप) और उनके विभिन्न भाषाई संदर्भों में रूपांतरित प्रकृति (भाषण, चिंतन, विवरण आदि) से रहता है। इसके विपरीत वृत्तित्व प्रविधि का संबंध अभिव्यक्ति की विधा के साथ होता है। साहित्य के संदर्भ में, पद्य-गद्य, कहानी-एकांकी, उपन्यास-महाकाव्य के भेद का जो आधार है वह भेद सामान्य जीवन में भी कई संदर्भों में हमें देखने को मिलता है। हम किसी 'संदेश' को कभी पोस्टकार्ड और कभी तार द्वारा भेजते हैं, छात्रों के लिए कभी हम 'पाठ्यपुस्तक' लिखते हैं और कभी 'संक्षिप्त टिप्पणियां'। वृत्ति से अनुप्राणित विधा के इस आधार पर पाए जाने वाले विकल्पन को 'वृत्तित्व प्रविधि' के अंतर्गत रखा जाता है।

भाषा शिक्षण की योजना और कार्यान्वयन को यथार्थ और प्रभावी रूप देते समय मानव भाषा के अभिकल्प अभिलक्षण, भाषिक प्रकार्य और भाषिक विकल्पन की संकल्पना को अपने सामने रखने की आवश्यकता हमेशा बनी रहती है। भाषा शिक्षण को प्रायः संकुचित लक्ष्य के साथ बांधकर ही देखा गया है। आवश्यकता अब इस बात की है कि हम शिक्षण की व्यापक दार्शनिक पृष्ठभूमि में उसे रखकर देखें। उदाहरण के लिए जब हम किसी दूसरी भाषा को सीखने की ओर प्रवृत्त होते हैं तो सतह पर उसके कई व्यावहारिक कारण देखने को मिल सकते हैं। पर भाषा का संबंध मानव मन और मानव व्यक्तित्व के साथ बहुत गहराई के साथ जुड़ा होता है। व्यावहारिक सिद्धि के साथ-साथ व्यक्ति, अपने जीवन और जगत के प्रति अपना दृष्टिकोण भी बदलता चलता है। वह बदलाव गुणात्मक होता है। भाषा शिक्षण में इस गुणात्मक परिवर्तन पर ध्यान देने की आवश्यकता है। इनमें से कुछ 'व्यापक शैक्षिक संदर्भों' की ओर नीचे संकेत किया जा रहा है।

1. मन की सर्जनात्मकता : भाषा, मनुष्य के विचार और दृष्टिकोण को बहुत दूर तक प्रभावित करती है। सामान्यतः मनुष्य, भाषा के नियंत्रण में रहने की स्थिति में रहता है। भाषा उपलब्धि की उच्चतम स्थिति 'भाषा से नियंत्रित' होने की स्थिति से निकालकर 'भाषा को नियंत्रित' करने की होती है जिससे अनुभव और अनुभूतियों को सर्जनात्मक स्तर पर व्यक्त किया जा सके। यह वस्तुतः भाषा की लचीली संभावना के साधने की स्थिति है।

2. दृष्टि की मुक्तता : भाषा, जीवन और जगत को देखने की एक दृष्टि भी है। हम संसार को उसी प्रकार देखते और अपने अनुभवों को उसी रूप में ढालते हैं, जिस तरह भाषा हमें देखने और ढालने की अनुमति देती है। अन्य भाषा शिक्षण हमें संसार को इस बंधी-बंधाई दृष्टि से भिन्न एक दूसरी दृष्टि से जीवन और जगत को देखने की शक्ति देता है। अतः हम एक ही वस्तु को एक से अधिक दृष्टि-कोण से देखने में समर्थ होते हैं। यह वस्तुतः दृष्टि की लचीली संभावना के साधने की स्थिति है।

3. बुद्धि की समृद्धता : भाषा, ज्ञानार्जन का एक महत्त्वपूर्ण साधन है। नित नए शब्दों द्वारा हम एक ओर बाह्य जीवन की वस्तुओं की जानकारी प्राप्त करते हैं और विश्लेषणात्मक और संश्लेषणात्मक प्रक्रिया के सहारे अपने विचार को स्वयं समझते हैं। इस प्रकार हम ज्ञान और बुद्धि के धरातल पर भाषा के सहारे समृद्ध से समृद्धतर होते जाते हैं। यह वस्तुतः ज्ञान की लचीली संभावना के साधने की स्थिति है।

4. व्यक्तित्व की सामाजिकता : भाषा मात्र संप्रेषण का साधन ही नहीं। यह व्यक्ति को सामाजिक बनाने का समर्थ माध्यम भी है। इसके सहारे व्यक्ति, समाज से जुड़ता है और उस जुड़ने की प्रक्रिया में सामाजिक बनता चलता है। भाषा अधि-गम/शिक्षण एक अनवरत प्रक्रिया है जिसमें भाषा से समाज/संस्कृति और समाज/संस्कृति से सामाजिक व्यक्तित्व की प्राप्ति होती चलती है। यह वस्तुतः सामा-जिक व्यक्तित्व के निर्माण की स्थिति है।

निष्कर्ष रूप में यह कहा जा सकता है कि भाषा शिक्षण के सीमित लक्ष्यों के साथ शिक्षा के व्यापक संदर्भों को भी अपने सामने रखने की आवश्यकता है। इन व्यापक संदर्भों के कारण अब भाषा शिक्षण अपना एक नया रूप ले रहा है। शिक्षा के दार्शनिक एवं सामाजिक नए संदर्भों ने उसे जो नए उत्तरदायित्व दिए हैं अगर प्रभावपूर्ण और सार्थक ढंग से उन्हें सिद्ध करना है तब भाषा शिक्षण पर नई दृष्टि से विचार करना होगा।

भाषा शिक्षण का राष्ट्रीय, सामाजिक एवं शैक्षिक संदर्भ

भाषा का व्यक्ति, समाज और राष्ट्र के जीवन में एक महत्त्वपूर्ण स्थान है। एक ओर वह व्यक्तित्व के विकास और अभिव्यक्ति का माध्यम है तो दूसरी ओर उसके समाजीकरण का साधन, एक ओर वह समाज में संप्रेषण व्यवस्था का उपकरण बनती है तो दूसरी ओर व्यक्तियों को सामाजिक वर्गों में बांधने और उनसे बिलगाव करने का हेतु; एक ओर वह राष्ट्रीय भावना का संवाहक बनती है तो दूसरी ओर एक ही राष्ट्र के विभिन्न भाषाई समुदायों में विषम भाव उत्पन्न करने वाली एक चेतना। अतः भाषा शिक्षण संबंधी निर्णय का राष्ट्र, समाज और व्यक्ति के जीवन पर व्यापक प्रभाव पड़ता है। भाषा और भाषा शिक्षण नीति के इस प्रभाव के प्रति जनसामान्य सामान्यतः सजग और सचेत नहीं होता पर वस्तुतः कोई देश विघटित होगा या संगठित, वह कृषक प्रधान सामंती प्रथा का निर्वाह करता रहेगा अथवा यंत्र प्रधान मशीनी युग का निर्माण, वह अलग रहकर अन्य राष्ट्रों से कटा रहेगा अथवा दूसरे राष्ट्रों को प्रभावित करने और उनसे प्रभावित होने की ओर बढ़ेगा—इन सबका सीधा संबंध भाषा शिक्षण नीति के साथ देखा जा सकता है। कनाडा, बेल्जियम, अफ्रीका, श्रीलंका, पाकिस्तान और हिंदुस्तान ऐसे देशों की भाषाई स्थिति के संदर्भ में यह कहा जा सकता है कि राष्ट्रीय और अंतर्राष्ट्रीय संबंधों एवं संप्रेषण व्यवस्था का निर्वाह बिना भाषा और भाषा शिक्षण संबंधी सुचिंतित नीति के संभव नहीं।

यह सामान्य अनुभव की बात है कि जो वस्तु नित प्रतिदिन व्यवहार में आने लगती है, उसे हम प्रायः सहज और सामान्य रूप में ग्रहण करने के अभ्यस्त हो जाते हैं। ऐसी वस्तुएं आमतौर पर हमारा ध्यान आकर्षित करने की क्षमता खोने लगती हैं। स्वभाव और आदत के रूप में हम भाषा का नित प्रतिदिन व्यवहार करते हैं। व्यवहार के विविध क्षेत्रों में हम इसका उपयोग करते हैं। विभिन्न लक्ष्यों की पूर्ति के लिए हम इसको भिन्न-भिन्न रूप में अपनाते हैं। हम यह भले ही अनुभव

न करें पर भाषा हमारे सामाजिक जीवन के हर सांस में किसी न किसी रूप में बंधी-छिपी रहती है। अपने सामाजिक जीवन में प्राणरूप सिद्ध इस उपकरण को स्वभावतः हम स्वीकारते और अपनाते चले जाते हैं, बिना यह सोचे कि भाषा की अपनी प्रकृति क्या है ? भाषा, स्वयं में है क्या ? यही कारण है कि शिक्षा के व्यापक संदर्भ में भाषा का क्या स्थान होना चाहिए, शिक्षार्थी को समाज और राष्ट्र की अपनी अपेक्षाओं के परिप्रेक्ष्य में भाषाज्ञान पर कितना बल देना चाहिए, अन्य विषयों और अनुभव के साथ इसे किस रूप में सहयोजित करना चाहिए आदि कई आधारभूत प्रश्नों की हम उपेक्षा कर जाते हैं।

पर जब कोई व्यक्ति या वस्तु हमें धोखा देने लगती है, तब वह हमारा कितना भी घनिष्ठ, आत्मीय और अभिन्न क्यों न हो, हम उसकी ओर ध्यान देने के लिए विवश हो उठते हैं। भाषा और भाषा शिक्षण के बारे में भी आज यही बात सिद्ध हो रही है। अगर हमारे कुछ कहने पर सुनने वाले पर अपेक्षित प्रभाव नहीं पड़ता और वह कुछ का कुछ अर्थ लगाकर हम पर बिगड़ उठता है, तो हम समझाने लगते हैं : 'भाई ! मेरे कहने का यह अर्थ नहीं था।' 'जबान ही तो है फिसल गई।' अगर व्यक्ति कुछ आत्मचेता हुआ, तो क्षणभर ठिठक कर यह सोच भी लेता है कि हमारे कहने या कहने के ढंग में ऐसी क्या भूल हो गई कि दूसरा व्यक्ति क्रुद्ध हो उठा। यह बात कुछ और स्पष्ट ढंग से हमारे सामने तब आती है, जब कोई व्यक्ति एक ऐसी शैली या भाषा में बात करता है, जिसका हमें ज्ञान नहीं रहता। तब हम यह पूछ बैठते हैं : 'जरा, सरल शब्दों में समझाओ, आखिर तुम्हारे कहने का मतलब क्या है। या फिर कह उठते हैं—'मैं आपकी भाषा नहीं समझता।' शिक्षा के संदर्भ में यह कहा जा सकता है कि हम बच्चे को भले ही भाषा की जानकारी एक अलग विषयक्षेत्र (व्याकरण या भाषाविज्ञान) के रूप में न दें, वह हर विषय और ज्ञान-वार्ता के साथ इसको अज्ञात भाव से सीखता चलता है। यह ध्यान देने योग्य बात है कि सामान्य शिक्षा में भाषा का अपना 'विषय' नहीं होता, पर वह हर 'विषय' के माध्यम रूप में स्थित मिलती है। चाहे हम इतिहास-भूगोल 'विषय' को पढ़ाएं अथवा भौतिक-रसायनशास्त्र विषय को, भाषा से असंबद्ध रहकर हम न तो इसकी शिक्षा दे सकते हैं और न शिक्षार्थी इसे अपने भीतर आत्मसात ही कर सकता है। कारण स्पष्ट है—भाषा अगर सामाजिक वस्तु के रूप में संप्रेषण व्यवस्था का माध्यम है तो वह मानसिक जीवन की संकल्पनात्मक शक्ति भी है। अगर शिक्षक, विषयवस्तु को सही भाषाप्रयोग में बांधकर शिक्षार्थी तक पहुंचा नहीं सकता, तो वह अपने कार्य में लक्ष्यच्युत ही माना जाएगा और इसी प्रकार अगर शिक्षार्थी, संप्रेष्य कथ्य को सही भाषा के सहारे अपनी संकल्पनात्मक भूमि पर उतार कर उसे आत्मसात नहीं कर लेता, तो उसे शिक्षा का योग्य ग्राहक नहीं कहा जा सकता। इस पूरी प्रक्रिया के संदर्भ में यह कहा जा सकता है कि भाषा, संप्रेष्य कथ्य के रूप

में भले ही 'विषयवस्तु' के रूप में सिद्ध न मानी जाए पर पूरी संप्रेषण प्रक्रिया अथवा शिक्षाव्यापार का वह आधारभूत अंग है। यही कारण है कि आज शिक्षाविद और दार्शनिक यह स्वीकार करने लगे हैं कि हर शैक्षिक उद्देश्य की असफल परिणति अथवा गलत उपलब्धि के पीछे मूलतः भाषा की असफल सिद्धि अथवा गलत प्रयोग होता है अथवा दर्शन की असफलता का दूसरा नाम भाषा की असफलता है।

शिक्षा को सामान्यतः स्कूल या विद्यालय की परिधि में रख कर हम सोचने के अभ्यस्त हो गए हैं क्योंकि शिक्षण के वास्तविक व्यापार का वही दृश्यकेंद्रक है। विद्या को हम अमूल्य लक्ष्य मानते हैं और इसीलिए इस दृश्यकेंद्रक को कभी हम 'मंदिर' की संज्ञा देते हैं और कभी 'तीर्थस्थल' की। अतः इस 'विद्यामंदिर' में चलने वाले व्यापार तक अपनी दृष्टि सीमित कर हम इसे शिक्षक-शिक्षण विधि एवं सामग्री और शिक्षार्थी एवं शैक्षणिक निर्देश (इंस्ट्रक्शन) की या तो परिधि में बांध देते हैं अथवा इसको पाठ्यचर्या (करिक्युलम) और पाठ्यक्रम (सिलेबस) के दो छोरों के बीच सिमटा व्यापार मान लेते हैं।

वास्तविकता यह है कि शिक्षा की यह संकुचित दृष्टि लक्ष्य (आब्जेक्टिव), साधन (इंस्ट्रूमेंट) और केंद्रक (लोकस) में सही भेद नहीं कर पाती। यह ध्यान देने की बात है कि शिक्षा का केंद्रक शिक्षार्थी होता है। अतः पाठ्यचर्या और पाठ्यक्रम दोनों के ही केंद्र में मूलतः शिक्षार्थी ही रहता है। शिक्षा की पुरानी, पारंपरिक प्रणाली पाठ्यचर्या के केंद्र के रूप में 'विद्यालय' और 'विषयवस्तु' को रखती थी और पाठ्यक्रम के केन्द्र के रूप में 'शिक्षक' को। पर अब यह एक भ्रांतिपूर्ण धारणा मानी जाने लगी है। पाठ्यचर्या को विषयवस्तु केंद्रित कर शिक्षण को प्रारंभ करने का अर्थ है साधन या उपकरण तत्त्व से उसे शुरू करना और इस प्रक्रिया में लक्ष्यच्युत होना। अब यह माना जाने लगा है कि पाठ्यचर्या के केंद्र में शिक्षार्थी के वास्तविक अनुभव होते हैं जो स्कूल द्वारा प्रभावित और संवर्धित होते हैं। शिक्षण सामग्री के रूप में विषयवस्तु चाहे कितनी भी मूल्यवान क्यों न हो, और पाठ्यसामग्री का स्तर कितना ही ऊंचा क्यों न हो, जब तक अध्ययन-अध्यापन के समय शिक्षार्थी का अनुभवजगत उसे ग्रहण कर प्रभावित नहीं होता, शिक्षा का कार्यक्रम अधूरा ही माना जाएगा। इसी प्रकार यह कहा जा सकता है कि पाठ्यक्रम ऊपर से देखने पर भले ही कक्षा में शिक्षक के दायित्वनिर्वाह के लिए निर्देश रूप में दिखे पर उसका अंतिम लक्ष्य भी शिक्षार्थी के अनुभवजगत को संवृद्ध कर उसके व्यक्तित्व का विकास करना ही है।

सच तो यह है कि शिक्षक, शिक्षणविधि, शिक्षणसामग्री, शैक्षणिक निर्देश आदि सभी तत्त्व, शिक्षा के उपकरण हैं, वे निर्धारित शैक्षिक लक्ष्यों की प्राप्ति के मात्र साधन हैं। इन सबके मूल में उनका भोक्ता, शिक्षार्थी रहता है। लक्ष्य के

संदर्भ में पुराने और नए मूल्यों एवं अंतर्दृष्टि के संदर्भ में यह कहा जा सकता है कि शिक्षा की पुरानी दृष्टि विषयवस्तु को विषयतथ्य और विषयकौशल के रूप में बालक (शिक्षार्थी) तक पहुंचाना चाहती थी जिससे वह अपनी वयस्क (भविष्य) अवस्था में उनका उपयोग कर सके। शिक्षा की नई दृष्टि, बालक के अनुभव को वर्तमान रूप में वास्तविक मानकर, उसके व्यक्तित्व के उस बहुमुखी विकास को अपना लक्ष्य स्वीकार करती है, जो मात्र परंपरित सांस्कृतिक मूल्यों का संवाहक नहीं होता, अपितु जो वर्तमान वैयक्तिक और सामाजिक आवश्यकताओं के प्रति समझदारी उत्पन्न करता है और उसे अपने अनुरूप मोड़ने या नियंत्रित करने की क्षमता भी पैदा करता है। अतः आज की मान्य शिक्षणदृष्टि का केन्द्रक विद्यार्थी (का अनुभवजगत) होता है और लक्ष्य उसका 'सामाजीकरण' (सोशलाइजेशन)। सामाजीकरण का उसका यह लक्ष्य ही शिक्षा को समाज के वृहत्तर संदर्भ से जोड़ता है।

यह तथ्य भी उपेक्षणीय नहीं है कि पाठ्यचर्या का संबंध, राष्ट्र की शैक्षिक नीति और व्यवस्था से सीधे जुड़ा होता है। इसी प्रकार यह भी कहा जा सकता है कि पाठ्यचर्या के भीतर भाषा शिक्षण व्यवस्था का संबंध राष्ट्र की भाषा नीति और व्यवस्था से रहता है। शैक्षिक या भाषा नीति के निर्धारक, प्रशासनिक और सामाजिक संस्थान (इंस्टीट्यूशन) होते हैं पर प्रशासन तंत्र, अर्थव्यवस्था एवं निर्देशन शक्ति को प्रभावी रूप में नियंत्रित करने वाला सर्वाधिक महत्त्वपूर्ण संस्थान स्वयं सरकार होती है। यह ठीक है कि सरकार और प्रशासन की नीति, राष्ट्र की अपनी सामाजिक शैक्षिक स्थितियों से अप्रभावित नहीं रह सकती, पर नीति एवं व्यवस्था संबंधी निर्णय लेने वाला संस्थान सरकार और उसका प्रशासन तंत्र ही होता है। इधर अनुप्रयुक्त भाषाविज्ञान के क्षेत्र में भाषा नियोजन (लैंग्वेज प्लानिंग) का एक नया संदर्भ जुड़ा है जिसका वास्तविक शोधक्षेत्र सरकार और उसके प्रशासनतंत्र द्वारा भाषा संबंधी नीति उसकी प्रक्रिया और भाषा पर पड़ने वाले उसके प्रभाव का समझना है।

भाषा नियोजन के चार समस्या क्षेत्र हैं :

कोड निर्धारण (सेलेक्शन) : राष्ट्रभाषा या राजभाषा के रूप में भाषा का चयन, शिक्षामाध्यम के रूप में भाषा का चयन आदि।

कोडस्थैर्य (स्टेबिलिटी) : स्थान, काल, प्रयुक्ति आदि के कारण आने वाले विकल्प रूपों में किसी एक को मानक रूप में स्वीकार कर स्वीकृत भाषा को अभिन्न रूप से स्थिर बनाना।

कोड विस्तार (एक्सपैंशन) : उभरते हुए नए संदर्भों एवं व्यवहार क्षेत्र में भाषा प्रयोग को विस्तार देना।

कोड विभेदीकरण (डिफरेंसिएशन) : भाषा को सार्थक और प्रयोजनासिद्ध शैली के

रूप में संवर्द्धित करना।

यह कहने की आवश्यकता नहीं कि कोड निर्धारण का संबंध सरकार की भाषा नीति से रहता है, व्याकरण, शब्दकोष, उच्चारण निर्देश आदि द्वारा होने वाले भाषा के मानकीकरण से कोडस्थैर्य का संबंध रहता है, कोड विस्तार पारिभाषिक शब्द निर्धारण, एवं नई अभिव्यक्ति प्रणाली के निर्माण से जुड़ा रहता है, और कोड विभेदीकरण, शैलीसंहिता और विभिन्न साहित्यिक विधाओं में प्रयुक्त होने वाले भाषासंस्कार से संबंधित रहता है।

इन चार समस्या क्षेत्रों को राष्ट्र की शैक्षिक और भाषा संबंधी नीति के परिप्रेक्ष्य में देखा जा सकता है। भाषा शिक्षा की संकल्पना एक व्यापक संकल्पना है। एक ओर उसका संबंध बहुभाषाभाषी देश में अंतर्देशीय और अंतर्राष्ट्रीय संबंधों के निर्वाह के लिए संपर्क (कांटेक्ट) भाषा से रहता है तो दूसरी ओर सामाजिक संस्कार और सांस्कृतिक मूल्य के रूप में संवाहक भाषा से; एक ओर समाज में निरक्षरता को समाप्त करने की प्रक्रिया से जुड़ कर वह प्राथमिक शिक्षा का माध्यम बनती है तो दूसरी ओर ज्ञान और तकनीक को साधने के लिए उच्च शिक्षा का उपकरण। इससे इनकार नहीं किया जा सकता कि शिक्षा के संदर्भ में भाषा नियोजन और भाषा नीति सामाजिक और शैक्षिक उद्देश्यों से बाधित होती है। ये उद्देश्य अपनी स्थिति के अनुरूप निम्नलिखित लक्ष्यों में किसी एक या उसके विभिन्न संयोग के निमित्त निर्धारित हो सकते हैं : (1) निरक्षरता का आंशिक या पूर्ण रूप से निराकरण, (2) प्राथमिक शिक्षा का विकास, (3) माध्यमिक शिक्षा का अपूर्ण अथवा पूर्ण विकास, (4) विशेष (तकनीकी) शिक्षा का माध्यमिक और उच्च शिक्षा में विकास, (5) विज्ञान और तकनीक एवं संस्कृत एवं कला का शिक्षा में योग।

भाषा नीति का सीधा संबंध किस प्रकार पाठ्यचर्या पर पड़ता है—इसका ज्वलंत उदाहरण है भारत सरकार द्वारा स्वीकृत त्रिभाषासूत्र। शिक्षा आयोग (1964-66) द्वारा संशोधित त्रिभाषासूत्र में भाषाओं को निम्नलिखित क्रम से स्कूली पाठ्यचर्या में रखने की नीति का समर्थन मिलता है :

1. मातृभाषा अथवा प्रादेशिक भाषा,
2. संघ की राजभाषा (हिन्दी) अथवा (जब तक स्थिति बनी हुई है) संघ की सहयोगी राजभाषा (अंगरेजी),
3. आधुनिक भारतीय अथवा विदेशी वह भाषा जो (1) और (2) के अंतर्गत न आती हो और शिक्षा की माध्यभाषा के रूप में प्रयुक्त न होती हो।

स्पष्ट है कि हमारी राष्ट्रीय भाषा नीति, इस तथ्य का निर्देश देती है कि स्कूली शिक्षा में कौन-सी भाषा, कब शुरू की जाए, कितने समय तक उसे पढ़ाया जाए, किस भाषा को शैक्षिक भाषा माना जाए और किसे विषय रूप में पढ़ाया जाए

आदि। इस नीति के अनुसार पहली (अर्थात मातृभाषा) को अनिवार्यतः दस वर्ष पढ़ाना आवश्यक है। द्वितीय भाषा या तो राजभाषा हिंदी हो सकती है या अंगरेजी, जिसे अनिवार्यतः पांचवी कक्षा से दसवीं कक्षा तक छः वर्षों के लिए पढ़ाना अपेक्षित है। इस स्तर पर हिंदी या अंगरेजी में से उस भाषा की भी पढ़ाई वैकल्पिक रूप में प्रारंभ की जा सकती है जिसे द्वितीय भाषा के अनिवार्य रूप में शिक्षार्थी ने स्वीकार नहीं किया है। आठवीं से दसवीं कक्षा में तीसरी भाषा की पढ़ाई तीन त्रर्ष के लिए अपेक्षित है। इन तीन वर्षों के समय एक या उससे अधिक आधुनिक भारतीय भाषाओं को विकल्प रूप में पढ़ने-पढ़ाने की भी छूट है। उच्चतर माध्यमिक कक्षाओं अर्थात ग्यारहवीं और बारहबीं कक्षा में अनिवार्य किन्हीं भी दो भाषाओं (जिन्हें उसने पहले पढ़ा हो) को पढ़ना आवश्यक है अथवा एक या अधिक आधुनिक भारतीय भाषाओं के विकल्प के साथ नीचे दी गई भाषाओं में किन्हीं दो का अध्यापन आवश्यक है :

1. आधुनिक भारतीय भाषाएं,
2. क्लासिक भाषाएं (भारतीय अथवा विदेशी),
3. आधुनिक विदेशी भाषाएं।

यह ठीक है कि प्रत्येक राज्य ने संघ की इस भाषा नीति को समरूपी भाव से नहीं अपनाया है पर इसमें भी संदेह नहीं किया जा सकता कि इस भाषा नीति ने प्रत्येक राज्य की शिक्षा व्यवस्था और स्कूल की पाठ्यचर्या को किसी न किसी रूप में प्रभावित किया है। यह बात दूसरी है कि इस भाषा नीति को किसने कितनी गंभीरता से स्वीकार किया है और यह भाषा नीति राष्ट्र के वृहत्तर सामाजिक एवं शैक्षिक उद्देश्यों को साधने में कितनी सहायक हुई है।

जिस तरह भाषा संबंधी पाठ्यचर्या को सरकार की भाषा नीति प्रभावित करती है उसी प्रकार भाषा संबंधी पाठ्यक्रम को उस भाषा संबंधी ज्ञान और शिक्षा संबंधी शोध प्रभावित करते हैं। प्रायः हम यह भूल जाते हैं कि पाठ्यक्रम बनानें के पीछे शिक्षा संबंधी एक निश्चित दृष्टि और ज्ञान अनुभव के रूप में काम करते हैं। जिस भाषा को हमें लक्ष्य भाषा के रूप में पढ़ाना है, उसकी संरचना का ज्ञान पहले आवश्यक होता है। अतः पाठयोजना में अपनाने के पहले यह जरूरी हो जाता है कि उस भाषा का विवरण हमें उपलब्ध हो। पढ़ाई जाने वाली भाषा के विश्लेषण, व्याकरण अथवा संरचात्मक विवरण के बिना उस भाषा को कक्षा में ले जाना या अध्यापन के लिए पाठ्यक्रम के रूप में अपनाना न केवल अवैज्ञानिक दृष्टि है वरन अव्यावहारिक भी है।

प्रश्न यह है कि क्या किसी भाषा का शुद्ध भाषा वैज्ञानिक दृष्टि से किया गया विवरण शिक्षा के लिए उपादेय है? शुद्ध भाषा वैज्ञानिक दृष्टि, भाषा का विवरण, उसकी संरचना के उद्घाटन के लिए करती तो है पर उसका लक्ष्य अपने सिद्धांत

की पुष्टि करना होता है। यहां भाषा के तथ्य, सिद्धांत को मात्र सही या गलत सिद्ध करने के लिए आते हैं। स्वाभाविक है सिद्धांत पर आग्रह होने के कारण इस दृष्टि से किया गया किसी भाषा का विवरण, भाषा के व्यापक संदर्भ, व्यवहार अथवा अन्य उपादेय प्रकार्य पर आधारित नहीं होता। यहां तो भाषा स्वयं अपना साध्य और स्वयं ही अपना साधन होती है। इस तरह वह स्वयं अपना विषयवस्तु बन जाती है। अतः अगर किसी भाषा को उसकी विषयवस्तु के रूप में पढ़ाना उद्देश्य हो, तो इस दृष्टि को अपनाया जा सकता है। भाषा विज्ञान को अगर हम इतिहास-भूगोल या भौतिक रसायनशास्त्र आदि की तरह एक विषय मान लें, तब भाषा वैज्ञानिक सिद्धांत और उस सिद्धांत के अनुरूप भाषाविशेष का विवरण पाठ्यक्रम के लिए सहायक और उपयोगी हो सकता है। पर जिसे हम शैक्षिक भाषा मानते हैं, अथवा जो भाषा, स्वयं में अपना साध्य न होकर अन्य विषयों के लिए माध्यम बनती है या जो परंपरित मूल्यों के संवाहक और आधुनिक परिवेश या वर्तमान को समझने, पकड़ने या नियंत्रित करने का उपकरण बनती है— उसे मात्र शुद्ध भाषावैज्ञानिक दृष्टि से पढ़ाना संभव नहीं।

भाषाव्यवहार के दो व्यापक संदर्भ हैं : समाज और मन। समाज भाषा के प्रयोग का वास्तविक क्षेत्र भी है और संप्रेषण की आवश्यकता का जनक भी। समाज, भाषा के विभिन्न प्रकार्यों को नियंत्रित भी करता है और भाषाई प्रयोजनों के द्वारा नियंत्रित भी होता है। अतः भाषा को अगर उसके व्यवहार और प्रयोग के संदर्भ में देखना है तो शुद्ध भाषावैज्ञानिक दृष्टि से न देखकर समाज भाषावैज्ञानिक संदर्भ में देखना होगा। इसी प्रकार भाषा का मानव मन से गहरा संबंध है। भाषा मानव मन की शक्ति भी है और संकल्पना अथवा प्रत्यय विधायिनी प्रक्रिया का माध्यम भी। वह एक ओर चेतना को बोधात्मक स्तर पर प्रतिफलित करती है तो दूसरी ओर वह चेतना को सामाजिकता से संयुक्त भी करती है। यह भी ध्यान देने की बात है कि भाषा अधिगम प्रक्रिया का कार्यस्थल मन है अतः शैक्षिक संदर्भ के लिए मनोभाषावैज्ञानिक दृष्टि से किया गया भाषाविवरण, पाठ्यक्रम निर्धारण में सहायक बनता है।

कहने का तात्पर्य यह है कि लक्ष्यभाषा के विवरण को उस भाषावैज्ञानिक सिद्धांत के आधार पर प्रस्तुत करने की आवश्यकता होती है जो शुद्ध भाषावैज्ञानिक पक्ष के साथ-साथ समाज भाषावैज्ञानिक और मनोभाषावैज्ञानिक दृष्टि पर भी आधारित हो। ऐसी समग्र दृष्टि से प्राप्त भाषा विवरण को भाषाशिक्षा संबंधी सिद्धांत (थियरी आफ लैंग्वेज पेडागाजी) के आधार पर पुनः नियोजित (रि-स्ट्रक्चर) करना पड़ता है। भाषा शिक्षण का अनुप्रयुक्त पक्ष इस नियोजित पाठ्यक्रम को शिक्षण के उद्देश्य, शिक्षार्थी की अपनी आवश्यकताएं, शिक्षक और शिक्षण संस्थान की योग्यता-सुलभता, शिक्षण प्रणाली की तकनीक आदि के संदर्भ

में शिक्षण सामग्री और शैक्षणिक निर्देश के रूप में रूपांतरित करता है।

ऊपर की चर्चा के परिप्रेक्ष्य में यह कहा जा सकता है कि भाषा शिक्षण को

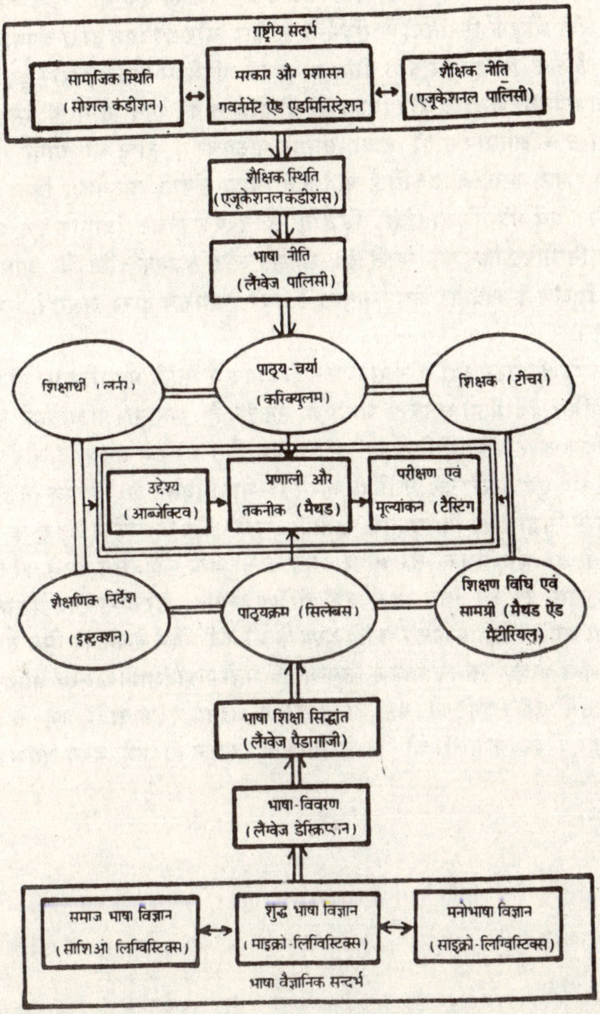

देखने और उसके कार्यक्षेत्र को परिभाषित एवं निर्धारित करने की दो दृष्टियां हैं :

संकुचित/सीमित दृष्टि : यह दृष्टि भाषा शिक्षण के क्षेत्र को पाठ्यचर्या और पाठ्यक्रम के दो छोरों के बीच का अध्ययन क्षेत्र मानती है। यह दृष्टि भाषा शिक्षण के केंद्र में पाठ-उद्देश्य, प्रणाली-तकनीक और परीक्षण-मूल्यांकन को मानते हुए अपनी

परिधि को शिक्षक, शिक्षण सामग्री, शिक्षार्थी और शैक्षणिक निर्देश के सहारे खींचती है।

व्यापक दृष्टि : यह दृष्टि भाषा शिक्षण के संदर्भ को एक ओर राष्ट्र की सामाजिक और शैक्षिक स्थितियों के संदर्भ में सरकार और प्रशासन द्वारा अपनाई जाने वाली शैक्षिक एवं भाषा संबंधी नीति को अपनी परिधि में रखती है और दूसरी ओर वह भाषावैज्ञानिक दृष्टि और शिक्षा संबंधी सिद्धांत को अपनी सीमा में समेटती है। इस दृष्टि के अनुसार न तो भाषा संबंधी पाठ्यचर्या, राष्ट्र की भाषा नीति से तटस्थ होकर बनाई जा सकती है और न ही भाषा संबंधी पाठ्यक्रम बिना भाषावैज्ञानिक एवं भाषाशिक्षा संबंधी सिद्धांतों से निरपेक्ष होकर वैज्ञानिक एवं प्रभावी ढंग से निर्धारित किए जा सकते हैं। सीमित और व्यापक दृष्टि के आधार पर भाषा शिक्षण के व्यवहार क्षेत्र को पृष्ठ 45 पर रेखाचित्र द्वारा अलग से समझाया गया है।

स्पष्ट है, पाठ्यचर्या और पाठ्यक्रम के दायरे में सिमटे भाषाविज्ञान की स्थिति एक सीमित अर्थ में ही स्वायत्त मानी जा सकती है, अन्यथा पाठ्यचर्या को देश की शैक्षिक और भाषा नीति बहुत दूर तक प्रभावित करने में समर्थ है और पाठ्यक्रम के रूप एवं प्रकृति को निर्धारित करने में भाषा विशेष के विवरण एवं भाषा शिक्षण के सिद्धांत का विशेष हाथ रहता है। यदि और गहराई में उतर कर देखें तो किसी देश की शैक्षिक और भाषा नीति के भी अन्य कई प्रसंग देखने को मिलते हैं यथा, उस देश की सामाजिक एवं शैक्षिक स्थिति, सरकारी एवं प्रशासनिक व्यवस्था आदि। इसी प्रकार भाषाविवरण के भी कई संदर्भ देखने को मिल सकते हैं यथा, भिन्न भाषावैज्ञानिक माडल, समाज एवं मनोभाषावैज्ञानिक तथ्य आदि। इन सभी प्रसंगों एवं संदर्भों की सही जानकारी के अभाव में भाषा शिक्षण के अपने प्रयोजन एवं कार्यप्रणाली को ठीक से समझना कठिन ही नहीं वरन असंभव भी है।

भाषा शिक्षण : प्रयोजन और सिद्धि

भाषा शिक्षण का क्षेत्र अनुप्रयोगात्मक होता है। अनुप्रयोगात्मक होने के कारण वह अनिवार्यतः उद्देश्य बाधित होता है। भाषा किसी न किसी विशेष उद्देश्य या प्रयोजन के संदर्भ में सीखी और सिखाई जाती है। इधर इस उद्देश्य को भाषाप्रयोक्ता की विभिन्न आवश्यकताओं के संदर्भ में परिभाषित करने का प्रयत्न किया जा रहा है। यह माना जाने लगा है कि जब तक भाषा शिक्षण के उद्देश्य एवं प्रयोजन निर्धारित नहीं कर लिए जाते, उसकी सार्थकता और संप्राप्ति का मूल्यांकन भी संभव नहीं हो पाएगा। भाषा शिक्षण की अपनी सिद्धि निर्धारित प्रयोजन की सिद्धि है जो प्रयोक्ता (शिक्षार्थी) सापेक्ष होती है। भाषा प्रयोक्ता की विभिन्न आवश्यकताओं की पूर्ति के साधन के रूप में भाषा शिक्षण की सिद्धि को एक ऐसी अविच्छिन्न संतत रेखा के रूप में देखा जा सकता है जिसके एक छोर पर विदेशी प्रयोगक्तावर्ग है और दूसरे छोर पर मातृभाषी प्रयोक्तावर्ग। हिंदी भाषा शिक्षण के क्षेत्र के संदर्भ में यह कहा जा सकता है कि उसके एक छोर पर ऐसे व्यक्तियों का समुदाय है जो न हिंदी भाषा जानता है और न जिसे सामाजिक और वैयक्तिक आवश्यकताओं के लिए हिंदी भाषा जानना ही जरूरी है और उसके दूसरे छोर पर ऐसे व्यक्तियों का समुदाय है जो न केवल हिंदी भाषा का कामचलाऊ ज्ञान रखता है वरन उसके मानक रूप के प्रयोग की दक्षता भी रखता है।

अहिंदीभाषी विदेशी प्रयोक्तावर्ग और मानक हिंदी के मातृभाषी प्रयोक्तावर्ग को जोड़ने वाली अविच्छिन्न संतत रेखा पर प्रयोक्ता की विभिन्न आवश्यकताओं की पूर्ति के साधन के रूप में भाषा शिक्षण के विभिन्न संदर्भ और प्रणालियां स्थित मिलती हैं, जिसे पृष्ठ 48 के आरेख में देखा जा सकता है।

जैसा अग्रांकित आरेख से स्पष्ट है— भाषा शिक्षण के संदर्भ में पहला मुख्य विभाजन मातृभाषा और अन्य भाषा शिक्षण के रूप में उभरता है। मातृभाषा के रूप में हिंदी शिक्षण और अन्य भाषा के रूप में हिंदी शिक्षण की प्रकृति एवं प्रणाली प्रयोक्ता की अपनी आवश्यकता, प्रयोजन एवं अभिप्रेरण (मोटिवेशन) के कारण भिन्न हो जाती है। परिभाषा के रूप में अन्य भाषा (अदर टंग) मातृ-

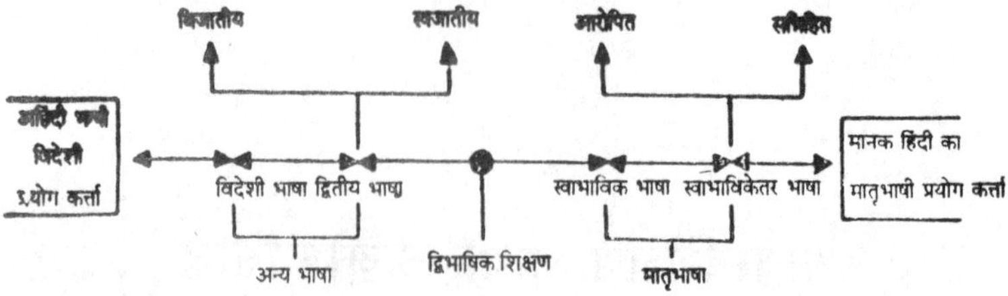

भाषा (मदर टंग) के विरोध में लाई जाने वाली संकल्पना है। मातृभाषा से इतर जिस किसी भी भाषा को प्रयोक्ता सीखना चाहता है, उसे अन्य भाषा की संज्ञा दी जाती है। अतः हमें पहले यह देखना उचित होगा कि मातृभाषा से हमारा क्या प्रयोजन है ?

मातृभाषा एक संस्थागत (इंस्टिट्यूशनल) यथार्थता है। वह व्यक्ति के आत्मीय व्यवहार क्षेत्रों को भाषाई समाज के वृहत्तर सामाजिक संदर्भों से जोड़ने वाली वह संकल्पना है जो व्यक्ति की सामाजिक अस्मिता (सोशल आइडेंटिटी) को निर्धारित करती है। यह अस्मिता ही व्यक्ति को किसी भाषाई समुदाय की एक निश्चित सामाजिक परंपरा एवं सांस्कृतिक दृष्टिकोण से संबद्ध करती है। अतः मातृभाषा न तो बालक की प्रथम भाषा (L_1) है जिसे बालक, भाषा के रूप में सबसे पहले स्वाभाविक व्यापार के रूप में सीखता है और न वह स्वभाषा (नेटिव लैंग्वेज) है जिसके सहारे 'व्यक्ति, अपने बाल्यकाल में सबसे पहले सामाजिक बनता है।' यह कहा जा सकता है कि मातृभाषा, सामाजिक दृष्टि से निर्धारित व्यक्ति की वह आत्मीय भाषा है जो व्यक्ति की अस्मिता को किसी भाषाई समुदाय की सामाजिक परंपरा और सांस्कृतिक दृष्टिकोण से संबद्ध करती है।

हिंदी भाषा के संदर्भ में यह कहा जा सकता है कि सामान्यतः विभिन्न बोलियां उसके प्रयोक्ता के लिए प्रथम भाषा (L_1) और स्वभाषा के रूप में स्थित हैं। ये बोलियां ही बालक के परिवार एवं अन्य आत्मीय क्षेत्रों में प्रयुक्त होने वाली भाषा है। शहरों में जाकर बसने वाले कुछ विस्थापित परिवारों की बात अगर छोड़ दें तो ये बोली ही है जिसको बालक, अपनी मां की गोद में पलते हुए 'प्रथम भाषा' के रूप में सीखता है और जिसके सहारे वह परिवार के अन्य सदस्यों एवं निकटवर्ती परिवेश में रहने वाले अन्य आत्मीय जन के साथ संबंध स्थापित कर सामाजिकता की ओर बढ़ता है। पर जब 'साक्षरता' का प्रश्न उठता है, वह बोली से भाषा की ओर उन्मुख हो उठता है और जब किसी निश्चित साहित्यिक परंपरा एवं सामाजिक अस्मिता की बात उठती है वह हिंदी भाषा को मातृभाषा के रूप में अपनाता पाया जाता है। उसके लिए ब्रज और अवधी में रचित साहित्य, एक ही साहित्यिक-सांस्कृतिक धारा की दो भिन्न प्रकार की अभिव्यक्तियां

दिखाई पड़ती हैं और खड़ी बोली में आज रचा जाने वाला साहित्य भी उसी एक साहित्यिक एवं सांस्कृतिक धारा का एक उपांग बन जाता है। मातृभाषा, एक संस्थागत यथार्थता है और परंपरा एवं दृष्टिकोण से निर्मित इस यथार्थता के संदर्भ में कहा जा सकता है कि हिंदी भाषाई समुदाय के लिए उसकी बोलियां नहीं अपितु हिंदी भाषा, मातृभाषा के रूप में सिद्ध भाषा है। हिंदी भाषा के सहारे ही इस भाषाई समुदाय के व्यक्ति अपनी सामाजिक अस्मिता ढूंढते हैं।

भाषा शिक्षण के संदर्भ में मातृभाषा के मूलतः दो प्रकार्य देखने को मिलते हैं जिनके आधार पर उसे दो वर्गों में विभाजित करना संभव है : (1) स्वभाषिका भाषा, और (2) स्वभाषिकेतर भाषा। स्वभाषिका का अर्थ हिंदी भाषा की बोलियों, यथा : भोजपुरी, अवधी, ब्रज आदि से है। इन बोलियों के बीच जन-संपर्क स्थापित करने वाली 'वर्नाक्यूलर' के रूप में सिद्ध भाषा को 'स्वभाषिका भाषा' कहा जा सकता है। 'साक्षरता' के लिए अपनाई जाने वाली भाषा भी यही है। भाषा का यह प्रयोजन, सामाजिक व्यवहार के एक व्यापक संदर्भ की अपेक्षा रखता है जिसको समझने के लिए बोलियों का आधार अत्यंत आवश्यक है। इसके विपरीत 'स्वभाषिकेतर भाषा' की संकल्पना बोली निरपेक्ष होती है और उसका संदर्भ, व्यवहार के परिप्रेक्ष्य में सीमित होता है। यह 'वर्नाक्यूलर' के रूप में किसी संपर्क भाषा की तरह स्थित नहीं होती। 'स्वभाषिकेतर भाषा', विशिष्ट प्रयोजनों को सिद्ध करने वाली भाषा है जिसे व्यक्ति अपने सामाजिक विकास के लिए एक सीढ़ी के रूप में भी अपना सकता है। शिक्षा, कानून, व्यापार, साहित्य आदि विभिन्न व्यवहार क्षेत्रों में प्रयुक्त होने वाली यह भाषा है। अतः शिक्षण के संदर्भ में इसे 'विशिष्ट प्रयोजनों के लिए सिद्ध भाषा' के रूप में अपनाना पड़ता है। यह कहा जा सकता है कि स्वभाषिका भाषा का आयाम अगर समस्तरीय (हारिजेंटल) है तो स्वभाषिकेतर भाषा का विषमस्तरीय (वर्टिकल)।

स्वभाषिकेतर भाषा को भी दो उपवर्गों में विभाजित किया जा सकता है—सन्निहित प्रयोजक और आरोपित प्रयोजक। सन्निहित प्रयोजक भाषा, प्रयुक्ति (रजिस्टर) और प्रोक्ति (डिस्कोर्स) से संबंधित भाषा रूप है। इसका आधार व्यवहार क्षेत्र की अपनी आंतरिक आवश्यकताएं हैं। आरोपित प्रयोजक का संदर्भ एक ही भाषा की दो शैलियों के व्यवहार की उस स्थिर स्थिति से है जिसे 'डायग्लासिया' कहा जाता है। डायग्लासिया के स्तर पर सिद्ध भाषा शैली यथा हिंदी और उर्दू का संबंध, प्रयुक्ति अथवा प्रोक्ति से न होकर औपचारिक स्थिति में अपनाई जाने वाली उस सामाजिक शैली से है जिसे संस्थागत यथार्थता आरोपित करती है। यह संप्रेषण व्यवस्था की अपनी अनिवार्य आवश्यकता का परिणाम नहीं होती। अतः हम देखते हैं कि प्रायः हर मानक भाषा, सन्निहित प्रयोजन के संदर्भ में भाषा-भेद की नियति से बाध्य रहती है पर यह आवश्यक नहीं होता कि हर भाषा में

हिंदी-उर्दू जैसा आरोपित शैलीभेद देखने को मिले ही।

मातृभाषेतर किसी भी दूसरी भाषा का शिक्षण अन्य भाषा के अंतर्गत आता है। मातृभाषा शिक्षण के विरोध में अपनाई जाने वाली यह एक संकल्पना है जो प्रयोक्ता की उन वैयक्तिक एवं सामाजिक आवश्यकताओं की पूर्ति का साधन है जो मातृभाषा की अनिवार्य संप्रेषणपरक आवश्यकता से भिन्न होती है। मूलत: इसे दो वर्गों में विभाजित किया जा सकता है—द्वितीय भाषा और विदेशी भाषा।

द्वितीय भाषा, मातृभाषा के साथ की वह सहयोजित भाषा होती है जिसे भाषाई समुदाय का एक सदस्य होने के नाते प्रयोक्ता को सीखनी पड़ती है। वह भाषाई समुदाय के भाषाई कोश (बर्बल रेपर्टायर) की एक भाषा होती है। इसके विपरीत विदेशी भाषा, न तो प्रयोक्ता के भाषाई समुदाय के भाषाई कोश की भाषा होती है और न ही भाषाई समुदाय के सदस्य होने के नाते प्रयोक्ता को उसे अनिवार्यंतः सीखना ही पड़ता है। इन दोनों की प्रकृति के अंतर को निम्नलिखित संदर्भों के बीच समझा जा सकता है :

1. विदेशी भाषा, प्रयोक्ता के अपने भाषाई समाज अथवा राष्ट्र से भिन्न किसी अन्य समाज अथवा राष्ट्र की संस्कृति को समझने का माध्यम होती है, जबकि द्वितीय भाषा, प्रयोक्ता की अपनी संस्कृति की अभिव्यक्ति का विकल्पवत दूसरा माध्यम होती है।

2. विदेशी भाषा सीखने के लिए कोई गहरा सामाजिक दबाव नहीं होता, जबकि द्वितीय भाषा सीखने के पीछे सामाजिक दबाव एक अभिप्रेरक शक्ति के रूप में काम करता है। अतः द्वितीय भाषा, प्रयोक्ता के मानसिक विकास पर विदेशी भाषा की तुलना में सापेक्षतया अधिक गहरा प्रभाव डालती है।

3. भाषाई कोश की एक इकाई होने के नाते द्वितीय भाषा प्रयोक्ता की 'अपनी' भाषा के समानांतर होती है जबकि विदेशी भाषा, प्रयोक्ता के भाषाई कोश के बाहर होने के कारण 'अपनी' भाषा के समानांतर नहीं रखी जा सकती। यह संभव है कि इतिहास के परिप्रेक्ष्य में कोई भाषा, पहले विदेशी भाषा के रूप में प्रयुक्त हो पर समय के साथ, वह सामाजिक आवश्यकता बनकर द्वितीय भाषा का दरजा प्राप्त कर ले।

4. द्वितीय भाषा का प्रयोक्ता उस भाषा में क्रियाशील और सर्जनात्मक होता है जबकि विदेशी भाषा का प्रयोक्ता उस भाषा को ग्रहणशीलता के स्तर पर अपनाता है और इसी कारण उस भाषा में उसे सर्जनात्मक प्रयोग की वैसी छूट नहीं होती जो द्वितीय भाषा के प्रयोक्ता को होती है।

5. द्वितीय भाषा के रूप में अपनाई जाने वाली अन्य भाषा की प्रवृत्ति अपने अलग 'मानक रूप' के निर्माण की होती है जो उस भाषा के मातृभाषी भाषियों के द्वारा स्वीकृत 'मानक रूप' से भिन्न हो सकती है। ऐसी कोई प्रवृत्ति विदेशी भाषा

के रूप में गृहीत अन्य भाषा में नहीं देखने को मिलती। विदेशी भाषा का मानक रूप हमेशा विदेशी भाषा के भाषाई समाज में स्वीकृत मानक भाषा के संदर्भ में जाना जाता है।

इन लक्षणों के आधार पर यह सहज ही देखा जा सकता है कि हिंदी या अन्य भारतीय भाषाई समाज के संदर्भ में 'अंगरेजी' भाषा, द्वितीय भाषा के रूप में सिद्ध है जबकि अन्य भाषा के रूप में रूसी, फ्रेंच, जर्मन आदि विदेशी भाषाएं हैं। इसका कारण स्पष्ट है। अंगरेजी, हिंदी भाषाई समाज की अपनी सामाजिक एवं सांस्कृतिक आचरणों की अभिव्यक्ति का विकल्पवत दूसरा माध्यम है, यहां तक कि संघ की राजभाषा के रूप में वह सहयोजित भी की गई है। अंगरेजी सीखने के पीछे एक निश्चित सामाजिक दबाव का अनुभव किया जाता है। अंगरेजी हिंदी समाज के भाषाई कोश की एक इकाई है जो तकनीकी ज्ञान, उच्च शिक्षा, उच्च न्यायालय आदि क्षेत्रों में प्रयुक्त होती है। अंगरेजी को हिंदी भाषी, सर्जनात्मक स्तर पर सीखते हैं, यहां तक कि कई व्यक्ति इसे साहित्यिक अभिव्यक्ति के एकमात्र माध्यम के रूप में स्वीकार किए बैठे हैं। अंगरेजी का प्रयोग भारत में 'इंडियन इंग्लिश' के रूप में चलता है जिसका अपना एक अलग ही 'मानक रूप' निर्धारित हो चुका है।

जिस प्रकार अंगरेजी भाषा, हिंदी भाषाई समाज के लिए द्वितीय भाषा के रूप में प्रयोजनवत सिद्ध है उसी प्रकार एक दूसरे संदर्भ में भारतीय अन्य भाषाई समाज के लिए हिंदी भी द्वितीय भाषा के रूप में स्थित देखी जा सकती है। इस समय वह उनके लिए सामाजिक आचरणों की अभिव्यक्ति का विकल्पवत दूसरा माध्यम बनती जा रही है। संघ की राजभाषा के रूप में स्वीकृत होने के कारण अहिंदी भाषी प्रत्येक प्रदेश की अपनी राजभाषा को इसे सहयोजित करना अनिवार्य हो गया है, अंतर्देशीय संदर्भों में इस भाषा के प्रयोग के पीछे एक सामाजिक दबाव काम करने लगा है जिसको रेलवे प्लेटफार्म, अंतर्राज्यीय बस अड्डे, भारतीय सांस्कृतिक केंद्र या तीर्थ स्थल पर, अहिंदी भाषी अनुभव करता है। विभिन्न भाषाई क्षेत्रों में हिंदी का अपना-अपना अलग रूप बनता जा रहा है (जिसके प्रति हिंदी भाषाभाषी व्यक्ति शंकालु भाव से देखता पाया जाता है)।

अंगरेजी और हिंदी, दोनों ही अहिंदी भाषाई क्षेत्र में द्वितीय भाषा के रूप में स्थित देखे जा सकते हैं। पर इनमें एक प्रमुख अंतर है—एक विजातीय भाषा है जिसमें विदेशी भाषा के सामाजिक संदर्भ और सांस्कृतिक मूल्य भी समाविष्ट मिलते हैं, जिनके व्यावहारिक प्रयोग के कुछ नियम दूसरे समाज की व्यवस्था को प्रतिबिंबित करते हैं। इसकी तुलना में हिंदी, भारतवासी अन्य भाषाभाषियों के लिए एक स्वजातीय भाषा है, जिसका भाषाई समाज ऐतिहासिक दृष्टि से व्यापक स्तर पर घटनाओं के एक ही दौर से गुजरा है, जो सामाजिक संस्थानों की बनावट

और मूल्यों के संदर्भ में बहुत कुछ समान है और जिसके जीवन और जगत को देखने की दृष्टि में आंतरिक साम्य है। अतः द्वितीय भाषा को विजातीय और स्व-जातीय दो उपवर्गों में बांटने की आवश्यकता बनी हुई है।

द्विभाषिक शिक्षा का क्षेत्र मातृभाषा शिक्षा ,और द्वितीय भाषा शिक्षा का मध्यवर्ती क्षेत्र है। द्वितीय भाषा शिक्षण में मात्र एक अन्य भाषा का शिक्षण एक निश्चित पाठ्यक्रम के साथ निर्धारित घंटों में किया जाता है। उदाहरण के लिए स्पेनिश अथवा फ्रेंचभाषी क्षेत्र के प्रयोक्ता के लिए अगर हम अंगरेजी को द्वितीय भाषा के रूप में पढ़ाएं तो यह द्वितीय भाषा शिक्षण होगा। इसी प्रकार अगर हम हिंदीभाषी क्षेत्र में अंगरेजी को मात्र एक विषय के रूप में पढ़ाएं और उस विषय को एक निर्धारित घंटे के साथ पाठ्यक्रम में रखें, तो वह द्वितीय भाषा शिक्षण कहा जाएगा। ऐसी स्थिति में स्कूल या विद्यालय में पढ़ाए जाने वाले अन्य विषय किसी अन्य माध्यम भाषा से पढ़ाए जाते हैं। उदाहरण के लिए हिंदीभाषी क्षेत्र के ऐसे स्कूलों को लीजिए जिनमें गणित, विज्ञान, भूगोल, इतिहास आदि सभी विषय हिंदी माध्यम से पढ़ाए जाएं, और एक विषय विशेष के रूप में जहां अंगरेजी की शिक्षा दी जाती हो। इस स्थिति में अंगरेजी की शिक्षा, द्वितीय भाषा शिक्षण के रूप में स्वीकार की जाएगी।

इस स्थिति के विपरीत द्विभाषिक शिक्षा में दो भाषाएं स्कूल में एक ही प्रयोक्ता के लिए दो माध्यम भाषाओं के रूप में प्रयुक्त होती है। ऐसे विद्यालय हिंदी भाषी क्षेत्र में देखने को मिलते हैं जहां अंगरेजी केवल एक विषय के रूप में न पढ़ाई जाकर माध्यम भाषा के रूप में भी प्रयुक्त की जाती है। यहां समाजशास्त्र या कला संबंधी विषय की माध्यम भाषा हिंदी होती है पर विज्ञान या तकनीकी ज्ञान संबंधी विषयों की माध्यम भाषा अंगरेजी। यहां प्रश्न उठाया जा सकता है कि क्या ऐसे स्कूलों की शिक्षा को द्विभाषिक शिक्षा कहा जा सकता है ? द्विभाषिक शिक्षा के लिए यह आवश्यक है कि एक ही भाषाप्रयोक्ता, दो भाषाओं को माध्यम भाषा के रूप में स्वीकार करें। पर ऐसे विद्यालयों में भाषा प्रयोक्ताओं के दो वर्ग हो जाते हैं—एक वर्ग, कला संकाय से संबद्ध होता है और वह माध्यम भाषा के रूप में हिंदी को अपनाता है और दूसरा वर्ग, विज्ञान संकाय का शिक्षार्थी होता है और वह माध्यम भाषा के रूप में अंगरेजी को स्वीकार करता है। इसलिए ऐसे विद्यालयों को सच्चे अर्थ में द्विभाषिक नहीं कहा जा सकता। यहां इस बात पर बल देने की आवश्यकता है कि द्विभाषिक शिक्षा के आदर्श रूप में मातृभाषा और द्वितीय भाषा के रूप में अन्य भाषा, दोनों पर ही समान बल दिया जाता है। शिक्षा के लिए माध्यम भाषा के रूप में दोनों ही भाषाओं को सार्थक भाषा के रूप में स्वीकार किया जाता है। अतः द्विभाषिक शिक्षा में द्वितीय भाषा के साथ-साथ मातृभाषा का प्रसंग अनिवार्य हो उठता है।

वस्तुतः द्विभाषिक शिक्षा, भाषा निर्वाह (लैंग्वेज मेंटेनेंस) और गौण (माइनारिटी) भाषाओं के विकास से संबद्ध संकल्पना है। जिस समाज में द्वितीय भाषा, प्रतिष्ठा और सामाजिक पद का सूचक बन जाती है, वहां यह प्रवृत्ति देखने को मिलती है कि द्वितीय भाषा, जो पहले एक विषय के रूप में केवल शिक्षा में मान्य रहती है वह उच्च शिक्षा में एक मात्र माध्यम भाषा का कार्य करने लगती है। इस प्रकार जो मातृभाषा, गौण भाषा के रूप में समाज में स्थित होती है, शिक्षा से उसका कोई संबंध ही नहीं रह जाता। हिंदी भारत की एक प्रमुख भाषा है। पर अंगरेजी माध्यम के पब्लिक स्कूल से निकले और 'इंडियन इंस्टिट्यूट आफ टेकनालजी' में तकनीकी विषयों में प्रशिक्षित हिंदी मातृभाषी व्यक्तियों के भाषा-व्यवहार की स्थिति ऐसी होती है कि वे अपनी मातृभाषा में अपने विषय पर स्वतंत्र चिंतन करने की बात तो दूर उसमें बातचीत करने में भी असमर्थ होते हैं। द्विभाषिक शिक्षा का उद्देश्य शिक्षार्थी में ऐसी भाषाई क्षमता पैदा करना होता है जिससे वह मातृभाषा और द्वितीय भाषा—दोनों ही में स्वतंत्र रूप से विचार और अनुभव कर सके।

द्विभाषिक शिक्षा और द्वितीय भाषा की शिक्षा की विभाजक रेखा को निम्नलिखित तीन संदर्भों के आधार पर खींचना संभव है :

1. द्वितीय भाषा की शिक्षा, मातृभाषा और द्वितीय भाषा में किसी एक को ही माध्यम भाषा बनाती है। दूसरी भाषा की सार्थकता विषयवस्तु के अध्ययन-अध्यापन तक सीमित होती है। इसके विपरीत द्विभाषिक शिक्षा, मातृभाषा और द्वितीय भाषा—दोनों ही को माध्यम भाषा के रूप में स्वीकार करती है।

2. द्वितीय भाषा की शिक्षा, एक ही भाषा में चिंतन एवं अनुभव करने की क्षमता का विकास करती है जबकि द्विभाषिक शिक्षा का, दोनों भाषाओं में स्वतंत्र चिंतन एवं अनुभव की क्षमता के विकास पर आग्रह होता है। एक ही भाषा में चिंतन एवं अनुभव करने पर आग्रह रखने के कारण द्वितीय भाषा की शिक्षा 'अनुवाद' प्रक्रिया का सहारा लेती है अर्थात ऐसी शिक्षा में द्वितीय भाषा में अभिव्यक्त विचार सामग्री, मातृभाषा में पहले चित्रित और उपलब्ध अनुभव का मात्र अनुवाद होती है। यह प्रक्रिया वहां उलट जाती है जहां माध्यम भाषा के रूप में द्वितीय भाषा को स्वीकार किया जाता है। ऐसी स्थिति में मातृभाषा में अभिव्यक्त विचार सामग्री, द्वितीय भाषा में सोचे और अनुभव किए गए तथ्यों का मात्र अनुवाद होती है।

3. द्वितीय भाषा शिक्षण, एक संस्कृति की दो भिन्न अभिव्यक्तियों के रूप में दो भाषाओं को स्वीकार करती है जबकि अपने आदर्श रूप में द्विभाषिक शिक्षा, दो भिन्न संस्कृतियों के लिए अलग-अलग संबद्ध दो भाषाओं पर बल देती है जिससे शिक्षार्थी में दो संस्कृतियों को देखने-समझने के लिए सहानुभूतिपूर्ण

दृष्टिकोण का निर्माण हो सके।

भाषा शिक्षण को अगर उद्देश्यपरक और सार्थक बनाना है तब यह स्पष्ट है कि उसके लक्ष्य को भाषा प्रयोक्ता की अपनी आवश्यकताओं के संदर्भ में रखना होगा। भाषा प्रयोक्ता (शिक्षार्थी) की भाषा संबंधी अपनी आवश्यकताएं भिन्न-भिन्न हो सकती हैं और तदनुरूप भाषा शिक्षण के लक्ष्य भी भिन्न-भिन्न होंगे। यही लक्ष्य, भाषा शिक्षण के पूरे तंत्र को अपने ढंग से नियोजित करता है।

खंड दो

भाषा शिक्षण का मनोवैज्ञानिक और व्याकरणिक संदर्भ

भाषा शिक्षण का मनोवैज्ञानिक संदर्भ

भाषा के मनोवैज्ञानिक पक्ष का भाषा शिक्षण और उसके सिद्धांत के साथ गहरा सम्बन्ध है। इसमें सन्देह नहीं कि अधिगम (लर्निंग) सिद्धांतों को ध्यान में रखे बिना भाषा शिक्षण पर सार्थक ढंग से बात करना संभव नहीं। भाषा शिक्षण के क्षेत्र में विभिन्न सम्प्रदायों में अन्तर का एक मुख्य कारण अधिगम सिद्धांत की अपनी भिन्न मान्यताएं भी हैं। भाषा चिन्तन के क्षेत्र में भी हम पाते हैं कि विभिन्न सम्प्रदायों के मूलभूत अन्तर की धुरी उनके द्वारा स्वीकृत ज्ञानार्जन सम्बन्धी दृष्टि है। उदाहरण के लिए, संरचनात्मक भाषाविज्ञान के मूल में ज्ञानार्जन का व्यवहारवादी (विहेविअरिज्म) दृष्टिकोण है, जबकि रूपान्तरण प्रजनक भाषाविज्ञान के मूल में संज्ञानवादी (काग्निटिव) दृष्टिकोण।

ऐतिहासिह दृष्टि से देखें तो ज्ञानार्जन की दो स्पष्ट धाराएं मिलती हैं—(क) अनुभववादी (एम्पेरिसिज्म) और (2) तर्कबुद्धिवादी (रैशनलिज्म)।

1. अनुभववाद

इस मत के समर्थकों में लाक, बेकन, बर्कले, मिल, ह्यूम आदि विचारकों का नाम लिया जा सकता है। इसके अनुसार ज्ञानार्जन की प्रक्रिया के मूल में इन्द्रियजन्य अनुभव होता है। बुद्धि या मन जैसी किसी स्वायत्त इकाई का इस प्रक्रिया में हाथ नहीं होता। ज्ञान का स्रोत मात्र अनुभव है, और अनुभव का आधार बाह्य वस्तुओं के प्रति व्यक्ति का स्नायविक संवेग और उनके प्रति मन में सजगता है। सभी अनुभववादी अनुभव से स्वतंत्र विचार सम्पन्न मन का निषेध करते हैं। उनके अनुसार मानसिक प्रक्रिया में कोई भी ऐसी तर्कजन्य स्थिति नहीं हो सकती जिसके मूल में व्यक्ति का अनुभवजन्य व्यापार न हो। वर्कले और जेम्स मिल जैसे चिंतकों ने तो 'अमूर्त' विचार की सत्ता से भी इनकार किया। मिल के अनुसार जटिल विचार और कुछ नहीं बल्कि अनुभव आधारित सरल विचारों के योग से बना एक संश्लिष्ट विचारमात्र है इसके लिए उन्होंने साहचर्य (एसोसिएशन) सिद्धान्त की

चर्चा की, जिसके आधार पर सरल विचार अपना अमूर्त एवं संश्लिष्ट रूप ग्रहण करते हैं। मनोविज्ञान के क्षेत्र में आज प्रचलित 'व्यवहारवाद' के मूल में इन विद्वानों द्वारा प्रस्तावित अनुभव आश्रित 'विचार का मूलतत्ववादी रूप', 'साहचर्य सिद्धान्त' और 'फलत्व नियम' आज भी देखे जा सकते हैं।

बीसवीं सदी के प्रारम्भ में वाट्सन ने मनोविज्ञान के क्षेत्र में जिस व्यवहारवाद की नींव रखी, उसके पीछे अनुभववादी चिन्तकों की आधारभूत मान्यताएं ही काम कर रही थीं। वाट्सन के अनुसार 'बुद्धि' या 'मन' जैसी संकल्पना का कोई प्राकृतिक आधार नहीं। इसीलिए मानसिक प्रक्रिया या चेतन मन की बोधात्मक प्रतीति आदि को ज्ञान के क्षेत्र से बाहर रखने की बात पर उन्होंने बल दिया। मनोविज्ञान के क्षेत्र को अनुभवजन्य व्यवहार तक सीमित किया गया और फिर इस व्यवहार को भौतिक और दैहिक प्रक्रिया के रूप में समझने का प्रयास किया गया।

2. तर्कबुद्धिवाद

इस मत के समर्थकों में डेकार्ट, लिबनीत्स आदि का नाम लिया जा सकता है। इनके अनुसार मन और बुद्धि प्राणि जगत की एक सच्चाई है, और ज्ञान का प्रारम्भिक और सामान्य रूप जन्म से ही इसी मन में स्थित रहता है। ज्ञान के इस सामान्य रूप की अपनी प्रकृति का कोई सम्बन्ध प्राणियों के अनुभव व्यापार से नहीं होता। अनुभव तो ज्ञान के इस सामान्य रूप को प्रतिफलित करने का एक साधन मात्र है। इसके द्वारा उसके सामान्य एवं सार्वभौम रूप में विभिन्नता लाई जाती है और 'समष्टि' को 'व्यष्टि' रूप प्रदान किया जाता है।

डेकार्ट की यह मान्यता है कि मन और उसकी विचार शक्ति एक यथार्थता है। अन्तर्जात (इन्नेट) विचार इसी विचारशक्ति से उत्पन्न होते हैं न कि बाह्य पदार्थों अथवा उनके अनुभव से। हम बाह्य पदार्थ की आकृतियों को उस रूप में ग्रहण नहीं करते जैसा कि उसका भौतिक अथवा दैहिक रूप हमें प्राप्त होता है, बल्कि हम उसे उस रूप में ग्रहण करते हैं जैसा कि मन में तत्सम्बन्धी उसका अन्तर्जात रूप होता है।

तर्कबुद्धिवाद ने मनोविज्ञान के क्षेत्र में जिस संज्ञानवाद (काग्निटिविज्म) को जन्म दिया, वह मनुष्य को अन्य जीव-जन्तुओं से अलग करने के पक्ष में है। उसके अनुसार मनुष्य के ज्ञान अर्जन की प्रकृति जाति विशिष्ट है। मनुष्य अन्य पशु-पक्षियों से इसलिए भिन्न है क्योंकि उसके मस्तिष्क की संरचना और प्रकार्य जाति विशिष्ट हैं और गुणात्मक रूप में वह अन्य जीव-जन्तुओं के मस्तिष्क से भिन्न होता है।

अनुभववादियों की तरह इस वर्ग के चिन्तक मन को धुले-पुंछे रिक्त स्लेट की भांति नहीं मानते। इनके अनुसार ज्ञान का संभावित रूप मन में उसी प्रकार अंकित रहला है जिस प्रकार किसी वृक्ष के बीज में उसके प्राकृतिक गुण। बीज में पूरे वृक्ष की संभावना निहित रहती है। बाह्य वातावरण इस संभावना को प्रतिमूर्तित करने में सहयोग देता है, पर उसके गुण को बदलने की क्षमता नहीं रखता। सरसों का बीज सरसों के पौधे को ही जन्म दे सकता है और गेहूं का गेहूं के पौधे को।

मनुष्य एक विशिष्ट प्रकार की 'ज्ञान अर्जन युक्ति' (नालिज एक्विजिशन डिवाइस) लेकर पैदा होता है। इस मत के अनुसार इस युक्ति की प्रकृति अन्तर्जात होती है। यह युक्ति एक फिल्टर की भांति काम करती है। अनुभवजन्य बाह्य संसार के केवल वे ही पक्ष इस फिल्टर से छनकर बाहर निकलते हैं जिनका सम्बन्ध उसके अन्तर्जात गुणों के साथ होता है। भाषा के सम्बन्ध में यह युक्ति इसीलिए सार्वभौम (यूनिवर्सल) व्याकरण को जन्म देती है। इसीलिए आज कुछ संज्ञानवादी यह मानते हैं कि सार्वभौम व्याकरण मानवमन में बीजरूप अंकित भाषा के वे अन्तर्जात गुण हैं जो प्रकृति-प्रदत्त हैं। भाषा व्यवहार में न तो इस प्रकृति-प्रदत्त अन्तर्जात गुणों को बदलने की क्षमता होती है और न ही इसके गुण-धर्म के निषेध करने की शक्ति।

मन में अंकित प्रकृति-प्रदत्त गुण-धर्मों के अन्वेषण के लिए यह मत ज्ञान के 'निगमन' (डिडक्टिव) विधि का समर्थक है जबकि अनुभववादी उसके 'आगमन' (इंडक्टिव) विधि का।

निगमन विधि किसी मौलिक सत्य की प्राक्कल्पना से प्रारंभ करके विशिष्ट उदाहरणों द्वारा निष्कर्ष निकालने और प्राक्कल्पना की सच्चाई को जांचने के पक्ष में है। इस तर्कप्रणाली में तीन पद होते हैं—(1) मुख्य पद, जो एक प्राक्कल्पित सामान्य सत्य होता है; (2) गौण पद, जो व्यवहारजन्य एक विशिष्ट उदाहरण होता है; और (3) निष्कर्ष पद। उदाहरणस्वरूप हम कह सकते हैं—

(1) मनुष्य मरणीशील है (मुख्य पद : सामान्य सत्य)

(2) राजा एक मनुष्य है (गौण पद : व्यवहारजन्य यथार्थ)

(3) अत: राजा मरणशील है (निष्कर्ष)।

वस्तुत: इस विधि द्वारा व्यवहारजन्य यथार्थता की बात उतनी महत्त्वपूर्ण नहीं होती जितनी कि उसके आधार पर वस्तु सम्बन्धी सामान्य सत्य की आन्तरिक प्रकृति और इस प्रकृति के आधार पर निकाले गए निष्कर्ष की सच्चाई। ध्यान देने की बात है कि कोई व्यक्ति अगर मुख्य पद और गौण पद के कथनों से सहमत है, तो तर्कबद्ध रूप में उसे निष्कर्ष से भी सहमत होना पड़ेगा।

आगमन विधि में व्यक्ति व्यवहारजन्य उन दृष्टान्तों के संग्रह से अपना शोध

प्रारंभ करता है जिनके आधार पर वह तथ्य सम्बन्धी सामान्यीकृत सच्चाई का पता लगा सके। एक-एक उदाहरण के निरीक्षण से वह अपनी खोज आरम्भ करता है और सामान्यीकरण तथा वर्गीकरण की प्रक्रिया के माध्यम से सत्य के सामान्य पक्ष का पता लगाता है।

ज्ञान अर्जन की अनुभववादी और तर्कबुद्धि चिन्तनधारा ने व्यवहारवाद और संज्ञानवाद के रूप में मनोविज्ञान के क्षेत्र में जिन दो सम्प्रदायों को जन्म दिया, उसका गहरा सम्बन्ध भाषाविज्ञान के दो मान्य सम्प्रदायों के साथ है। संरचनात्मक भाषाविज्ञान के मूल में व्यवहारवाद की मान्यताएं काम करती रही हैं जबकि रूपांतरण प्रजनक भाषाविज्ञान संज्ञानवादी मान्यताओं पर आधारित है। इसलिए यह आवश्यक है कि इन मान्यताओं की भिन्न प्रकृति पर हम ध्यान दें। इन विभिन्नताओं को तालिकाबद्ध रूप में नीचे दिया जा रहा है—

	व्यवहारवाद	संज्ञानवाद
1. **ज्ञानार्जन का स्रोत**	0 इन्द्रियगत अनुभव	0 मस्तिष्क स्थित तर्कबुद्धि
2. **मन की प्रारंभिक प्रकृति**	0 रिक्त (विचारमुक्त)	0 स्ववृत्ति अंकित (अंतर्जात विचार-युक्त)
3. **विकासवादी मान्यता**	0 अविच्छिन्नतावादी	0 विच्छिन्नतावादी (जाति विशिष्ट)
4. **अधिगम प्रक्रिया**	0 ज्ञानेन्द्रिय और बाह्यजगत की संक्रिया	0 संज्ञान अर्जन युक्ति
5. **अन्वेषण विधि**	0 आगमनात्मक	0 निगमनात्मक
6. **भाषावैज्ञानिक सम्प्रदाय**	0 संरचनात्मक भाषाविज्ञान	0 रूपांतरण प्रजनक भाषाविज्ञान

अपनी प्रकृति और प्रयोजन में व्यवहारवाद और संज्ञानवाद एकनिष्ठ नहीं हैं। वस्तुतः दोनों ही कई उपधाराओं में बंटे हुए हैं। ज्ञान अर्जन और अधिगम को लेकर मनोविज्ञान के क्षेत्र में आज तीन विशिष्ट दृष्टिकोण दिखलाई दे रहे हैं— (1) साहचर्यवादी (एसोसिएशन) दृष्टिकोण, (2) सत्ववादी (कान्टेन्ट) दृष्टि-कोण, और (3) प्रक्रियावादी (प्रासेस) दृष्टिकोण।

साहचर्यवादी दृष्टिकोण

अधिगम का साहचर्यवादी दृष्टिकोण ज्ञान के आधार को उद्दीपन-अनुक्रिया

(स्टिमुलस-रिस्पान्स) के व्यवहारवादी आचरण में स्थित मानता है। वह अधिगम को उस प्रतिबन्धन (कंडिशनिंग) प्रक्रिया का परिणाम मानता है जो साहचर्य के सिद्धान्त पर आधारित है। साहचर्य सिद्धान्त के आधार पर ही प्रतिबन्धन की वह स्थिति बनती है जो उद्दीपन और अनुक्रिया के बीच सम्बन्ध स्थापित करती है। इस सम्बन्ध स्थापन के प्रतिबन्धन की प्रकृति के आधार पर साहचर्यवादी दृष्टिकोण के भीतर हम विचार की दो उपधाराएं पाते हैं। एक को हम क्लासिकी उपधारा के रूप में जानते हैं और दूसरे को साधानपरक (इन्स्ट्रुमेन्टल) उपधारा के। पहली उपधारा के समर्थकों में आसगुड का नाम लिया जा सकता है और दूसरी उपधारा के विचारकों में स्किनर का।

(क) क्लासिक उपधारा

चिन्तन की यह उपधारा रूसी मनोवैज्ञानिक पावलोव के सिद्धान्त पर आधारित है। पावलोव उद्दीपन के दो भेद मानते हैं—सहज (प्राकृतिक) और असहज (अप्राकृतिक)। सहज उद्दीपन में कारण-कार्य के बीच भौतिक और दैहिक आधार का प्राकृतिक सम्बन्ध होता है। भौतिक रूप में 'भोजन' उद्दीपन (कारण) का काम करता है जबकि मुंह में लार का उत्पन्न होना सहज अनुक्रिया (कार्य) का परिणाम माना जा सकता है। कुत्ते पर किए गए अपने प्रयोग में पावलोव ने यह दिखलाया कि अगर भोजन देने के कुछ क्षण पहले घंटी बजाई जाए और घंटी बजाने की क्रिया भोजन देने के साथ बार-बार की जाए तब साहचर्य सिद्धांत के आधार पर कुत्ते का व्यवहार घंटी की आवाज के साथ भी प्रतिबन्धित हो जाता है। इस प्रतिबन्धन के फलस्वरूप अगर बिना भोजन के भी घंटी बजाई जाए, तब भी कुत्ते के मुंह में लार उत्पन्न हो जाता है। इस स्थिति में घंटी को असहज (अप्राकृतिक) उद्दीपन कहा जा सकता है। सहज उद्दीपन के साथ होने वाली अनुक्रिया को अप्रतिबन्धित (अनकंडिशंड) व्यवहार और असहज के फलस्वरूप होने वाली अनुक्रिया को प्रतिबन्धित व्यवहार माना जाता है। पावलोव ने अपने प्रयोग द्वारा यह दिखलाया कि किस प्रकार असहज उद्दीपन (घंटी) साहचर्य के सिद्धान्त के आधार पर सहज उद्दीपन (भोजन) का स्थान ले लेते हैं और किस प्रकार प्रतिबन्धित व्यवहार के कारण एक संकेत (घंटी) अपने प्रयोजन और प्रकार्य में दूसरे संकेत (भोजन) का समानधर्मी बन जाता है। इस प्रक्रिया को पृष्ठ 62 पर दिए गए चित्र 1 द्वारा समझा जा सकता है।

भाषा के सन्दर्भ में संकेत विज्ञान (सिमिआटिक्स) का सहारा लेते हुए यह कहा जा सकता है कि उसके शब्द घंटी की तरह असहज उद्दीपन का काम करते हैं और दैनिक आचरण में बाह्य वस्तुओं (सहज उद्दीपन) के सानिध्य में बार-बार प्रयुक्त होने के कारण प्रतिबन्धित अनुक्रिया को जन्म देने में सक्षम होते हैं। पावलोव

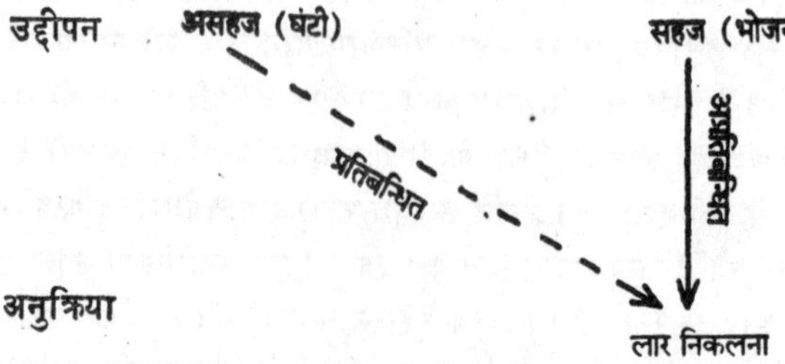

चित्र 1

के इस सिद्धान्त की सबसे बड़ी सीमा यह थी कि वह उन्हीं उद्दीपनों की बात करता है जो प्राणियों के तात्कालिक परिवेश में प्रत्यक्ष रूप में हो। पर भाषा में शब्दों का प्रयोग अभी नहीं और यहां नहीं के सन्दर्भ में होने के कारण अप्रत्यक्ष भी होता है। आसगुड द्वारा प्रतिपादित 'मध्यस्थता' (मीडिएशन) सिद्धान्त अप्रत्यक्ष संकेतों के रूप में शब्दों की व्याख्या करने के कारण पावलोव के प्रतिबन्धित सिद्धान्त की इस कमी को पूरा करता है।

मध्यस्थता सिद्धान्त में अनुक्रिया का विश्लेषण दो चरणों में किया जाता है—बाह्य, गोचर अनुक्रिया (जैसे भोजन का दांत से काटना, चबाना आदि) और आंतरिक, अगोचर अनुक्रिया (लार का निकलना, भोजन का पाचन आदि) यह अगोचर अनुक्रिया ही मध्यस्थता का काम करती है, क्योंकि एक तरफ वह अपने उद्दीपन की वह आन्तरिक अनुक्रिया (rm) है और दूसरी तरफ अप्रत्यक्ष रहकर भी दूसरी अनुक्रिया के लिए उद्दीपन है। इस अगोचर उद्दीपन को "मध्यस्थ उद्दीपन' (Sm) कहा जाता है। भाषा के शब्दों का सम्बन्ध इस मध्यस्थ अनुक्रिया उद्दीपन के साथ होता है। इस तथ्य को नीचे दिए गए चित्र 2 द्वारा समझाया गया है।

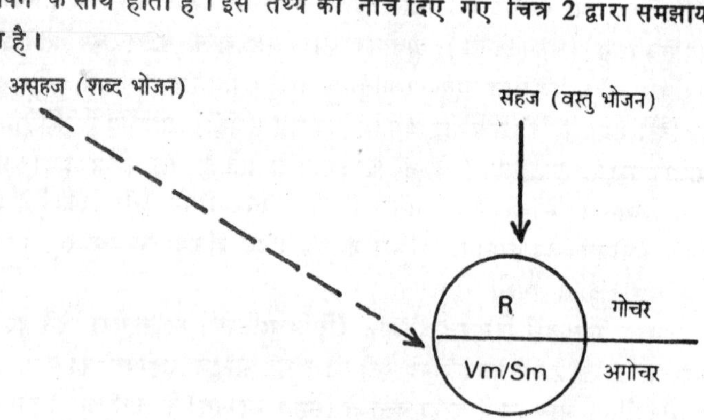

चित्र 2

यह मध्यस्थ अनुक्रिया ही विचार का जनक है। मध्यस्थ अनुक्रिया को मूल अनुक्रिया से विलग कर देखना संभव है। हम किसी व्यक्ति को दो धरातल पर देख सकते हैं—भौतिक रूप में व्यक्ति, और व्यवहार रूप में उसका व्यक्तित्व। एक दूसरे से जुड़े होकर भी एक दूसरे से वे विलग हो सकते हैं। आसगुड के सिद्धान्त के अनुसार 'मोहन चोर' है अभिव्यक्ति की व्याख्या निम्नलिखित रूप में संभव है।

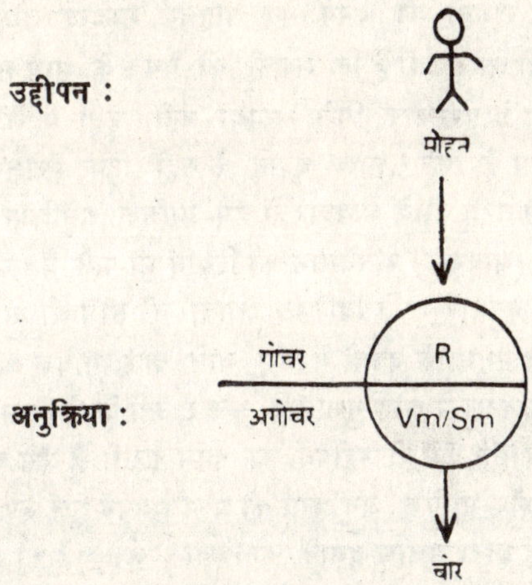

चित्र 3

(ख) साधनपरक अनुक्रिया सिद्धान्त

स्किनर द्वारा प्रतिपादित साहचर्यवादी यह सिद्धान्त एक तरफ भाषिक अभिव्यक्ति और परिस्थितियों में सम्बन्ध स्थापित करता है और दूसरी तरफ पुनर्बलन (रिइनफोर्समेण्ट) के आधार पर उद्दीपन एवं अनुक्रिया के सम्बन्धों को आदत बनने की ओर संकेत देता है। पुनर्बलन सिद्धान्त इस तथ्य की ओर संकेत देता है कि सही और उचित अनुक्रिया को आदत रूप में ढालने के लिए प्राणी को पुरस्कृत होना आवश्यक है। अधिगम सिद्धान्त के रूप में यह सिद्धान्त इस तथ्य पर बल देता है कि बच्चा उचित सन्दर्भों में सही वाक्याभिव्यक्ति को तभी सीखता है जबकि ऐसा करने के लिए उससे बड़े लोग उसे पुरस्कृत करते हैं। मुख्यत: चूहों और कबूतरों पर किए गए अपने प्रयोगजन्य परीक्षण के आधार पर स्किनर ने दो आधारभूत तथ्यों की ओर संकेत दिया—(1) किसी भी नियत कार्य (टास्क) को उसके अधिक्रमित चरणों में देखना संभव है, और (2) किसी अनुक्रिया को आदत

रूप में ढलने के लिए प्राणियों को बार-बार पुरस्कृत करना पड़ता है।

चूहों पर किए गए अपने प्रयोग में स्किनर ने यह बताया कि चूहेदानी में लगे सलाख को दबाने पर अगर चूहे को भोजन मिलता है, तब वह उस सलाख को दबाने की ओर प्रवृत्त होगा। वैसे सलाख दबाने के लिए चूहे पर अन्य कोई दबाव नहीं होता। पहली बार चूहा सलाख आकस्मिक रूप में दबाता है, बाद में भोजन (पुरस्कार) के कारण। प्रतिबन्धित व्यवहार जटिल भी हो सकता है अर्थात सलाख दबाने के साथ रोशनी की चमक का साहचर्य सम्बन्ध जोड़ते हुए ऐसी परिस्थिति भी पैदा की जा सकती है कि रोशनी की चमक के साथ सलाख दबाने पर ही उसे भोजन रूप में पुरस्कार मिले, अन्यथा नहीं। चूहा पहले इस जटिल उद्दीपन से भ्रमित होता है, फिर सलाख दबाने के सही ट्रिक (रोशनी के साथ) को सीख जाता है, इस तरह उसके व्यवहार में हम यांत्रिक अनुक्रिया के विपरीत स्वैच्छिक एवं प्रभावी (आपरेन्ट) प्रतिबन्धन की स्थिति भी पाते हैं। यह कारगर प्रतिबन्धन स्किनर के अनुसार जाति-विशिष्ट क्षमता की सीमाओं से मुक्त होता है। इसी आधार पर वे मनुष्य के बच्चों में पाए जाने वाले भाषिक व्यवहार और चूहे के संक्रियात्मक आचरण में कोई गुणात्मक अन्तर नहीं देखते। उनके अनुसार बच्चों में 'भूख' की अनुभूति वैसे ही उद्दीपन का काम करती है जैसे चूहे के लिए 'रोशनी की चमक' और भाषिक अनुक्रिया की प्रकृति अपने मूल रूप में वैसी ही है जैसे चूहेदानी में चूहे द्वारा सलाख दबाने की क्रिया। जैसे चूहे को अपनी अनुक्रिया को आदत बनने में बार-बार भोजन के रूप में पुरस्कार का मिलना आवश्यक है उसी प्रकार बच्चे में सही भाषिक अभिव्यक्ति के लिए अपने मां-बाप या अन्य बड़ों की सहमति और शाबासी भरे दो शब्द पुरस्कार के रूप में अत्यन्त महत्त्वपूर्ण है।

सत्ववादी दृष्टिकोण

चॉम्स्की ने स्किनर के अधिगम सिद्धान्त पर दो प्रकार की प्रमुख आपत्तियां उठाईं। पहले प्रकार की आपत्ति का सम्बन्ध चूहे और कबूतरों के व्यवहार (चूहेदानी के भीतर सलाख दबाने की अनुक्रिया) और मनुष्य के भाषिक व्यवहार सीखने की प्रक्रिया में गुणात्मक अन्तर के साथ है। चॉम्स्की के अनुसार गुणात्मक स्तर पर ये दोनों एक दूसरे से नितान्त भिन्न प्रकार की क्रियाएं हैं। दूसरे प्रकार की आपत्ति का सम्बन्ध मानव भाषा की अपनी स्ववृत्ति को लेकर है। चॉम्स्की के अनुसार मानव भाषा 'जाति विशिष्ट' होती है जिसकी सही (प्रतिबन्धन मुक्त) प्रकृति को स्किनर समझने में असमर्थ हैं।

साहचर्यवादी विद्वानों की यह मान्यता है कि आनुवंशिक रूप में व्यक्ति इन्द्रियों को लेकर पैदा होता है और उसके द्वारा उपलब्ध जीवन और जगत का

अनुभव ही विचार का आधार बनता है। इसके विपरीत सत्ववादी यह मानते हैं कि व्यक्ति 'भाषिक अर्जन युक्ति' लेकर पैदा होता है। यह युक्ति उसके मस्तिष्क में स्थित रहता है तथा स्ववृत्ति-युक्त रहता है। ये स्ववृत्ति और कुछ नहीं बल्कि अन्तर्जात विचार हैं। चॉम्स्की भी तर्कबुद्धिवादी लीबनीत्स की भांति यह मानते हैं कि विचार के रूप में मनुष्य जो कुछ सीखता है वह अन्तर्जात होता है और जो अन्तर्जात नहीं होता, उसे वह सीख नहीं सकता। इन्द्रियों या उनके आधार पर प्राप्त अनुभवों का भाषा अर्जन युक्ति या अन्तर्जात विचार के साथ कोई सम्बन्ध नहीं होता। अगर उनका कोई योग है तो केवल इतना कि वे अन्तर्जात विचारों के दृष्टान्त रूप में प्रतिफलित होने की नियति लेकर हमारे व्यवहार में दिखलाई पड़ते हैं। इसीलिए भाषा के सन्दर्भ में हम दो स्थितियां पाते हैं—अन्तर्जात विचार के रूप में सिद्ध आभ्यन्तर भाषिक क्षमता (काम्पिटेंस) और दृष्टान्त के रूप में प्रतिफलित बाह्य भाषिक दक्षता (पर्फार्मेंस)। जाति विशिष्ट अन्तर्जात विचार वस्तुतः 'भाषिक अर्जन युक्ति' से छनकर ही 'सार्वभौम' (यूनिवर्सल) व्याकरण को जन्म देता है। चॉम्स्की के अनुसार इसे निम्नलिखित चित्र द्वारा व्यक्त करना संभव है—

भाषिक तथ्य ——→ | भाषिक अर्जन युक्ति | ——→ सार्वभौम व्याकरण

चित्र 4

सत्ववादी दृष्टिकोण भाषा को एक ओर संरचना आश्रित मानता है और दूसरी ओर उसे सर्जनात्मकता के गुण से परिचालित। ये दोनों गुण मिलकर उसकी प्रकृति को प्रजनकवादी (जेनरेटिव) बनाते हैं अर्थात व्याकरण के सीमित नियमों के आधार पर मनुष्य भाषा के असीम वाक्य प्रजनित करने में समर्थ हैं। यह दृष्टिकोण व्यवहारवादियों के उस विचार संसाधन (प्रोसेसिंग) प्रक्रिया से भिन्न है जिसकी प्रकृति 'मार्कोववादी' है। मार्कोववादी संसाधन तथ्यों को बाएं से दाएं के आधार पर आगे बढ़ाती है और विकास के प्रत्येक चरण पर अगले चरण की संभावित संरचना को सीमित करती चलती है। इस प्रकार के परिमित

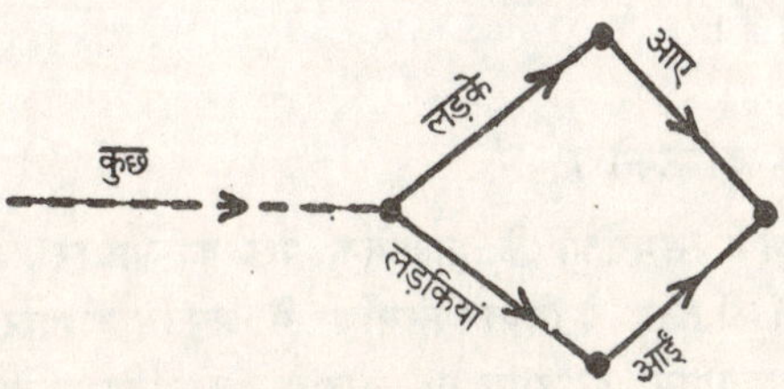

चित्र 5 (क)

(फाइनाइट) चरणयुक्त व्याकरण को चित्र 5 (क) द्वारा समझा जा सकता है।

इस प्रकार के व्याकरण में असीम वाक्य बनाने की दिशा में संभावना पाश (लूप) द्वारा बढ़ाई जा सकती है, जैसा कि चित्र 5 (ख) में नीचे दिखाया गया है।

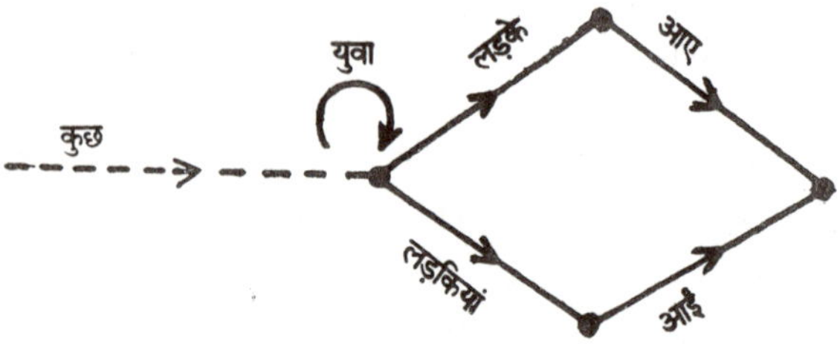

चित्र 5 (ख)

चित्र 5 (ख) में 'युवा' शब्द दोनों 'लड़के' और 'लड़कियों' के लिए समान रूप से प्रयुक्त है। मार्कोववादी संसाधन प्रक्रिया ही के आधार पर 'परिमित चरणयुक्त व्याकरण' की संकल्पना की गई जिसकी कई सीमाओं की ओर चॉम्स्की ने संकेत दिया है। इस व्याकरण के विपरीत वे व्याकरण को प्रजनकपरक (जेनरेटिव) मानते हैं। कुछ प्रनजक व्याकरण सीमित रूपात्मक नियमों की वह संहिता है जिसके आधार पर असंख्य वाक्यों का प्रजनन संभव है।

लेनेवर्ग ने मानव मन में स्थित स्ववृत्तियों के लिए जैविक (बायलाजिकल) आधार प्रस्तुत किया है। उन्होंने एक तरफ अर्जन और अधिगम में अन्तर रखा और दूसरी तरफ ऐसे कुछ जाति विशिष्ट लक्षणों की चर्चा की जो मनुष्य की 'भाषा अर्जन युक्ति' को एक जैविक आधार प्रदान करते हैं। उदाहरण के लिए उन्होंने यह संकेत दिया कि मानव भाषा की अर्जन क्षमता उसी प्रकार की है जैसी कि उसके दो पैरों पर चलने की क्षमता। इसके विपरीत उसमें लेखन क्षमता का विकास प्रशिक्षण के आधार पर उस प्रकार संभव है जिस प्रकार व्यक्ति में तैरने की दक्षता का विकास करना। इन लक्षणों को तालिकाबद्ध रूप में पृष्ठ 67 पर दिया जा रहा है।

प्रक्रियापरक दृष्टिकोण

इस दृष्टिकोण के समर्थकों के दार्शनिक पक्ष का आधार 'अनुभववाद' है, पर संज्ञानवादियों की तरह ये विचार निर्माण में अमूर्तन व्यापार की बात स्वीकार करते हैं। सत्ववादियों की भांति एक ओर ये मानव विकास के विच्छिन्नतावादी (जातिविशिष्ट) मत के समर्थक हैं और दूसरी ओर नियमों की प्रजनकपरक

चलना (भाषा अर्जन)	तैरना (भाषा अधिगम)
1. 0 जाति-विशिष्ट रूप में मनुष्यों में विकल्पन के आधार पर कोई भेद नहीं। सभी मनुष्य दो पांव पर एक जैसा चलते हैं।	0 विकल्प संभव है। व्यक्ति कई रीति से तैर सकता है।
2. जाति-विशिष्ट वर्ग में चलने का अपना कोई इतिहास नहीं।	0 वर्ग विशेष में इतिहास-क्रम दिखलाई पड़ता है।
3. स्ववृत्ति के रूप में यह देखा जा सकता है। प्रत्येक मनुष्य दो पैरों पर चलने की ओर प्रवृत्त होता है, यह मनुष्य की स्वाभाविक क्रिया है।	0 इसकी स्ववृत्ति नहीं होती। परिणामस्वरूप कुछ व्यक्ति तैरना जानते हैं पर अधिकांश तैरना नहीं जानते।
4. स्ववृत्ति का जैविक आधार होता है। चलने की क्रिया के लिए मनुष्य की दैहिक बनावट का अपना आधार होता है।	0 तैरने का कोई अपना दैहिक आधार नहीं होता। मनुष्य दूसरे कार्यों के लिए बने अंगों का प्रयोग इसके लिए करता है।

(जेनरेटिव) क्षमता के पक्षधर हैं। इस मत के मानने वालों में बीवर, फोडर, ब्राउन, पिआजे आदि के नाम प्रमुख हैं।

चॉम्स्की के अनुसार हरेक बच्चा "भाषा अर्जन युक्ति" लेकर पैदा होता है क्योंकि यह युक्ति जाति-विशिष्ट होती है। प्रक्रियापरक दृष्टिकोण भी जाति-विशिष्ट युक्ति की बात करता है, पर इसको संज्ञान के अन्य पक्षों के संसाधन (प्रोसेसिंग) से भी सम्बद्ध मानता है। भाषा अर्जन इस व्यापक संज्ञान का मात्र एक उपांग है। एक दूसरी दृष्टि से भी यह दृष्टिकोण चॉम्स्की के सत्ववादी दृष्टि-कोण से भिन्न है। चॉम्स्की यह मानते हैं कि विचार मूल रूप में अन्तर्जात और प्रकृति प्रदत्त होता है। भाषा अर्जन की प्रक्रिया में हम इस अन्तर्जात विचार को बाह्य अनुभव से मेल (मैच) करते चलते हैं। अतः भाषा अर्जन सुमेलन प्रक्रिया का परिणाम है। प्रक्रियापरक दृष्टिकोण भी यह मानता है कि बच्चा भाषा अर्जन से सम्बन्धित अन्तर्जात 'स्कीमा' लेकर पैदा होता है, पर इसके साथ वह यह भी मानता है कि अपने स्वाभाविक विकास में बालक समय के साथ इस 'स्कीमा' को विकसित और परिवर्द्धित करता चलता है। अतः भाषा अर्जन की प्रक्रिया युक्ति-जन्य (स्ट्रेटेजिक) होती है।

पिआजे के विकासवादी सिद्धान्त की प्रकृति प्रजातिगत (जेनेटिक) के साथ-साथ अनुभववादी है। इस सिद्धान्त के अनुसार बच्चा कुछ व्यवहारजन्य पैटर्न (स्कीमा) लेकर पैदा होता है। यह एक ही तरह की होने वाली क्रियाओं के मूल में स्थित उसका आभ्यंतर रूप होता है। जैसे जन्म के साथ बच्चा 'चूसने' की "स्कीमा" लेकर पैदा होता है। वातावरण के सम्पर्क के फलस्वरूप इसमें वय के साथ विकास होता है। विकास के पीछे अनुकूलन (एडेप्टेशन) की प्रक्रिया काम करती है। अनुकूलन प्रक्रिया के दो पक्ष हैं—(क) आत्मसात्करण (एसिमिलेशन) और (ख) समायोजन (एकोमेडेशन)। आत्मसातकरण का सम्बन्ध व्यक्ति के आन्तरिक संसार के साथ होता है जबकि समायोजन का उसके बाह्य संसार के साथ जीव और वातावरण के बीच के अन्तःक्रियात्मक संघात के पीछे अनुकूलन प्रक्रिया के दोनों पक्षों का योगदान रहता है। व्यक्ति एक तरफ वातावरण से प्रभावित होता है और दूसरी तरफ उसको प्रभावित भी करता है। यही स्थिति बाह्य वातावरण की भी है। वह व्यक्ति को प्रभावित भी करता है और अन्तःक्रिया के आधार पर परिवर्तित भी होता है। इस प्रक्रिया को निम्नलिखित चित्र द्वारा समझा जा सकता है :

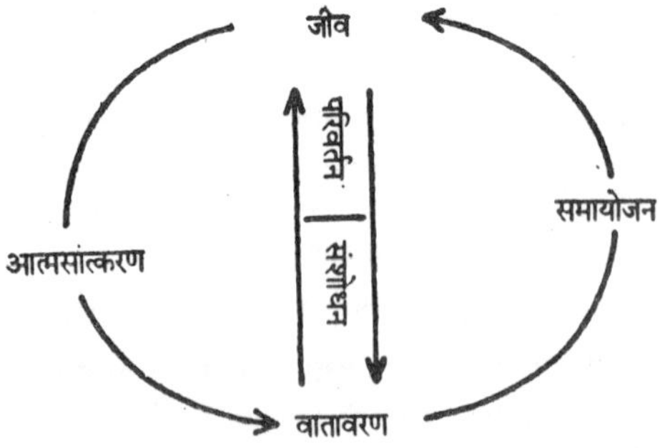

चित्र 6

पिआजे के अनुसार संज्ञानात्मकता ज्ञानार्जन की प्रक्रिया है जिसकी प्रकृति विकासात्मक है। उनके अनुसार विकास की अनुक्रमित अवस्थाएं निम्नलिखित हैं—(1) संवेदी गति (सेन्सरी मोटर) : जन्म से 2 वर्ष, (2) पूर्व प्रकार्यात्मक (प्रि-आपरेशनल) : 2 से 4 वर्ष; (3) सहजानुभूत (इन्ट्यूटिव) विचार : 4 से 7 वर्ष; (4) मूर्त संक्रिया (कान्क्रीट आपरेशन) : 7 से 11 वर्ष; और (5) रूपात्मक संक्रिया (फार्मल आपरेशन)। विकास के प्रत्येक चरण पर संज्ञान व्यवस्थित और रूपान्तरित होता चलता है।

तीन दृष्टिकोण : तुलनीयता के आधार

ज्ञानार्जन से सम्बद्ध साहचर्यवादी, सत्ववादी और प्रक्रियावादी दृष्टिकोणों में आपस में अगर कुछ लक्षण समान हैं तो कुछ को हम असमान पाते हैं। उदाहरण के लिए अपने दार्शनिक पक्ष में साहचर्यवादी और प्रक्रियावादी दोनों ही अनुभववादी हैं, पर विकासवाद के सन्दर्भ में उनकी मान्यता एक दूसरे से भिन्न हैं। साहचर्यवादी मनुष्य के व्यवहार की प्रकृति को अन्य पशु-पक्षियों के व्यवहार से गुणात्मक स्तर पर न तो भिन्न मानता है और न ही उनका प्रजातिगत आधार ढूंढ़ता है। इसके विपरीत प्रक्रियावादी दृष्टिकोण अपनी विचारधारा में सत्ववादी दृष्टिकोण की भांति विच्छिन्नतावादी है और इसीलिए ज्ञानार्जन की प्रक्रिया को जाति-विशिष्ट मानता है और उनके लिए प्रजातिगत अभिलक्षणों की बात करता है। सत्ववादी और प्रक्रियावादी दृष्टिकोणों में पर्याप्त समानता है यथा, दोनों ही दृष्टिकोण अमूर्तन विचार व्यापार की अलग सत्ता स्वीकार करते हैं, दोनों के भाषिक प्रारूप प्रजनकवादी हैं और दोनों ही भाषिक क्षमता (विचार के आभ्यन्तर रूप से सम्बद्ध ज्ञान) और भाषिक दक्षता (विचारों के प्रतिफलित परिस्थितिजन्य रूप) में भेद स्वीकार करते हैं। पर जहां तक ज्ञानार्जन के आधार, उसके प्राप्त करने के साधन और उपकरण और प्रक्रिया का सम्बन्ध है, वे अपने मत में एक दूसरे से विशिष्ट हो जाते हैं।

भाषा और संज्ञान के सम्बन्धों की प्रकृति के सन्दर्भ में ये तीनों दृष्टिकोण एक-दूसरे से नितान्त भिन्न हैं। साहचर्यवादी इन दोनों को एक-दूसरे के समतुल्य मानता है; चॉम्स्की का सत्ववादी दृष्टिकोण यह मानता है कि भाषा अर्जन संज्ञान के अन्य पक्षों के अर्जन से न केवल विशिष्ट है, बल्कि उनसे स्वायत्त भी है; बीवर और पिआजे आदि का प्रक्रियावादी दृष्टिकोण संज्ञान के पूरे सन्दर्भ में भाषा अर्जन की प्रक्रिया को देखने के पक्ष में है। प्रक्रियावादी दृष्टिकोण सत्ववादियों की तरह प्रजनकवादी है, भाषा अर्जन को प्रजातिगत भी वह मानता है, पर उनकी तरह वह संज्ञान के प्रजातिगत और प्रजनकपरक संक्रिया को 'सार्वभौम व्याकरण' के न तो समरूप मानता है और न ही उसके अधीन।

जिन आधार पर ये दृष्टिकोण एक-दूसरे से भिन्न या अभिन्न हैं, उन्हें तालिकाबद्ध रूप में दिया जा रहा है।

दृष्टिकोण :	साहचर्यवादी	सत्ववादी	प्रक्रियावादी
विचारक :	स्किनर, स्टाट्स, आसगुड, ब्रेन	चॉम्स्की, मेकनील, काट्स, लेनेबर्ग	बीवर, फोडर, पिआजे, ब्राउन
1. दार्शनिक पक्ष			
अनुभववादी	+		+
संज्ञान (तर्कबुद्धि) वादी		+	
2. विकासवादी पक्ष			
अविच्छिन्नतावादी	+		
विच्छिन्नतावादी		+	+
3. ज्ञानार्जन का आधार			
भौतिक अनुक्रिया	+		
ज्ञानेन्द्रिय अनुभव			+
अन्तर्जात विचार		+	
4. भाषा अर्जन का उपकरण			
सामान्य भौतिक अनुक्रिया	+		
जाति-विशिष्ट भाषा अर्जन			
जाति-विशिष्ट संज्ञान संसाधन			+
5. भाषा अर्जन की प्रक्रिया			
साहचर्यजन्य	+		
सुमेलन		+	
युक्तिजन्य			+
6. भाषा और संज्ञान			
समतुल्य	+		
भाषा स्वायत्त		+	
भाषा आश्रित			+
7. विचार की प्रकृति			
अनुक्रियात्मक व्यवहार	+		
अमूर्तन व्यापार		+	+
8. भाषिक प्रारूप			
मार्कोववादी	+		
प्रजनकवादी		+	+
9. भाषिक क्षमता और दक्षता का भेद			
मान्य		+	+
अमान्य	+		

भाष अर्जन और भाषा अधिगम

इधर भाषा अर्जन और भाषा अधिगम के भेद को भाषा शिक्षण के सन्दर्भ में उभारने का प्रयत्न किया गया है। भाषा अर्जन को सत्ववाद एक ऐसी स्वाभाविक प्रक्रिया मानते हैं जो प्रत्येक मनुष्य के लिए जाति-विशिष्ट युक्ति के रूप में उपलब्ध है और जिसका प्रजातिगत आधार होता है। यह अपने से ही ज्ञान प्राप्त करने की प्रक्रिया है। बाह्य परिस्थितियां इसकी प्रकृति को न तो बदल सकती हैं और न ही इसमें कोई गुणात्मक भेद ला सकती हैं। वे केवल इस प्रक्रिया में साधक या बाधक बन सकती हैं। स्वाभाविक वातावरण और उससे सम्बद्ध अनुभव भाषा अर्जन के क्रमिक विकास के विभिन्न चरणों को प्रभावित करने की क्षमता नहीं रखते। इसीलिए हर भाषा के अर्जन का एक समान निश्चित क्रम दिखलाई पड़ता है और हर भाषा के पीछे एक 'सार्वभौम व्याकरण' की संकल्पना संभव है। भाषा अर्जन का सम्बन्ध अन्तर्जात भाषिक ज्ञान के साथ रहता है।

इसके विपरीत भाषा अधिगम का सम्बन्ध मनुष्य के उन सायास ढंग से प्राप्त ज्ञान से होता है जो बाह्य परिस्थितियों द्वारा नियंत्रित और संचालित होता है। इसका सम्बन्ध विभिन्न भाषाई कौशलों के साथ होता है। अधिगम के लिए अध्ययन-अध्यापन और प्रशिक्षण आवश्यक है। परिस्थितिजन्य अनुभव और प्रशिक्षणजन्य कौशल के द्वारा व्यवहार में होने वाले परिवर्तन और संशोधन को अधिगम की संज्ञा दी जाती हैं। कुछ विद्वान अन्तर्जात ज्ञान के रूप में सिद्ध व्याकरण को तो भाषा अर्जन की संकल्पना के साथ जोड़ते हैं जबकि इस व्याकरण के परिस्थितिजन्य प्रयोग के औचित्य ज्ञान को भाषा अधिगम के साथ सम्बद्ध मानते हैं।

सार्वभौम व्याकरण, विवरणात्मक व्याकरण और शैक्षिक व्याकरण

भाषा अध्ययन के तीन निश्चित संदर्श देखे जा सकते हैं : सिद्धांत (अर्थात भाषा-वैज्ञानिक सिद्धांत), विवरण (अर्थात भाषाविशेष का विवरण) और शिक्षण (अर्थात भाषा अधिगम और शिक्षण)। यद्यपि इन तीनों के अपने अलग संदर्भ हैं और उनके अपने अलग लक्ष्य होते हैं पर व्यवहार और प्रयोग के परिप्रेक्ष्य में इनमें एक निश्चित अनुक्रम भी मिलता है। भाषावैज्ञानिक सिद्धांत के संदर्भ के अभाव में भाषा विवरण और भाषा विवरण के संदर्भ के अभाव में भाषा शिक्षण को सुनि-योजित रीति से देखना संभव नहीं, भले ही यह क्यों न माने कि भाषा अधिगम की प्रक्रिया और भाषाविवरण की अपनी आवश्यकताएं भाषावैज्ञानिक सिद्धांत को प्रभावित कर सकती हैं। इस अनुक्रम को निम्नलिखित आरेख द्वारा समझा जा सकता है :

॥ सिद्धांत ॥→॥ विवरण ॥→॥ अधिगम प्रक्रिया। शिक्षण ॥

व्याकरण की संकल्पना को इन तीन विभिन्न स्तरों पर हम भिन्न रूप से सिद्ध पाते हैं। हम यह कह सकते हैं कि भाषावैज्ञानिक सिद्धांतों की सिद्धि के रूप में 'सार्वभौम व्याकरण' (यूनिवर्सल ग्रामर), भाषा विवरण की सिद्धि के रूप में 'भाषा विशेष का व्याकरण' (स्पेसिफिक ग्रामर) और विद्यार्थी की अधिगम प्रक्रिया और अध्यापक की शिक्षण विधि की सिद्धि के रूप में 'शैक्षिक व्याकरण' (पेडागाजिकल ग्रामर) की अपनी अलग-अलग सत्ता है। हम यह भी कह सकते हैं कि 'सार्वभौम' और 'भाषाविशेष' के व्याकरण भाषाविज्ञान संबंधी व्याकरण (वैज्ञानिक व्याकरण) हैं क्योंकि ये दोनों ही इस प्रश्न का उत्तर देते हैं कि 'भाषा की प्रकृति क्या है?', 'भाषा की संरचना क्या है?' इनमें अंतर है तो केवल स्तर-भेद का अर्थात 'सार्वभौम व्याकरण' वह वैज्ञानिक व्याकरण है जो 'संभाव्य भाषा की संभाव्य रचना' का पता लगाता है, जबकि 'भाषाविशेष का व्याकरण', 'किसी भाषा विशेष की संभाव्य संरचना' संबंधी वैज्ञानिक व्याकरण है। इस तथ्य को पृष्ठ 73 पर आरेख

द्वारा समझा जा सकता है। शैक्षिक व्याकरण, 'भाषा क्या है' के प्रश्न का उत्तर नहीं देता। वह भाषा सीखने और सिखाने की प्रक्रिया एवं पद्धति संबंधी व्यावहारिक व्याकरण है अतः भाषावैज्ञानिकेतर कई तत्व भी निर्णायक रूप से उसमें सम्मिलित होते हैं। दूसरे शब्दों में यह कहा जा सकता है कि किसी भाषा का शैक्षिक व्याकरण उस भाषाविशेष के वैज्ञानिक व्याकरण का शैक्षिक उद्देश्य से रूपांतरित और पुनर्लिखित रूप है।

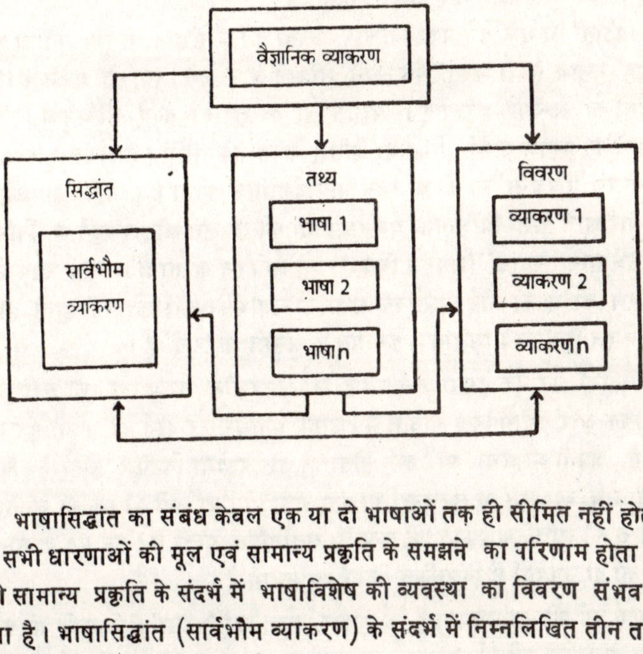

भाषासिद्धांत का संबंध केवल एक या दो भाषाओं तक ही सीमित नहीं होता। वह सभी धारणाओं की मूल एवं सामान्य प्रकृति के समझने का परिणाम होता है। इसी सामान्य प्रकृति के संदर्भ में भाषाविशेष की व्यवस्था का विवरण संभव हो पाता है। भाषासिद्धांत (सार्वभौम व्याकरण) के संदर्भ में निम्नलिखित तीन तथ्यों की ओर संकेत दिया जा सकता है।

अंतर्दृष्टि और दृष्टिकोण

भाषासिद्धांत, संभाव्य भाषा की संभाव्य और सामान्यीकृत संरचना (स्ट्रक्चर) और उसके प्रकार्य (फंक्शन) को समझने की अंतर्दृष्टि देता है।

इस अंतर्दृष्टि की प्रकृति वस्तुतः भाषा के प्रति विद्वानों के अपने दृष्टिकोण से भी प्रभावित होती है। पर समस्या यह है कि भाषा की कोई एक सर्वमान्य परिभाषा स्थिर नहीं हो पाई है क्योंकि परिभाषित करने वाले दृष्टिकोण में मतभेद है। भाषा कोई 'वस्तु' या 'घटना' है, वह 'व्यवहार' या 'कौशल' है अथवा मूलरूप में

वह 'ज्ञान' या 'आभ्यंतर क्षमता' है, इनमें से किसी एक दृष्टिकोण को 'स्वीकार' करते ही विश्लेष्य वस्तु (अर्थात भाषा) का एक विशेष पक्ष उभर कर सामने आता है और उस विशेष पक्ष से संबद्ध होने के कारण सैद्धांतिक अंतर्दृष्टि भी विशिष्ट हो उठती है। यह विशिष्टता ही अंतर्दृष्टि को दृष्टिकोण में बदलती है।

सामान्यत: यह माना जाता है कि भाषावैज्ञानिक सिद्धांत का मूलभूत उद्देश्य भाषा की सामान्य संरचना (स्ट्रक्चर) का पता लगाना है। पर अगर यह प्रश्न पूछा जाए कि इस संरचना का 'केंद्रक' (लोकस) कहां है? कहां उसे ढूंढ़ा जाए? तो मत वैभिन्न्य स्पष्ट रूप से उभर उठता है।

विद्वानों का एक वर्ग यह स्वीकार करता है कि सिद्धांत, मनुष्य निर्मित होते हैं। यह मनुष्य है जो 'वस्तु' को अपने समझने और उसे नियंत्रित करने के लिए सिद्धांतों का अन्वेषण करता है। 'प्रकृति' या 'वस्तु' का कार्य तो मनुष्य निर्मित सिद्धांतों को प्रमाण रूप में सिद्ध या असिद्ध करने तक सीमित है। इस दृष्टिकोण के अनुसार 'संरचना' का केंद्रक स्वयं भाषावैज्ञानिक होता है। वही भाषाओं के बीच पाई जाने वाली विभिन्नता एवं समानता को समझने और पकड़ने के निमित्त एक 'सर्वमान्य सिद्धांत' (जनरल थियरी) का अन्वेषण करता है। अत: 'सार्वभौम व्याकरण' की अपनी कोई वास्तविक सत्ता या यथार्थपरक स्थिति नहीं होती, होता है तो केवल 'सर्वमान्य सिद्धांत'। इस मत के अनुमोदक 'फ़र्थ' हैं।

विद्वानों का एक दूसरा वर्ग वह है जो 'सार्वभौम व्याकरण' की सत्ता को वास्तविक और यथार्थपरक मानता है। उसके अनुसार हर वस्तु की अपनी संरचना होती है, अपनी व्यवस्था और रूप होता है जो अध्येता निरपेक्ष होता है। चाहे अध्येता उस व्यवस्था या संरचना का पता लगा पाए या नहीं, वस्तु की व्यवस्था उस वस्तु की आंतरिक प्रकृति के रूप में अंतर्निहित होती है। इस मत के मानने वालों को दो उपवर्गों में विभाजित किया जा सकता है।

एक वर्ग की यह मान्यता है कि भाषा, 'वस्तु' या 'घटना' है जिसकी संरचना को हम वस्तुवादी दृष्टि के आधार पर प्रयोक्ता के व्यवहार के संदर्भ में देख सकते हैं। यह व्यवहारवादी एवं वस्तुवादी दृष्टिकोण यह मानता है कि वस्तुरूप में सिद्ध विभिन्न भाषाओं के बीच पाई जाने वाली समानता ही सार्वभौम व्याकरण है। इस दृष्टिकोण के अनुमोदक हाकेट हैं जिनके अनुसार 'संरचना का केंद्रक' स्वयं भाषा (वस्तु) है।

विद्वानों के दूसरे वर्ग के अनुसार भाषा की प्रकृति वस्तुत: ज्ञानस्वरूप होती है और वह प्रयोक्ता की भाषिक क्षमता में निहित होती है। इसके अनुसार 'संरचना का केंद्रक प्रयोक्ता का मन है'। सभी भाषाओं के बीच अनिवार्यत: कुछ समान तत्त्व मिलते हैं क्योंकि मानव मन की विशिष्टता के रूप में प्रयोक्ता समान है। इस मत

के अनुसार सार्वभौम व्याकरण मानव मन में जन्म से ही अंकित सहजात वृत्तियों की व्यवस्था है। इसके समर्थक चॉम्स्की हैं।

प्रणाली

भाषासिद्धांत, एक ऐसी प्रणाली एवं पद्धति का निर्माण करता है जिसके आधार पर भाषाविशेष की संरचना और तथ्यविशेष का सुसंगत (सेल्फ कंसिस्टेंट), निर्भ्रांत (एक्स्प्लिसिट) विवरण देना संभव हो सके।

यह तथ्य ध्यान में रखना चाहिए कि प्रणाली हमेशा दृष्टिकोण से प्रभावित और नियंत्रित होती है। यद्यपि हर प्रणाली का उद्देश्य वस्तुओं के सुसंगत, निर्भ्रांत और वस्तुवादी विवरण से संबद्ध होता है पर वह किस रास्ते से इसको सिद्ध करता है, वह इस बात पर निर्भर करता है कि भाषा के प्रति व्यक्ति के दृष्टिकोण की प्रकृति क्या है। उदाहरण के लिए सभी विद्वान यह मानते हैं कि व्याकरण भाषिक प्रतीक के रूप में सिद्ध 'कथ्य' (सेंस) और 'अभिव्यक्ति' (साउंड) के संबंधों की व्यवस्था है पर भाषा को देखने की दृष्टि के भेद के परिणामस्वरूप आज हमें तीन भिन्न भाषिक प्रारूप (माडेल) देखने को मिलते हैं : संरचनात्मक (स्ट्रक्चरल) प्रारूप, वाक्य विन्यास केंद्रित रूपांतरण (सिंटेक्स बेस्ड ट्रांसफोर्मेशन) प्रारूप और अर्थकेंद्रित रूपांतरण (सेमैंटिक बेस्ड ट्रांसफोर्मेशन) प्रारूप। संरचनात्मक प्रारूप का प्रणालीगत आधार व्यतिरेक (कांट्रास्ट) और प्रतिस्थापना (सब्स्टीट्यूशन) है जिसे भाषाव्यवस्था के हर स्तर—स्वनिम रूपिम और वाक्य पर लागू किया जाता है और जो अभिव्यक्ति से कथ्य की ओर अभिमुख होती है। इसके विपरीत दोनों ही रूपांतरण व्याकरण के प्रारूप कार्यान्वियन की दिशा को कथ्य से अभिव्यक्ति की ओर ले जाते हैं पर जबकि एक प्रारूप में इस दिशा को नियंत्रित करने वाला तत्त्व 'वाक्य विन्यास' होता है तो दूसरे प्रारूप में 'अर्थ'।

निरूपक भाषा (मेटा लेंग्वेज)

भाषावैज्ञानिक के लिए भाषा, अन्वेषण और परीक्षण का एक साथ 'लक्ष्य' और 'माध्यम' होता है। लक्ष्य के रूप में वह विश्लेष्य साध्य वस्तु है जिसकी प्रकृति का वह उद्घाटन करता है और माध्यम के रूप में वह उपकरण वस्तु है जिसके सहारे वह साध्यवस्तु का विवरण प्रस्तुत करता है। महत्त्वपूर्ण तथ्य यह है कि माध्यम-वस्तु के रूप में भाषा को उन सभी आवश्यकताओं की पूर्ति करनी पड़ती है जिनसे वैज्ञानिक दृष्टि नियंत्रित होती है।

भाषासिद्धांत एक ऐसी भाषा का निर्माण करता है जिसकी आधारभूत शब्दा-वली अपना अर्थ सैद्धांतिक दृष्टि एवं मान्यताओं के संदर्भ में ग्रहण करने के कारण 'पारिभाषिक शब्दावली' (टर्म) के रूप में सिद्ध होती है। पारिभाषिक

शब्दावली के रूप में सिद्ध होने के कारण वह किसी भाषा विशेष के अर्थ की अपनी सीमाओं से मुक्त होती है। उदाहरण के लिए 'स्वप्न', 'स्वनिम', 'रूपिम', 'कारक' 'वाच्य' आदि की संकल्पना निरूपक भाषा (मेटा लैंग्वेज) से संबद्ध होने के कारण सभी भाषाओं के विवरण में समान रूप से व्यवहार में लाई जाई जा सकती है, भले ही एक भाषा के 'स्वनिम', 'रूपिम' अथवा 'कारक' के रूप दूसरी भाषा के 'स्वनिम', 'रूपिम' अथवा 'कारक' के रूप से भिन्न हों।

स्पष्ट है कि भाषावैज्ञानिक सिद्धांत के सहारे न केवल किसी एक भाषा की किसी विशेष व्यवस्था का ही विवरण संभव है वरन किसी भी भाषा की कैसी भी संरचना का अध्ययन संभव है। दूसरे शब्दों में कहें तो भाषावैज्ञानिक सिद्धांत संभाव्य भाषा की संभाव्य संरचना के अध्ययन का क्षेत्र है।

भाषाविवरण का संबंध भाषाविशेष की संरचना के अन्वेषण के साथ रहता है। इसको भाषाविशेष की व्यवस्था को समझने के लिए भाषावैज्ञानिक सिद्धांतों का अनुप्रयोग का क्षेत्र भी कह सकते हैं। यह ध्यान देने की बात है कि भाषा-वैज्ञानिक विवरण एक वैज्ञानिक कथन है। वैज्ञानिक कथन होने के कारण वह केवल भाषाई तथ्यों का समुच्चय मात्र नहीं होता। वह तो तथ्यों के पर्यवेक्षण एवं परीक्षण के बाद निकाले गए सामान्यीकृत निष्कर्षों का परिणाम होता है। इसलिए हर भाषावैज्ञानिक कथन के पीछे तथ्यों के अमूर्तीकरण और सामान्यीकरण (एब्सट्रेक्शन ऐंड जनरलाइजेशन) की प्रक्रिया की एक पूरी श्रृंखला होती है। भाषावैज्ञानिक कथन, भाषावैज्ञानिक सिद्धांत और भाषाविशेष के तथ्य (फैक्ट) को जोड़ने का काम करते हैं, और इसीलिए एक तरफ भाषावैज्ञानिक सिद्धांत के प्रति उनका उत्तरदायित्व रहता है (अर्थात मान्य भाषा वैज्ञानिक सिद्धांत के विरोध में वे नहीं जा सकते) और दूसरी तरफ वे भाषाविशेष के तथ्यों एवं घटनाओं के संदर्भ में उनका मूल्यांकन करते हैं (अर्थात भाषाविशेष के प्रत्यक्ष तथ्यों की वे न तो उपेक्षा कर सकते हैं और न उसको नकार सकने की ही स्थिति में होते हैं।)

भाषा विवरण के संदर्भ में निम्नलिखित तीन तथ्यों की ओर संकेत दिया जा सकता है।

अनुप्रयोग

भाषाविवरण संभाव्य भाषा की संभाव्य संरचना के आधार पर अनुस्यूत भाषा-वैज्ञानिक सिद्धांत का भाषाविशेष की वास्तविक संरचना के अध्ययन के निमित्त किया गया अनुप्रयोग है। इसकी सार्थकता भाषा वैज्ञानिक सिद्धांत और भाषा-विशेष के तथ्यों के बीच सेतुनिर्माण में है। भाषावैज्ञानिक इस सेतुनिर्माण की प्रक्रिया के सहारे एक ओर भाषावैज्ञानिक सिद्धांतों के औचित्य और उसकी यथार्थता का मूल्यांकन करता है और दूसरी ओर वह भाषाविशेष के तथ्यों को,

उसकी व्यवस्था के संदर्भ में समझने का प्रयत्न भी करता है।

यह तथ्य अत्यंत महत्वपूर्ण है कि भाषाविवरण मात्र तथ्य के रूप में भाषा का विवरण न होकर तथ्यों के भीतर अंतर्निहित व्यवस्था एवं संरचना का अन्वेषण है जिसके संदर्भ में किसी भाषा के तथ्य अपनी प्रकृति एवं मूल्य का उद्घाटन करते हैं। इसी अंतर्निहित व्यवस्था के संदर्भ में भाषावैज्ञानिक उन सभी 'तथ्यों' एवं 'वाक्यों' को भी अपने विवरण में समेटने में समर्थ हो पाता है जो अभी घटित नहीं हुए हैं या अभी बोले नहीं गए हैं (पर जिसके घटित होने की घटने की संभावना बनी हुई है)। भाषा विवरण, न केवल उच्चरित या घटित भाषाई तथ्यों को अपने भीतर समेटता है वरन उन सभी तथ्यों तक अपना प्रसार पाता है जिसके 'होने' की संभावना भाषाई व्यवस्था के संदर्भ में बनी हुई है।

भाषाविशेष का व्याकरण, सार्वभौम व्याकरण का अनुप्रयोग होने के कारण उन सिद्धांतों से प्रभावित होता है जिसके आधार पर भाषावैज्ञानिक प्रारूप/माडल अपना विशिष्ट रूप ग्रहण करता है। अतः यह संभव है कि एक ही भाषा के एक ही तथ्य का विवरण विभिन्न भाषिक प्रारूपों के आधार पर विभिन्न रीति से किया गया हो, यथा :

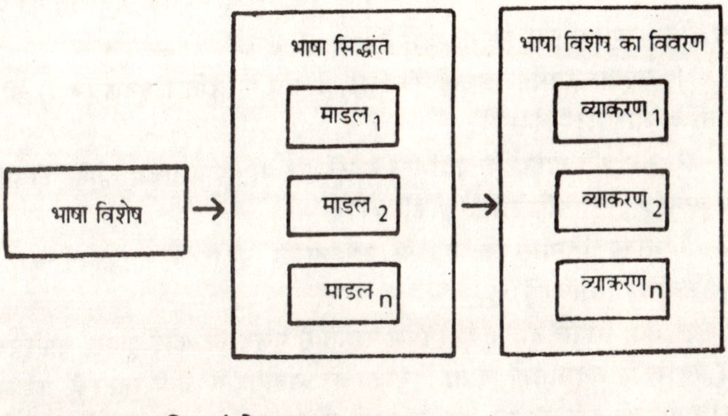

विश्लेषणात्मक पद्धति : संश्लेषणात्मक रूप

प्रणाली एवं प्रक्रिया के रूप में भाषाविवरण की प्रकृति विश्लेषणात्मक (एनेलिटिक) होती है क्योंकि उसका लक्ष्य भाषाई व्यवस्था एवं संरचना का अन्वेषण होता है। पर विवरण के अंतिम रूप में वह हमेशा संश्लेषणात्मक होती है। व्यवस्था को समझने के लिए वह विभिन्न भाषाई स्तर की संकल्पना करता है, यथा : व्याकरण और कोश (लेक्सिकोन), ध्वनि स्तर और व्याकरण स्तर, स्वनिक स्तर और स्वनिमीय स्तर आदि। सभी स्तरों से संबद्ध उसकी सार्थक न्यूनतम/महत्तम इकाइयों का वह पता भी लगाता है, यथाः स्वन, स्वनिम, रूप, रूपिम, शब्द,

पदबंध, वाक्य आदि। पर विभिन्न स्तरों एवं उससे संबद्ध इकाइयों का पता वह इसलिए लगाता है कि उससे भाषा की महत्ता इकाई की संरचना एवं उसकी व्यवस्था के संश्लिष्ट रूप को समझा जा सके।

विश्लेषण और संश्लेषण की इस प्रक्रिया को व्याकरणिक विश्लेषण की संरचनात्मक पद्धति द्वारा समझा जा सकता है। अगर हम वाक्य को व्याकरण की महत्तम इकाई मान लें, तो उसकी संरचना को समझने की निम्नलिखित दो प्रक्रियाएं हैं :

विखंडीकरण (सेग्मेंटेशन)
(अल्टीमेट कांस्टिचुएंट) →अंतिम घटक
=रूप (मार्फ)

वाक्य

← ——————न्यूनतम सार्थक इकाई
संश्लेषण
=रूपिम (मार्फीम)

विखंडीकरण से प्राप्त अंतिम घटक अर्थात 'रूप' से वाक्य तक पहुंचाने की पद्धति को तीन चरणों में पूरा किया जाता है :

1. न्यूनतम सार्थक इकाई (रूपिम) के रूप में अंतिम घटक (रूप) की पहचान(=आइडेंटिफिकेशन)

2. सार्थक इकाइयों के विभिन्न स्तरों पर या शृंखलाबद्ध होने की प्रक्रिया का ज्ञान(=क्लासिफिकेशन [ब्रेकेटिंग])

3. वाक्य विन्यास के रूप में शृंखलाबद्ध इकाइयों के प्रकार्य का ज्ञान (=लेबलिंग [पार्जिंग])

अतः भाषावैज्ञानक विश्लेषण पद्धति से गुजर कर कोई वाक्य, अपने स्वरूप एवं प्रवृत्ति में बदल नहीं जाता। वाक्य तो व्यवहार में वही रहता है पर अपनी प्रवृत्ति एवं संरचना का वह अब ज्ञान देने लगता है। सन्निहित घटक (इमीडिएट कांस्टिचुएंट) की संकल्पना का आधार ही संश्लेषण की उस प्रक्रिया को पकड़ना है जो वाक्य निर्माण के विभिन्न स्तरों पर इकाइयों के शृंखलाबद्ध होने से संबद्ध है। उदाहरण के लिए हिंदी का यह वाक्य लें : 'छोटा लड़का आम खाता है।' इसको पृष्ठ 79 पर दी गई रीति से देखना संभव है :

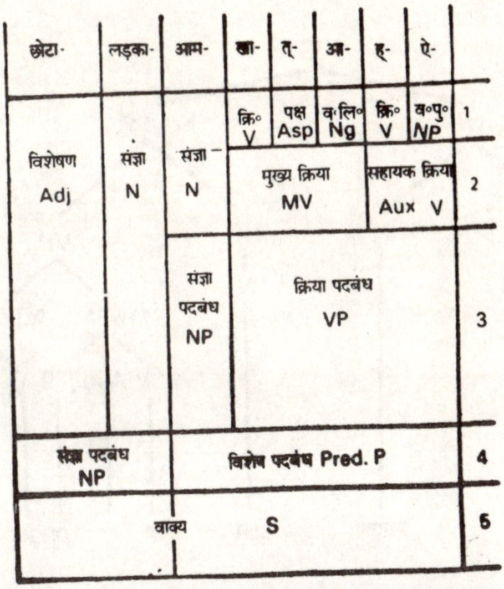

वर्गखंडों में विभाजित और संश्लिष्ट वाक्यसंरचना की इस अभिव्यक्ति को कोष्ठक और वृक्षआरेख द्वारा दिखाना भी संभव है।

कोष्ठक आरेख

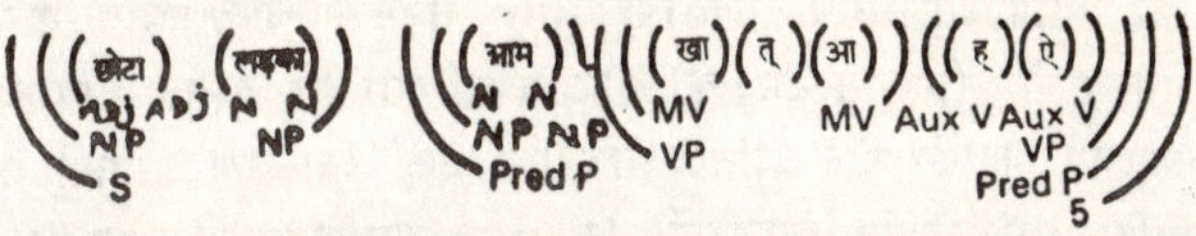

संदर्भपरकता

भाषा, सिद्धांत रूप में मात्र एक 'संभावना' है जो बाह्य परिस्थितियों के दबाव से मुक्त होती है। अतः शुद्ध सैद्धांतिक स्तर के भाषिक नियम, संदर्भमुक्त (कांटेक्स्ट फ्री) होते हैं। पर भाषा अपने प्रयोग में संदर्भगत परिस्थितियों के दबाव से मुक्त नहीं रह सकती। अतः व्यक्त भाषा के नियम संदर्भसापेक्ष (कांटेक्स्ट सेंसिटिव) होते हैं। संदर्भगत परिस्थितियों की विभिन्नता के फलस्वरूप भाषा विषम रूपी (हेटेरोजीनियस) हो जाती है। इस भाषा भेद को हम कभी प्रयुक्ति (रजिस्टर) भेद (अर्थात कार्यालयी भाषा, तकनीकी भाषा, कानून की भाषा, बोलचाल की भाषा, साहित्यिक भाषा आदि) कभी माध्यम (मीडियम) भेद (अर्थात मौखिक या

वृक्ष आरेख[1]

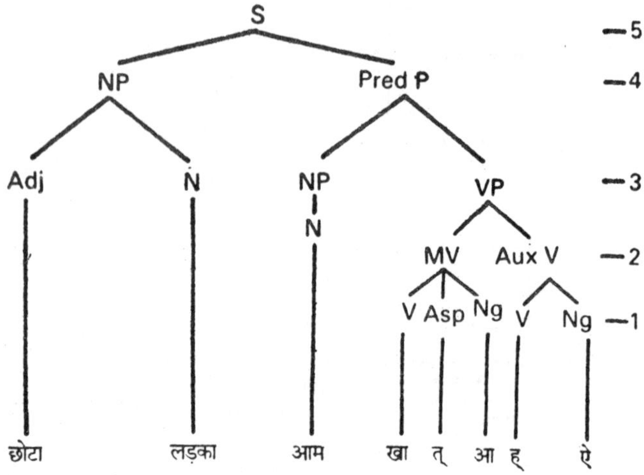

लिखित भाषा रूप) और कभी शैली (स्टाइल) भेद (औपचारिक या अनौपचारिक भाषा रूप) के रूप में पाते हैं। भाषा अपनी संभावना के स्तर पर एक ही है, उसकी प्रकृति सैद्धांतिक स्तर पर समरूपी (होमोजीनियस) ही होती है पर अपने व्यक्त व्यावहारिक रूप में प्रयुक्ति, माध्यम, शैली आदि संदर्भगत प्रयोग के कारण विषमरूपी हो जाती है। चूंकि भाषाविवरण, न तो भाषा सिद्धांत की उपेक्षा कर सकता है और न ही भाषिक तथ्यों की, अतः वह संभाव्य समरूपी व्यवस्था (सिद्धांत पर) को विषयीकृत भाषिक तथ्यों के साथ जोड़ने के अपने प्रयास में संदर्भगत 'उपव्यवस्थाओं' (सब-सिस्टम) की ओर संकेत देता है। वस्तुतः भाषाविशेष का विवरणात्मक व्याकरण सैद्धांतिक स्तर पर 'एक' व्याकरण होता है पर अपने व्यावहारिक स्तर पर वह 'व्याकरणों (संदर्भगत उपव्यवस्थाओं) का एक सुसंबद्ध 'समुच्चय' होता है।

अगर भाषावैज्ञानिक सिद्धांत का उद्देश्य संभाव्य भाषा की संभाव्य व्यवस्था का अन्वेषण है और भाषा विवरण का साध्य भाषाविशेष की संभाव्य व्यवस्था के

1. वर्ग या कोष्ठक और वृक्ष आरेख यद्यपि वाक्य में संरचनात्मक विवरण को एक समान व्यक्त करते हैं क्योंकि उन दोनों में 1-5 स्तर पर संश्लेषण की शृंखलाबद्ध प्रक्रिया देखने को मिलती है, पर उनमें देखने के दृष्टिकोण के संदर्भ में आधारभूत अंतर है—एक नीचे से ऊपर चलने की प्रक्रिया को व्यक्त करता है और दूसरा ऊपर से नीचे की।

भीतर संदर्भपरक उपव्यवस्थाओं की खोज है तो भाषा शिक्षण का लक्ष्य संदर्भ-परक उपव्यवस्थाओं के प्रयोग एवं व्यवहार की दक्षता के सहारे भाषाविशेष की संभाव्य व्यवस्था की क्षमता पैदा करना है। भाषा शिक्षण एक व्यापार है जिसमें ग्रहीता (लेने वाला) शिक्षार्थी होता है, दाता (देने वाला) शिक्षक होता है और देयवस्तु भाषा (भाषाप्रयोग और भाषिक क्षमता) होती है। यह तथ्य महत्वपूर्ण है कि इस व्यापार में भाषा को अन्य विषयवस्तुओं की तरह ज्ञान रूप में शिक्षार्थी ग्रहण नहीं करता, वरन उसे दक्षता और क्षमता के रूप में प्राप्त करता है। भाषा के बारे में पढ़ना या पढ़ाना भाषा सीखने/सिखाने से भिन्न प्रक्रिया है। यहां भाषा शिक्षण का संबंध भाषा के सीखने/सिखाने से है न कि किसी भाषा के बारे में पढ़ने/पढ़ाने से।

भाषा शिक्षण को हम व्यापार रूप में भी देख सकते हैं और प्रक्रिया रूप में भी। व्यापार के रूप में मुख्यतः इसकी तीन इकाइयां हैं : शिक्षार्थी, शिक्षक और इन दोनों को जोड़ने वाली भाषा की शिक्षण सामग्री। प्रक्रिया रूप में यह केवल दो इकाइयों तक सीमित रह सकता है : शिक्षार्थी और भाषाई तथ्य। शिक्षार्थी अपनी अधिगम क्षमता के सहारे स्वयं भाषा को सीखने में सक्षम है। मातृभाषा की क्षमता एवं उसकी व्यावहारिक दक्षता बालक, भाषाई समाज के भीतर रहकर स्वयं प्राप्त कर लेता है, उसे न तो औपचारिक स्तर पर किसी शिक्षक की आवश्यकता होती है और न ही शिक्षणसामग्री की। (उसके लिए समाज ही शिक्षक होता है और भाषा के संदर्भयुक्त वाक्यसमुच्चय शिक्षण सामग्री)। अतः भाषा शिक्षण को दो दृष्टियों से देखना संभव है : भाषा अधिगम प्रक्रिया और भाषा शिक्षण व्यापार। भाषा अधिगम प्रक्रिया से संबद्ध व्याकरण को सामान्य शैक्षिक व्याकरण कहा जा सकता है और भाषा शिक्षण व्यापार से संबद्ध व्याकरण को 'अनुप्रयुक्त शैक्षिक व्याकरण'।

सामान्य शैक्षिक व्याकरण, भाषा की अधिगम प्रक्रिया से संबद्ध होता है अतः अधिगम प्रक्रिया के सिद्धांत भिन्न होने पर उसकी प्रकृति भी भिन्न हो जाती है। संप्रति दो निश्चित दृष्टियां हैं जो भाषा अधिगम प्रक्रिया को दो भिन्न सैद्धांतिक आधार देने में समर्थ हैं : एक का संबंध व्यवहारवादी मनोविज्ञान से है और दूसरे का बुद्धिवादी (बोधात्मक) मनोविज्ञान से। व्यवहारवाद अपने विचार में अनुभववादी (एंपिरिसिस्ट) होता है और प्रणाली में आगमनात्मक (इंडक्टिव)। वह यह स्वीकार करता है कि बालक, भाषा को उद्दीपन (स्टिमुलस) और अनुक्रिया (रेस्पांस) के माध्यम से सीखता और ग्रहण करता है। भाषा अधिगम के मूल्यांकन का आधार उसके लिए भाषिक व्यवहार की व्यक्त क्षमता होती है। इसके विपरीत बुद्धिवाद यह मानता है कि मानव मन की सृजनात्मक शक्ति अगाध होती है और भाषा अधिगम का क्षेत्र मानव मन की यही शक्ति है। मानव मन अपने

जन्म के समय ही एक विशिष्ट प्रकार का होता है क्योंकि जन्म के समय वह धुला-पुंछा न होकर सहजात (इन्नेट) वृत्तियों से युक्त रहता है। इन्हीं सहजतावृत्तियों से युक्त होकर मनुष्य एक विशिष्ट 'स्कीम' के अनुसार भाषा को ग्रहण करता है। यह दृष्टि अपनी कार्यप्रणाली में निगमनात्मक (डिडक्टिव) होती है। इसके अनुसार भाषा अधिगम के मूल्यांकन का आधार भाषा व्यवहार में दक्षता न होकर भाषिक क्षमता के क्षेत्र में विकास होता है। व्यवहारवाद, भाषा को आदत और स्वभाव के रूप में देखने के कारण भाषा शिक्षण में पैटर्न अभ्यास पर बल देता है जबकि बुद्धिवाद, भाषिक नियमों के सर्जनात्मक प्रयोग की क्षमता पर अपना आग्रह रखता है। (भाषावैज्ञानिक सिद्धांत के रूप में व्यवहारवाद, संरचनात्मक माडल के रूप में मान्य है जबकि बुद्धिवाद, रूपांतरण प्रजनात्मक माडल के रूप में स्वीकृत है।)

यह कहा जा सकता है कि सामान्य शैक्षिक व्याकरण भाषाविशेष की संभाव्य संरचना का भाषा अधिगम प्रक्रिया के आधार पर पुनर्लेखन है और अनुप्रयुक्त शैक्षिक व्याकरण भाषा शिक्षण के उद्देश्य से नियंत्रित चयन (सलेक्शन), अनुस्तरण (ग्रेडेशन) और प्रस्तुतीकरण (प्रेजेंटेशन) के सिद्धांत के आधार पर सामान्य शैक्षिक व्याकरण का पुनर्लेखन और अनुप्रयोग है।

अनुप्रयुक्त शैक्षिक व्याकरण का व्यावहारिक रूप मुख्यतः निम्नलिखित तीन तथ्यों पर आधारित होता है :

उद्देश्य एवं आवश्यकता : भाषा शिक्षण के उद्देश्य और भाषा अध्येताओं की प्रयोजन संबंधी आवश्यकताओं का संबंध शैक्षिक व्याकरण के रूप और आधार को नियंत्रित करता है। उदाहरण के लिए अध्येता भाषा को मातृभाषा के रूप में सीख रहा है अथवा अन्य भाषा के रूप में, वह अन्य भाषा को केवल बोलचाल के रूप में सीखना चाहता है अथवा उसमें लिखने-पढ़ने की भी दक्षता रखना चाहता है, वह लक्ष्यभाषा को 'राजभाषा' या 'संपर्क भाषा' के रूप में सीखने को इच्छुक है अथवा वह लिखित साहित्यिक रचनाओं के रसास्वादन के लिए ग्रहण करने का अभिलाषी है—ये सभी तथ्य अनुप्रयुक्त शैक्षिक व्याकरण के रूपाकार को प्रभावित करते हैं।

पाठ नियोजन : यह सामान्य तथ्य है कि न तो अध्यापक, लक्ष्य भाषा के व्याकरण के सभी नियमों को एक साथ दे सकता है और न ही शिक्षार्थी उन सभी नियमों को एक साथ ग्रहण कर सकता है। शिक्षण को ध्यान में रखकर नियमों एवं पाठों का चयन और अनुस्तरण करना पड़ता है। चयन का सिद्धांत तुलनात्मक अध्ययन पर आधारित होता है जो तीन स्तरों पर चलता है : (1) एक ही भाषा की उपव्यवस्थाओं के बीच में तुलना, (2) स्रोतभाषा और लक्ष्य भाषा की व्यवस्था का व्यतिरेकी अध्ययन, और (3) भाषादोष विश्लेषण के संदर्भ में अध्ययन के

किसी एक चरण पर भाषा सीखने वाले व्यक्ति की भाषा और लक्ष्य भाषा के साथ तुलना/अनुस्तरण का सिद्धांत वस्तुतः जिस दृष्टि पर आधारित है उसके मूल में है शिक्षण को ज्ञात से अज्ञात की ओर ले जाना तथा सहज से कठिन की ओर बढ़ना। यहां यह तथ्य भी ध्यान देने योग्य है कि जिसे भाषावैज्ञानिक सिद्धांत 'सरल' नियम या स्थिति कहता है वह भाषा अधिगम शिक्षण के संदर्भ में 'सहज' ही हो यह आवश्यक नहीं है।

शिक्षणविधि और तकनीक : शिक्षक किस विधि या तकनीक को अपने अध्यापन के समय व्यवहार में लाता है, भाषा अध्ययन के लिए किस प्रणाली को अपनाता है यह अनुप्रयुक्त शैक्षिक व्याकरण की सामग्री के प्रस्तुतीकरण से संबंध रखता है। उदाहरण के लिए वह भाषा शिक्षण की प्रत्यक्ष विधि को अपनाता है या व्याकरण अनुवाद विधि को, वह भाषा प्रयोगशाला को उपकरण रूप में प्रयोग में लाता है अथवा नहीं, ये सभी तथ्य उसके रूप को प्रभावित करने में समर्थ हैं।

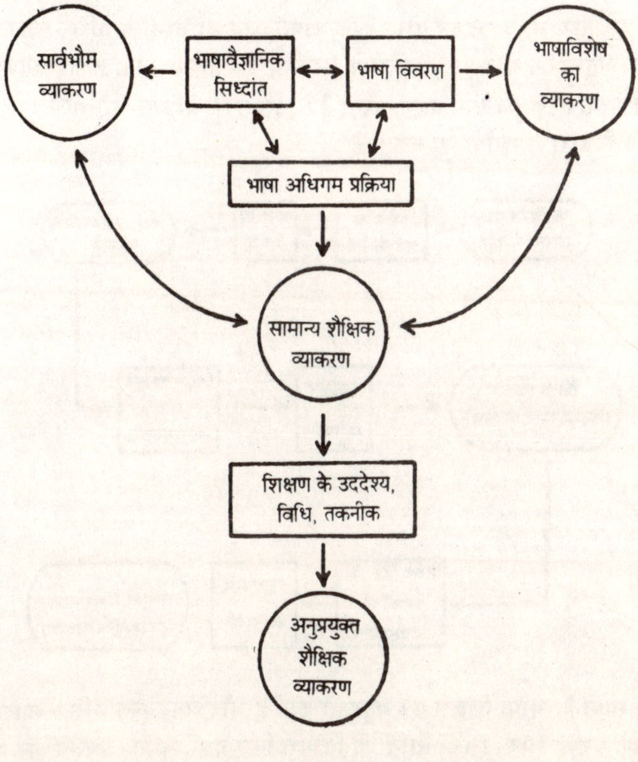

इधर भाषा शिक्षण को अलग स्वतंत्र विषय के रूप में स्वीकार करने की मांग बढ़ती जा रही है। अभी तक इसे भाषावैज्ञानिक सिद्धांत और मनोविज्ञान के उपांग के रूप में ही माना जाता रहा है। अब यह कहा जाने लगा है भाषा शिक्षण का क्षेत्र भाषासिद्धांत अथवा मनोवैज्ञानिक अध्ययन का कोई उपक्षेत्र नहीं, वरन स्वयं में वह एक स्वायत्त क्षेत्र है जो अपनी आवश्यकता के संदर्भ में भाषाविज्ञान और मनोविज्ञान से कुछ उपकरण ग्रहण करता है। अगर यह मान भी लिया जाए कि भाषा शिक्षण का अपना एक स्वतंत्र क्षेत्र है और शैक्षिक व्याकरण की संकल्पना का अपना सैद्धांतिक आधार है, फिर भी भाषासिद्धांत (सार्वभौम व्याकरण) और भाषाविवरण (भाषाविशेष के व्याकरण) के साथ उसका सीधा संबंध है। इस संबंध को पृष्ठ 83 के आरेख द्वारा समझाया जा सकता है।

जैसाकि (पृष्ठ 83) दिए आरेख से स्पष्ट है शैक्षिक व्याकरण (भाषा शिक्षण) एक निश्चित विषयक्षेत्र है पर यह विषयक्षेत्र सार्वभौम व्याकरण (भाषावैज्ञानिक सिद्धांत) और भाषाविशेष के व्याकरण (भाषाविवरण) से सीधा जुड़ा हुआ है।

यह तथ्य भी ध्यान देने योग्य है कि भाषाविशेष का सामान्य शैक्षिक व्याकरण, चयन, अनुस्तरण और प्रस्तुतीकरण के सिद्धांतों एवं प्रक्रियाओं से होकर अनुप्रयुक्त शैक्षिक व्याकरण का रूप ग्रहण करता है। इस पूरी प्रक्रिया को नीचे दिए गए आरेख के द्वारा समझाया जा सकता है :

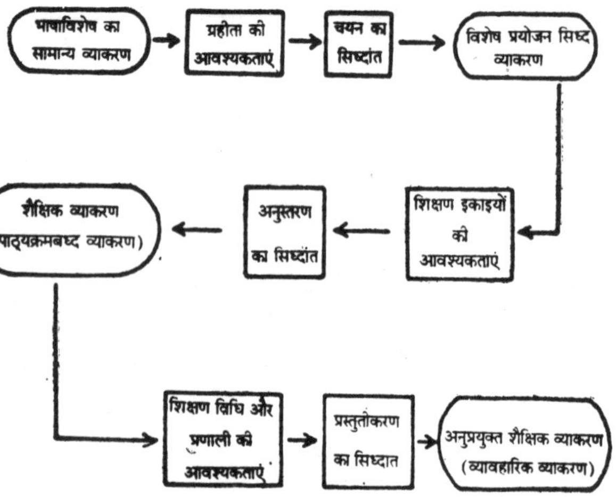

स्पष्ट है, भाषा शिक्षण एक बहुमुखी कार्य है और अनुप्रयुक्त शैक्षिक व्याकरण शैक्षिक धरातल पर इसकी सिद्धि के निमित्त किए गए सार्थक प्रयत्नों का परिणाम। व्याकरण की प्रकृति के आधार पर हमें उसके चार रूप देखने को मिलते हैं

—(1) भाषाविशेष का सामान्य व्याकरण, (2) विशेष प्रयोजनसिद्ध व्याकरण, (3) पाठ्यक्रमबद्ध शैक्षिक व्याकरण, और (4) व्यावहारिक शैक्षिक व्याकरण। 'अवचेतन' व्यापार के रूप में किसी भाषा का व्याकरण भाषा अधिगम की सामाजिक प्रक्रिया का परिणाम होता है जिसे उस भाषा के सदस्य अज्ञात भाव से भाषिक क्षमता के रूप में सिद्ध करते हैं। भाषिक क्षमता के रूप में सिद्ध इस व्याकरण की प्रकृति 'अव्यक्त' होती है। यह 'अव्यक्त व्याकरण' मातृभाषा के हर प्रयोक्ता के पास होता है जिसका वह उपयोग सर्जनात्मक रीति से करता पाया जाता है। भाषाविशेष का सामान्य व्याकरण विशेषज्ञों द्वारा इसी अव्यक्त व्याकरण का व्यक्त रूप है। सचेतन व्यापार के रूप में किसी भाषा का व्याकरण उस भाषा के रूप और प्रयोग संबंधी अव्यक्त, सामान्य और विशेष नियमों का व्यक्त विवरण होता है। व्याकरणकारों द्वारा लिखे गए भाषिक नियमों के ये विवरण 'विशेषज्ञों के व्याकरण' हैं।

भाषा शिक्षण उद्देश्य बाधित प्रक्रिया है। यह उद्देश्य एक ओर भाषा-ग्रहीता (शिक्षार्थी) की प्रयोजन संबंधी आवश्यकताओं से नियंत्रित होता है और दूसरी ओर शिक्षण विधि की अपनी प्रकृति से। यही कारण है कि शैक्षिक व्याकरण का प्रायोगिक रूप कई तथ्यों पर आधारित होता है, जिनमें निम्नलिखित मुख्य हैं :

1. भाषा शिक्षण के उद्देश्य और भाषा-ग्रहीता की प्रयोजन संबंधी आवश्यकताओं का सीधा संबंध शैक्षिक व्याकरण के रूप-आकार से रहता है। उदाहरण के लिए, शिक्षार्थी अन्य भाषा को केवल बोलचाल के लिए सीख रहा है या उसमें पढ़ने-लिखने की भी दक्षता रखना चाहता है; वह उसे 'राजभाषा' के रूप में सीखना चाहता है अथवा यात्री के रूप में प्रयोग-व्यवहार के लिए सीमित कुछ व्यावहारिक संदर्भों के लिए आदि। इसकी जानकारी आवश्यक है क्योंकि किसी भाषा का व्याकरण, 'उपव्यवस्थाओं की व्यवस्था' होता है। भाषा तो एक लचीली और सर्जनात्मक यथार्थपरक संभावना है जो विभिन्न प्रयोजनों से संदर्भित होकर विभिन्न यथार्थ रूपों में प्रतिफलित होती है। ये विभिन्न यथार्थ रूप भाषा की सामान्य एवं सर्वसमावेशी व्यवस्था के भीतर उपव्यवस्थाओं की प्रकृति का निर्धारण करते हैं। इन्हीं उपव्यवस्थाओं के कारण हम किसी भाषा में 'प्रयुक्ति' (रजिस्टर) या शैली भेद पाते हैं।

अन्य भाषा के रूप में जब हम किन्हीं व्याकरणिक नियमों पर बल देते हैं और किन्हीं पर कम आग्रह रखते हैं तब उसका आधार लक्ष्य भाषा और स्रोत भाषा के बीच पाई जाने वाली समानता और वैषम्य होता है। यह एक सामान्य अनुभव की बात है कि जब कोई व्यक्ति दूसरी भाषा सीखने के लिए उद्यत होता है तब मातृभाषा की व्यवस्था, नए नियमों को सीखने के समय अपना दबाव डालती है जिसे भाषावैज्ञानिक अंतराय/व्याघात कहते हैं। भाषात्रुटियों का एक कारण भाषा-

व्याघात है। इस व्याघात को व्यतिरेकी अध्ययन प्रणाली द्वारा अनुमेय बनाया जाना संभव है।

त्रुटि विश्लेषण पर काम करने वाले विद्वानों ने यह सिद्ध करने का प्रयत्न किया है कि अन्य भाषा अधिगम की प्रक्रिया भी बहुत कुछ वैसे ही चलती है जैसे मातृ-भाषा अधिगम की प्रक्रिया और कुछ त्रुटियों का आधार इस अधिगम प्रक्रिया की सामान्य प्रकृति से रहता है न कि लक्ष्य और स्रोत भाषा के बीच के व्याघात से।

शैक्षिक व्याकरण, लक्ष्यभाषा के सामान्य विवरण को ग्रहीता की आवश्यकताओं, लक्ष्य और स्रोतभाषा की तुलना अथवा त्रुटि विश्लेषण से आविर्भूत अधिगम प्रक्रिया के आधार पर 'विशेष विवरण' में रूपांतरित करता है। इस रूपांतरण प्रक्रिया का आधार 'चयनप्रक्रिया' है जिसके मूल में तुलनात्मक अध्ययन काम करता है। यह तुलनात्मक अध्ययन तीन स्तरों पर होता है :

(क) एक ही भाषा (सामान्य व्यवस्था) के विभिन्न भाषाप्रकारों (उप-व्यवस्थाओं) के बीच तुलना;

(ख) स्रोतभाषा और लक्ष्यभाषा की व्यवस्था के बीच तुलना;

(ग) भाषात्रुटि विश्लेषण के संदर्भ में अध्ययन के किसी एक चरण पर भाषा सीखने वाले व्यक्ति की भाषा और लक्ष्यभाषा के साथ तुलना।

2. भाषा शिक्षण, पाठयोजना की अपेक्षा रखता है। यह पाठयोजना पाठों में एक क्रमबद्धता की मांग करती है। सामान्यत: यह स्वीकार किया जाता है कि पाठ्यक्रम का आधार 'सरल' से 'कठिन/जटिल' की ओर जाने की प्रक्रिया होना चाहिए। भाषावैज्ञानिक संदर्भ 'सरल' को 'आधारभूत संरचना' के साथ जोड़कर देखता है और 'जटिल' को इस आधारभूत के व्युत्पन्न रूप में। वह इन दो वाक्यों —'वह लड़की सुंदर है' और 'वह सुंदर लड़की है' में पहले वाक्य को आधारभूत मानने के कारण 'सरल' मानता है जबकि दूसरे वाक्य को व्युत्पन्न मानने के कारण 'जटिल'। पर शैक्षिक व्याकरण व्याकरणिक संकल्पना—'सरल' और 'जटिल' तथा शैक्षिक संकल्पना—'सहज' और 'कठिन' में भेद करता है।

पाठयोजना का संबंध 'पाठ-सामग्री' के अनुस्तरण से रहता है। शिक्षण के प्रभावी रूप को ध्यान में रखते हुए एक निश्चित सिद्धांत के आधार पर व्याकरण के नियमों का अनुस्तरण करना पड़ता है क्योंकि अध्यापक व्याकरण के सभी नियमों को एक साथ कक्षा में नहीं पढ़ा सकता। शैक्षिक दृष्टि से किए गए अनुस्तरण के आधार पर क्रम-निर्धारण, शुद्ध भाषा वैज्ञानिक मान्यताओं के आधार पर स्थापित क्रम से मेल खाते हों—यह आवश्यक नहीं। शिक्षा का एक व्यापक संदर्भ होता है—उसमें भाषिक इकाइयों और उसके संरचनात्मक संयोजन के अतिरिक्त शिक्षार्थी का मन और उससे संबद्ध अधिगम प्रक्रिया, उसका लक्ष्य, भाषा के प्रति दृष्टिकोण आदि एक ओर संयुक्त रहता है तो दूसरी ओर लक्ष्य भाषा के

प्रयोग का सामाजिक पक्ष तथा उसकी सांस्कृतिक पृष्ठभूमि भी होती है। इसके साथ वाक्यों के प्रयोग का वह परिस्थितिगत संदर्भ होता है जिससे ग्रहीता सामाजिक अर्थ को ग्रहण करता है। अतः शैक्षिक व्याकरण के संदर्भ में अनुस्तरण की समस्या मात्र भाषावैज्ञानिक न होकर समाज भाषावैज्ञानिक और मनोभाषावैज्ञानिक भी होती है।

3. यह भी ध्यान देने की बात है कि शिक्षण विधि और तकनीक भी शैक्षिक व्याकरण के व्यावहारिक रूप को नियंत्रित करते हैं। इस व्यावहारिक रूप का संबंध 'प्रस्तुतीकरण' की प्रक्रिया से संबद्ध रहता है। प्रस्तुतीकरण का प्रश्न इस तथ्य से नियंत्रित होता है कि भाषा शिक्षण की कौन सी प्रणाली कक्षा में अपनाई जा रही है। प्रत्यक्ष विधि, व्याकरण-अनुवाद विधि, संरचनात्मक पद्धति आदि भाषा शिक्षण प्रणालियों में किसी एक प्रणाली का अनुसरण प्रस्तुतीकरण को एक ओर प्रभावित करता है तो दूसरी ओर अध्यापन में सामग्री उपयोग (अभ्यास-पुस्तिका, टेप, आदि) का भेद।

स्पष्ट है भाषाविशेष का सामान्य व्याकरण, 'चयन', अनुस्तरण और प्रस्तुतीकरण के सिद्धांतों एवं प्रक्रियाओं से होकर शैक्षिक व्याकरण का रूप ग्रहण करता है।

खंड तीन

भाषा शिक्षण : विधि और उपकरण

भाषा शिक्षण : विधि, प्रणाली और प्रणाली तंत्र

पिछली शताब्दी तक बहुभाषी होना व्यक्ति की सांस्कृतिक संपन्नता का द्योतक था। अतः अन्य भाषा के रूप में भाषा का अध्ययन-अध्यापन एक सीमित वर्ग के कुछेक व्यक्तियों तक ही संकुचित था। पर आज की स्थिति सर्वथा भिन्न है। द्वितीय भाषा के रूप में भाषा की जानकारी आज सांस्कृतिक संपन्नता का द्योतक नहीं रह गई है वरन अब वह एक व्यावहारिक आवश्यकता भी बन गई है। अन्य भाषा को हम कभी संपर्क भाषा के रूप में सीखना चाहते हैं और कभी शैक्षिक भाषा के रूप में; हम उसे कभी अंतर्राष्ट्रीय संबंधों के निर्वाह के लिए अंतर्राष्ट्रीय भाषा के रूप में ग्रहण करना चाहते हैं और कभी तकनीकी विषयों की जानकारी के लिए। इसमें संदेह नहीं कि आज हम एक दो प्रमुख भाषाओं की जानकारी केवल इसलिए नहीं करना चाहते कि उस ज्ञान के फलस्वरूप उस भाषा में रचित उच्च साहित्य का रसास्वादन कर सकें अपितु इसलिए भी करना चाहते हैं कि अन्य भाषाभाषी व्यक्तियों के जीवन को व्यापक स्तर पर समझें, उनके साथ हम वृहत्तर स्तर पर जीवनगत उपलब्धियों का आदान-प्रदान कर सकें। लक्ष्य का यह परिवर्तन हमें ऐसी भाषाओं को भी सीखने के लिए अब उत्साहित कर रहा है जिन्हें आज तक हमने उपेक्षा की दृष्टि से देखा था। इनमें कुछ ऐसी भी भाषाएं संभव हैं जिनका व्यांकरण की दृष्टि से अब तक किंचित मात्र भी अध्ययन नहीं हुआ है। वस्तुतः ऐसी ही अब तक की उपेक्षित एवं अविश्लेषित भाषाओं के अध्ययन की आवश्यकता ने अमरीका में प्रयुक्त होने वाली भाषाविज्ञान की नई वर्णनात्मक (डेस्क्रिप्टिव) धारा को न केवल जन्म दिया वरन उसे एक निश्चित विश्लेषणात्मक प्रणाली भी प्रदान की।

सांस्कृतिक एवं साहित्यिक उपलब्धि से हटकर जब भाषा शिक्षण, जनसामान्य की सामाजिक आवश्यकता के स्तर पर उतरा तब उसकी परंपरागत प्रणाली में भी आधारभूत परिवर्तन का होना अनिवार्य हो गया। वस्तुतः यह परिवर्तन भाषा शिक्षण के क्षेत्र में एक नूतन क्रांति के रूप में अवतरित हुआ। और इसमें संदेह

नहीं कि इसमें व्यापक योगदान रहा है भाषाविज्ञान का। भाषाविज्ञान ने भाषा शिक्षण को न केवल एक उचित संदर्भ दिया वरन उसने भाषा शिक्षण की प्रणाली को वैज्ञानिक आधार भी दिया। भाषाविज्ञान ने स्वयं पिछले तीन-चार दशकों में जितनी प्रगति की है, अन्य ज्ञान के क्षेत्र में काम करने वालों के लिए वह स्पर्धा का विषय है।

भाषा शिक्षण का संबंध एक ओर भाषा से है अतः स्वाभाविक है कि भाषा अध्ययन संबंधी जो भी सिद्धांत या प्रणाली विकसित होगी, उसका इस पर प्रभाव पड़ेगा। भाषा शिक्षण का संबंध दूसरी ओर भाषा अधिगम (लर्निंग) प्रक्रिया के साथ बना रहता है, अतः इससे संबद्ध जो भी सिद्धांत या प्रणाली मान्य होगी, उसका भी इस पर अनिवार्यतः प्रभाव पड़ेगा। भाषा अध्ययन और भाषा अधिगम प्रक्रिया के संदर्भ से संयुक्त होकर ही भाषा शिक्षण शिक्षा के क्षेत्र में अपने सिद्धांत, प्रणाली और तकनीक को परिभाषित और नियंत्रित कर पाता है। इन दो संदर्भों की विविधता से भाषा शिक्षण प्रणाली को भी विविध बना दिया है। यही कारण है कि भाषा शिक्षण प्रणाली के नाम पर हम अनेक शिक्षण विधियां प्रचलित पाते हैं, जो इस क्षेत्र के प्रमुख विद्वान मैके के अनुसार मुख्यतः पंद्रह हैं, यथा :

1. प्रत्यक्ष विधि (डाइरेक्ट मैथड)
2. स्वाभाविक विधि (नेचुरल मैथड)
3. मनोवैज्ञानिक विधि (साइकालाजिकल मैथड)
4. ध्वनि वैज्ञानिक विधि (फोनेटिक मैथड)
5. वाचन विधि (रीडिंग मैथड)
6. व्याकरण विधि (ग्रामर मैथड)
7. संकलन विधि (इलैक्टिक मैथड)
8. इकाई विधि (यूनिट मैथड)
9. भाषा नियंत्रण विधि (लैंग्वेज कंट्रोल मैथड)
10. अनुकरणात्मक विधि (मिमिक्री-मेमोराइजेशन मैथड)
11. अभ्यास सिद्धांत विधि (प्रैक्टिस थियरी मैथड)
12. सजातीय विधि (काग्नेट मैथड)
13. द्विभाषीय विधि (ड्युअल लैंग्वेज मैथड)
14. अनुवाद विधि (ट्रांसलेशन मैथड)
15. व्याकरण-अनुवाद विधि (ग्रामर-ट्रांसलेशन मैथड)

अगर इन विभिन्न विधियों के अंतर्निहित सिद्धांत और कक्षा में व्यवहृत होने वाली प्रक्रिया पर ध्यान दें तो वस्तुतः हम निम्नलिखित चार या पांच टाइप ही पाते हैं :

प्रत्यक्ष विधि टाइप

इस टाइप की शिक्षण विधियों में शिक्षार्थी की मातृभाषा को बिना मध्यस्थ बनाए अन्य भाषा सिखाई जाती है। भाषा के सीधे संपर्क में आकर शिक्षार्थी भाषा को मौखिक अभ्यास के सहारे सीखता है। देर तक वाक्यों को सुनना, फिर उनका इस तरह अभ्यास करना कि वे वाक्य आदत के रूप में ढल जाएं इस विधि की मुख्य शिक्षण प्रक्रिया है। इस टाइप में न तो व्याकरण के नियमों को स्मृति अंकित करने पर बल दिया जाता है और न अनुवाद प्रक्रिया को ही उसके लिए आधार बनाया जाता है।

प्रत्यक्ष विधि के अतिरिक्त, स्वाभाविक विधि, मनोवैज्ञानिक विधि, ध्वनि-वैज्ञानिक विधि, भाषानियंत्रण विधि, अनुकरणात्मक विधि, अभ्यास सिद्धांत विधि इस टाइप के अंतर्गत आते हैं। वाचन विधि को भी इसी टाइप के अंतर्गत रखना उचित है क्योंकि इसके भी पीछे व्यवहारवाद की आदत संबंधी भाषा की धारणा काम करती है। अंतर है तो व्यवहारक्षेत्र अर्थात भाषाई कौशल का। प्रत्यक्ष विधि टाइप की अन्य विधियां सुनने और फिर बोलने से भाषा शिक्षण शुरू करती हैं पर लेखन दक्षता की सीमा को अपना मात्र लक्ष्य मानने के कारण यह पहले पाठन (पढ़ना) और फिर लेखन (लिखना) में दक्षता के क्रम को अपनाती है।

व्याकरण विधि टाइप

इस टाइप के अंतर्गत अन्य भाषा के नियमों को पहले कुछ शब्दों के साथ याद कराया जाता है और फिर शब्द संयोजना को व्याकरणिक नियमों के आधार पर अभ्यास रूप में ढाला जाता है। इसमें व्याकरणिक नियमों की जानकारी, उनके वास्तविक प्रयोग की अपेक्षा अधिक महत्वपूर्ण समझी जाती है। मातृभाषा अथवा अनुवाद की यह विधि अपेक्षा नहीं करती।

अनुवाद विधि टाइप

यह विधि मातृभाषा-सापेक्ष होती है। अनुवाद के लिए पाठों का चयन व्याकरणिक जटिलता के अनुक्रम में किया जाता है। पहले अन्य भाषा का मातृभाषा में और फिर वाद में मातृभाषा से अन्य भाषा में अनुवाद की प्रक्रिया अपनाई जाती है। अनुवाद की प्रक्रिया के दौरान ही व्याकरण के नियमों की ओर संकेत दिया जाता हैं।

तुलनात्मक विधि टाइप

इस टाइप की शिक्षण विधियों में मातृभाषा की अवान्तर रूप से सिद्धि मिलती है। मातृभाषा के शब्दों एवं वाक्यों के अनुरूप (समान) शब्दों एवं वाक्यों का पहले चयन और निर्धारण किया जाता है फिर उसको मौखिक और लिखित अभ्यास में

बदला जाता है।

सजातीय विधि और द्विभाषीय विधि इस टाइप के अंतर्गत आते हैं। इन दोनों का अंतर शब्द और वाक्य संरचना पर सापेक्षिक बल देने में निहित है। पहली विधि में शब्दों की समानता पर अधिक आग्रह रहता है और दूसरी विधि में वाक्य संरचना की समानता पर।

इन चार टाइपों के अलावा कुछ विधियों को मिश्र (मिक्स्ड) रूप में भी पाते हैं।

मिश्र विधि टाइप

मिश्र विधि टाइप, अपने व्यावहारिक पक्ष में ऊपर लिखी विधियों में अपनाई जाने वाली प्रक्रिया के सम्मिश्रण से बना होता है। उदाहरण के लिए 'व्याकरण-अनुवाद विधि' व्याकरण और अनुवाद विधि के संयोग से जन्मी शिक्षण विधि मानी जा सकती है। इसमें शिक्षण प्रक्रिया व्याकरणिक नियम, असंबद्ध शब्द, शब्द भेद की जानकारी और फिर अनुवाद के सहारे चलती है। अनुवाद के कारण यह मातृ-भाषा-सापेक्ष विधि है। इसके विपरीत संकलन विधि जिसे फ्रांस में (मेथड-एक्टिव) कहा जाता है और समग्रतावादी विधि को प्रत्यक्ष विधि, व्याकरण विधि और अनुवाद विधि का मिश्रित रूप कहा जा सकता है और इनमें अध्यापक को भाषा शिक्षण के विभिन्न उद्देश्यों के अनुरूप, शिक्षण प्रक्रिया के विभिन्न चरणों पर किसी भी विधि के चयन की स्वतंत्रता रहती है।

इन विभिन्न भाषा शिक्षण विधि टाइपों को निम्नांकित तालिका के आधार पर उनके अभिलक्षणों के संदर्भ में समझा जा सकता है :

अभिलक्षण / टाइप	मातृभाषा सापेक्ष	स्पष्ट व्याकरणिक निर्देश	अनुवाद का उपयोग	मौखिक रूप पर बल
1. प्रत्यक्ष विधि	—	—	—	+
2. व्याकरण विधि	—	+	—	+
3. तुलनात्मक विधि	—	—	—	(—) +
4. अनुवाद विधि	(+) +	—	+	—
5. व्याकरण—अनुवाद विधि	+	(+) +	+	—

नोट : कोष्ठक ( ) में दिए गए अभिलक्षण, अवांतर से प्रयुक्त होते हैं। उन्हें उस विधि के अप्रत्यक्ष लक्षण कहा जा सकता है।

आधुनिक भाषाविज्ञान एवं भाषा अधिगम के आधुनिक मनोवैज्ञानिक सिद्धांतों के संदर्भित होने के पूर्व भाषा शिक्षण की दो प्रमुख धाराएं थीं। एक धारा का संबंध क्लासिक अथवा उन भाषाओं के अध्ययन-अध्यापन से संबद्ध था जिनमें रचित साहित्य, समृद्ध था और जिसका व्याकरण लिखा जा चुका था। इस धारा को विद्वानों ने 'व्याकरण-अनुवाद' (ग्रामर ट्रांसलेशन) विधि नाम दिया है। दूसरी धारा का संबंध मुख्यतः उन भाषाओं के अध्ययन-अध्यापन से था जिनमें साहित्य या व्याकरण का होना अनिवार्य न था और जो अपनी प्रकृति में जीवंत थीं। यहां जीवंत भाषा का अर्थ जीवित भाषा से है। जीवित(लिविंग) और मृत (डेड) भाषा के अंतर का यहां आधार वस्तुतः उसके प्रयोक्ताओं के मातृभाषा रूप में होने या न होने से है। जिस भाषा के प्रयोक्ता, उस भाषा को मातृभाषा के रूप में ग्रहण न करते हुए उसका व्यवहार दैनिक जीवन के आत्मीय एवं अनौपचारिक प्रसंगों में करते मिलते हैं उसे जीवित भाषा कहा जा सकता है। इसके विपरीत जो भाषा न तो मातृभाषावत प्रयोग में आती हो और न ही जिसके प्रयोक्ता उसे जीवन के सामान्य एवं अनौपचारिक प्रसंगों में व्यवहार में लाते हों—उसे मृत भाषा कहा जा सकता है। यह भी कहा जा सकता है कि जीवित भाषा, जीवंत इसलिए है कि उसमें स्वाभाविक रूप से परिवर्तन होता रहता है और मातृ भाषा, मृत इसलिए मानी जा सकती है कि उसमें विकास या परिवर्तन की स्वाभाविक प्रक्रिया अवरुद्ध मिलती है। यह धारा सापेक्षतया आधुनिक है। इस धारा को 'मौखिक वार्तालाप' (ओरल कनवर्सेशनल) विधि के नाम से जाना जाता है।

इसके पूर्व कि हम आधुनिक भाषाविज्ञान एवं मनोविज्ञान से संदर्भित भाषा शिक्षण प्रणाली की चर्चा करें, यह उचित है कि हम इन दोनों धाराओं का संक्षिप्त परिचय प्राप्त कर लें।

व्याकरण-अनुवाद विधि

उन्नीसवीं शताब्दी से अंत तक भाषा शिक्षण की यह परंपरित एवं मान्य विधि थी। जैसा कि नाम से ही स्पष्ट है यह विधि, दो तत्वों पर आधारित है: व्याकरण और अनुवाद। व्याकरण के रूप में वह एक ओर लक्ष्यभाषा अर्थात सीखी जाने वाली भाषा के रूपात्मक विवरण पर आश्रित थी और दूसरी ओर मातृभाषा के साथ लक्ष्यभाषा में होने वाली अनुवादप्रक्रिया पर अवलंबित थी। छात्रों के लिए आवश्यक था कि अध्यापकों द्वारा निर्देशित शब्दभेद, धातुरूप, कारक और काल रचना आदि नियमों को वह याद करे और भाषा के व्यावहारिक ज्ञान को प्राप्त करने के लिए द्विभाषी शब्दकोषों की सहायता से अनुवाद करने का प्रयत्न करे। यह विधि वस्तुतः इस प्रक्रिया के समाधान को अपना उपकरण (माध्यम) मानती थी कि अगर किसी एक भाषा का कोई लिखित वाक्य दे दिया जाए, तो उसके

कथ्य (कांटेंट) को किसी दूसरी भाषा में उचित एवं सही रूप में कैसे व्यक्त करना संभव होगा।

व्याकरण-अनुवाद विधि लक्ष्यभाषा को मातृभाषा के परिप्रेक्ष्य में रखकर उसके सीखने की प्रणाली है जिसमें व्याकरण और अनुवाद की प्रासंगिकता निम्नलिखित रूप में मिलती हैं :

व्याकरण
1. **नियम विभेद** (रूल-डिफरेंसिएशन) : तर्कजन्य अर्थ (लाजिको-सेमैंटिक) के आधार पर व्याख्या के सहारे।
2. **नियम निर्माण** (रूल फार्मेशन) : स्मृति अभ्यास (मेमोराइजेशन) के सहारे।

अनुवाद
3. **संकल्पना विभेद** (कांसेप्ट डिफरेंसिएशन) व्यवहित अंतरण (मीडिएटेड ट्रांसफर) के सहारे।
4. **संकल्पनात्मक कोड** (काग्निटिव कोड) निर्धारण : अनुवाद अभ्यास के सहारे।

व्याकरण-अनुवाद विधि की अनेक सीमाओं की ओर विद्वानों ने संकेत किया है जिनमें निम्नलिखित मुख्य हैं :

संप्रेषण लक्ष्य (कम्युनिकेटिव गोल) का अभाव : इस विधि की पहली सीमा थी कि छात्रों का भाषासंबंधी ज्ञान, उनके सैद्धांतिक पक्ष तक ही रह जाता है और भाषा-दक्षता पाठन और लेखन के क्षेत्र में ही सिमटी रहती है। अतः वर्षों के अध्ययन के पश्चात भी जब छात्र मातृभाषा-भाषी के संपर्क में आता था, उनके साथ विचार-विनिमय के लिए अर्जित भाषा का समुचित प्रयोग नहीं कर पाता था। लिखित भाषा ही अगर हमारा लक्ष्य हो जाए और अनुवाद ही हमारा सक्रिय उपकरण, तो भाषा-दक्षता से संबद्ध अन्य कौशलों की अवहेलना स्वाभाविक परिणाम बन जाता है। आज हम भली-भांति समझते हैं कि व्याकरण के नियमों के ज्ञान एवं अनुवाद की योग्यता को किसी प्रकार हम उस भाषा की संप्रेषणीयता के विभिन्न लक्ष्यों की प्राप्ति के साधन के रूप में नहीं मान सकते जो अपनी व्यावहारिकता के धरातल पर मौखिक है। अर्थात बोलने और वार्तालाप के समय समझने की दक्षता का विकास भाषा शिक्षण की इस विधि द्वारा संभव नहीं।

भाषा के जीवंत पक्षों का अभाव : यह विधि भाषा के लिखित और मानक रूप को उसका आधार रूप मानती है और व्याकरण को रूपात्मक (फार्मल) स्तर पर ग्रहण करने के कारण भाषाभेद के रूप में सिद्ध उसकी जीवंतता को एक प्रकार से नकारती है। भाषा अपने जीवंत रूप में बहुआयामी होती है पर यह विधि भाषा को एक आयाम पर ही स्वीकार करती है। शिष्ट जनों की लिखित सामग्री ही इसका आधार है। अतः व्यवहार में एक ओर यह विधि व्याकरण को सीमित दृष्टि से देखती है, दूसरी ओर लैटिन या संस्कृत भाषा के व्याकरण को माडल रूप में

स्वीकारकर उन्हीं की शब्दावली में लक्ष्यभाषा का रूढ़िवादी विवरण प्रस्तुत करती है, तीसरी ओर वह भाषा को रूढ़िवादी व्याकरण में बांध कर उसकी जीवन्त प्रकृति को नकारती है।

भाषा अधिगम सिद्धांत की उपेक्षा : यह विधि भाषा अधिगम की स्वाभाविक प्रक्रिया की उपेक्षा करती है। हम देखते हैं कि मातृभाषा सीखने के समय बच्चे के लिए यह आवश्यक नहीं होता कि वह अपनी भाषा के व्यक्त व्याकरण के नियमों को पढ़े या याद करे। वह तो भाषा व्यवहार के स्वाभाविक संदर्भों में भाषा सीखने की अपनी स्वाभाविक प्रवृत्ति और प्रकृति द्वारा भाषा को स्वाभाविक रूप में सीखता चलता है। यह विधि भाषा सीखने की स्वाभाविक पद्धति के विरोध में पहले भाषा का व्याकरण सीखने का आग्रह करती है। लेकिन भाषा सीखना, भाषा का व्याकरण सीखना नहीं होता। भाषा का व्याकरण भाषा के बारे में बताता है और भाषा सीखना, भाषाव्यवहार और उसके प्रयोग-उपयोग से संबंधित होता है।

रुचि और अभिप्रेरणा का अभाव : यह विधि व्याकरणिक नियमों को स्मृति अंकित करने की प्रक्रिया पर बल देती है। यह न तो नियमों को अभ्यास के सहारे भाषा स्थितियों एवं भाषा व्यवहार से जोड़ती है और न ही उसके सर्जनात्मक प्रयोग का ही आग्रह करती है। नियमों को रूपवादी रूप में एक स्वतंत्र और स्वायत्त इकाई मानकर उसे रटने पर आग्रह करने के कारण छात्रों के भीतर यह भाषा के प्रति स्वभावतः अरुचि उत्पन्न कर देती है।

वास्तविक उद्दीपन (स्टिमुलस) प्रसंगों से विच्छेद : भाषा को अगर व्यवहार के रूप में लें और उसे छात्रों के भाषाई कौशल के संदर्भ में देखें, तो भाषाई दक्षता का अर्थ वास्तविक सामाजिक संदर्भों में विभिन्न स्थितियों को भाषा के सहारे समझना या नियंत्रित करना माना जा सकता है। हम भाषा का प्रयोग सामाजिक प्रसंगों में करते हैं जिनमें स्थितियां उद्दीपन का काम करती हैं। यह विधि, भाषिक क्रिया को अनुवाद के कृत्रिम प्रसंगों से बांधती है, न कि जीवन की यथार्थ स्थिति से। इस विधि में हम वाक्य का प्रयोग अनुवाद के सहारे प्रयोगसिद्ध करते हैं जहां भाषा प्रयोग के लिए स्वयं दूसरी भाषा उद्दीपन का काम करती है, जबकि भाषाई दक्षता की यह अपेक्षा रहती है कि भाषाप्रयोग को हम स्थितिसंदर्भित करें।

व्याकरण-अनुवाद विधि की अव्यावहारिकता के विरोध में भाषा शिक्षण के क्षेत्र में एक नूतन विधि का आविर्भाव हुआ, जिसे प्रत्यक्ष विधि या मौखिक वार्तालाप विधि का नाम दिया गया।

मौखिक वार्तालाप विधि

इस विधि ने अनुवाद की आवश्यकता को निरर्थक बताया और व्याकरणिक नियमों

को स्मृति अंकित करने की प्रवृत्ति को अव्यावहारिक एवं असंगत माना। इसके समर्थकों का कथन है कि अन्य भाषा को भी उसी स्वाभाविक प्रक्रिया के सहारे सीखना चाहिए, जैसे बच्चा अपनी मातृभाषा सीखता है। इसके लिए यह आवश्यक है कि हम भाषा को सार्थक एवं स्वाभाविक परिस्थिति के संदर्भ में ग्रहण करने का प्रयत्न करें। यस्पर्सन, पामर आदि भाषाविदों के प्रयत्नों के फलस्वरूप इस पद्धति का प्रसार यूरोप में व्यापक स्तर पर हुआ और आज भी कई भाषा शिक्षक इस विधि के अनुमोदक हैं। इस विधि की निम्नलिखित विशेषताएं द्रष्टव्य हैं :

भाषा से सीधा संपर्क : यह विधि यह मानकर चलती है कि अन्य भाषा को उसी प्रकार सीखा जा सकता है जैसे मातृभाषा को। मातृभाषा सीखने के समय बच्चा भाषा के सीधे संपर्क में आता है; अतः यह आवश्यक नहीं कि हम अन्य भाषा को अपनी मातृभाषा की मध्यस्थता के सहारे सीखें। इसके लिए यह महत्वपूर्ण है कि हम अन्य भाषा के वाक्यों को सीधे सुनें और ग्रहण करें।

जीवंत भाषा और स्वाभाविक (नेचुरल) संदर्भ : यह विधि यह स्वीकार कर चलती है कि सीखी जाने वाली भाषा को जीवित (लिविंग) होना चाहिए। अतः प्रारंभ के पाठ में अगर कोई कुछ कठिन अथवा जटिल शब्द या अभिव्यक्ति आ जाए जिसकी भाषा में आवृत्ति बहुत अधिक होने के कारण उपेक्षा करना कठिन हो, तो उसे स्वीकार करने में हिचकना नहीं चाहिए। पर अगर व्याकरण को ध्यान में रखकर ऐसे सरल और व्याकरणसम्मत वाक्य बनाए जाएं जो अपने व्यवहार में स्वाभाविक न हों, तो स्वाभाविकता की रक्षा के लिए ऐसे वाक्यों को पाठ में स्थान नहीं मिलना चाहिए। यस्पर्सन का यह स्पष्ट मत था कि भाषा शिक्षण की पहली शर्त भाषा का स्वाभाविक संदर्भ है जिसका अर्थ है कि 'सार्थक संप्रेषण-संदर्भ में प्रयुक्त होने वाले स्वाभाविक सुसंबद्ध वाक्यों की श्रृंखला'। मात्र शब्द अथवा असंबद्ध वाक्य भाषा में वैसे ही होते हैं जैसे दाल में कंकड़।

भाषा का मौखिक पक्ष और वार्तालाप तकनीक : इस विधि की मान्यता के अनुसार, भाषा को पहले मौखिक स्तर पर वार्तालाप तकनीक के सहारे सीखना उचित है क्योंकि भाषा की जीवंतता उसके मौखिक पक्ष में रहती है और प्रयोग की स्वाभाविकता वार्तालाप में।

आदत निर्माण (हैबिट फार्मेशन) और अभ्यास : इस विधि के अनुसार भाषा एक आदत है और उसके सीखने का अर्थ है उसे स्वभावजन्य व्यवहार में सिद्ध करना। पामर ने 1921 में ही इस तथ्य की ओर संकेत कर दिया था कि भाषा एक कौशल है और समझने, बोलने, पढ़ने और लिखने के कौशल के स्तर पर इसे आदत के रूप में सिद्ध करना भाषा सीखना है। यह आदत अभ्यास की अपेक्षा रखती है, अतः भाषाड्रिल के सहारे ही अन्य भाषा सीखी और सिखाई जा सकती है।

व्याकरण-निरपेक्ष और व्याख्या-तटस्थ सामग्री : यह विधि यह स्वीकार कर चलती है कि भाषिक (व्याकरणिक) नियमों को बताना या समझाना वस्तुतः भाषा के बारे में बताना या समझाना है न कि भाषा को सीखना-सिखाना। पामर के अनुसार अध्यापक द्वारा यह व्याख्या प्रस्तुत करना कि क्यों ऐसे ही रूप भाषा में मिलते हैं और क्यों ऐसी वाक्यसंरचना भाषा की है, कक्षा का बहुमूल्य समय नष्ट करना है। यह तो केवल छात्रों की जिज्ञासा को संतुष्ट करना हुआ। इससे भाषा के प्रयोग को आदत रूप में ढालना संभव नहीं। जो व्यक्ति अन्य भाषा का प्रयोग करता है और भले ही व्याकरणपद्धति के सहारे ही उसे उसने क्यों न सीखा हो, वह बाद में चलकर प्रायः इन व्याकरणिक नियमों को भूल जाता है और जो शेष रह जाता है वह है स्वभावसिद्ध भाषा प्रयोग।

आगे चलकर मौखिक वार्तालाप विधि का व्यापक प्रसार हुआ। पर इस पद्धति की अपनी कुछ सीमाएं भी हैं। इसके समर्थक यह भूल जाते हैं कि अन्य भाषा को हम न तो मातृभाषा का दरजा दे सकते हैं और न ही उस प्रक्रिया से उसे सीख सकते हैं जिस प्रक्रिया से हम पहली भाषा सीखते हैं। इस संदर्भ में पहला तथ्य तो यह है कि मातृभाषा सीखने की सामाजिक और वैयक्तिक आवश्यकताओं के रूप में जो प्रेरणात्मक प्रवृत्तियां काम करती हैं उनका अन्य भाषा अध्ययन में सर्वथा अभाव रहता है। दूसरा तथ्य यह है कि भाषा सीखने की स्वाभाविक प्रकृति के व्यापक संदर्भ में भले ही मातृभाषा और अन्य भाषा की प्रक्रिया में कोई आधारभूत अंतर न हो पर यह बात तो स्पष्ट है कि पहली भाषा सीखने के समय, कोई अन्य भाषा व्याघात(इंटरफीअरेंस) का कारण नहीं बनती, जबकि अन्य भाषा बिना अंतराय प्रक्रिया के ग्रहण नहीं की जा सकती। मातृभाषा की स्वरूप संघटना व्यक्ति के मस्तिष्क को कुछ इस प्रकार प्रभावित कर देती है कि दूसरी सीखी जाने वाली भाषा की स्वरूप संघटना को भी व्यक्ति अपनी मातृभाषा की संघटना के आधार पर समझने की ओर प्रवृत्त हो उठता है। अतः अन्य भाषा को वह उस संदर्भ में देख ही नहीं पाता जिस संदर्भ में उस भाषा को मातृभाषा-भाषी देखने में स्वभावतः सक्षम होते हैं।

यह विधि उन भाषाओं को सीखने में अधिक सहायक है जिनको वार्तालाप के लिए प्रयुक्त करना स्वाभाविक है अथवा जिनके मौखिक रूप को संप्रेषणीयता का आधार माना जा सकता है। पर ऐसी कई मातृभाषाएं हैं जिनको हम बोलने-सुनने के निमित्त नहीं सीखना चाहते। प्रयोजनसिद्धि के रूप में हम जीवंत भाषाओं को भी ज्ञानपिपासा के लिए ही सीखने की ओर प्रवृत्त हो सकते हैं। पुस्तकालयी भाषा (लाइब्रेरी लैंग्वेज) के रूप में सीखी जाने वाली भाषा को भी अगर मौखिक वार्तालाप विधि के सहारे सीखें, तो निश्चय ही यह शिक्षार्थी से सापेक्षतया अधिक श्रम की अपेक्षा रखेगा, क्योंकि अंततः उसे मौखिक रूप से आगे बढ़कर लिखित

पक्ष तक पहुंचना है और न केवल वहां तक पहुंचना है वरन बाद में भाषा के मौखिक रूप को गौण स्तर पर रखना भी है। पुस्तकालयी भाषा के रूप में पढ़ाई जाने वाली भाषा के संदर्भ में यह कहा जा सकता है कि जिस पक्ष (मौखिक) की शिक्षार्थी को अपेक्षा नहीं रहती अथवा जो कौशल (बोलना और सुनना) सार्थक नहीं, उसी को यह विधि मूल मानती है और उसी पर अतिशय आग्रह रखकर अन्य सार्थक और अपेक्षित कौशलों (पढ़ने-लिखने) को सिखाने पर बल देती है।

आगे चलकर भाषा शिक्षण की अन्य जितनी भी विधियां सिद्धांत और व्यवहार के स्तर पर निर्मित और विकसित हुईं, उनका सीधा संबंध इन दो धाराओं में से किसी एक से जोड़ा जा सकता है। कहने के लिए तो यह भी कहा जा सकता है कि अन्य विधियां जिस अंतर्दृष्टि अथवा सिद्धांत के आधार को स्वीकार कर चलीं, वे मूलतः दो वर्गों में उन्हीं आधार-तत्त्वों पर विभाजित की जा सकती हैं जिन पर व्याकरण-अनुवाद विधि और मौखिक वार्तालाप विधि विभक्त हैं। अंतर है तो प्रणाली विज्ञान (मैथडिक्स) का। इस तथ्य को ही संदर्भ में समझने के लिए आवश्यक है कि हम पहले यह देख लें कि (भाषा शिक्षण) विधि से हमारा क्या तात्पर्य है।

प्रसिद्ध विद्वान हैलिडे के अनुसार हमें 'विधि' (मैथड), 'प्रणाली' (मैथ-डालाजी/मैथड) और 'प्रणालीतंत्र' (मैथडिक्स) में अंतर स्पष्ट करना जरूरी है।

विधि (मैथड) : शिक्षण-तकनीक और सामग्री का समुच्चयविशेष, जिसके पीछे सामान्यतः सिद्धांत तो रहता है पर जिसका अनिवार्यतः भाषावैज्ञानिक संदर्भ नहीं रहता (यथा 'प्रत्यक्ष विधि')।

प्रणाली (मैथडालाजी) : सामान्य रूप में ग्रहीत शिक्षण के सिद्धांत और तकनीक जिनका अनिवार्यतः भाषावैज्ञानिक संदर्भ नहीं होता।

प्रणालीतंत्र (मैथडिक्स) : भाषा शिक्षण को व्यवस्थित करने का वह ढांचा या तंत्र जो भाषावैज्ञानिक सिद्धांत को शैक्षिक सिद्धांत और तकनीक से जोड़ता है।

स्पष्ट है प्रणाली तंत्र व्यवस्थित भाषा शिक्षण को जन्म देता है। वह भाषा शिक्षण की उन आधारभूत मान्यताओं और तज्जनित विधि से संबंध नहीं रखता जो विधि और विधि के आधारभूत अंतर का कारण होता है। वरन उसका संबंध भाषा शिक्षण को व्यवस्थित (सिस्टमैटिक) करने से रहता है। यह ध्यान देने की बात है कि भाषा शिक्षण के किसी पाठ्यक्रम को नियोजित और व्यवस्थित करते समय उस पाठ्यक्रम की सीमा निर्धारित करनी पड़ती है, पाठबिंदुओं का चयन और उसे अनुक्रम में संयोजित करना पड़ता है। पाठ को योजनाबद्ध करने के समय भाषाविज्ञान और भाषा के वैज्ञानिक विवरण की आवश्यकता पड़ती है। प्रणाली तंत्र वस्तुतः इसी भाषावैज्ञानिक पक्ष का शैक्षिक संदर्भ में उपयोग कर भाषा

शिक्षण को व्यवस्थित करता है। अतः प्रणाली तंत्र के आधार पर विधि और विधि में अंतर करना गलत है। इस दृष्टि से यह कहा जा सकता है कि 'प्रत्यक्ष विधि' और 'भाषा नियंत्रण (भाषा वैज्ञानिक) विधि' का अंतर वस्तुतः प्रणाली तंत्र के आधार पर किया गया अंतर है अथवा 'स्वाभाविक विधि' और 'मौखिक वार्तालाप विधि' के अंतर का आधार अंतर्दृष्टि अथवा शैक्षिक सिद्धांत का अंतर न होकर पाठ को संयोजित करने का अंतर है क्योंकि दोनों ही विधियां पहली भाषा (मातृ-भाषा) का उपयोग नहीं करती, दोनों ही भाषा के बारे में बताने की पद्धति को नकारती हैं, दोनों ही अनुवाद को आवश्यक मानती हैं और दोनों ही कौशल को समझने (सुनने), बोलने, पढ़ने और लिखने के अनुक्रम में रखती हैं।

प्रणाली तंत्र का संबंध अगर भाषा शिक्षण को व्यवस्थित करने से है तो प्रणाली का भाषा शिक्षण के शैक्षिक (पेडागाजिकल) सिद्धांत अथवा अंतर्दृष्टि से। इस अंतर को हम 'व्याकरण-अनुवाद विधि' और 'मौखिक-वार्तालाप विधि' के अंतर के रूप में देख सकते हैं जहां एक विधि व्याकरण पर बल देती है तो दूसरी उसे नकारती है, एक मातृभाषा के सहारे दूसरी भाषा सीखने की आवश्यकता को स्वीकार करती है तो दूसरी मातृभाषा को अनुपयोगी मानती है, एक अनुवाद का सहारा लेती है तो दूसरी भाषा से प्रत्यक्ष संबंध बनाने का आग्रह करती है, एक भाषा के लिखित पक्ष पर बल देते हुए पाठन कौशल को मुख्यतः साधती है तो दूसरी भाषा के मौखिक पक्ष पर आग्रह करते हुए बोलने-सुनने की दक्षता पैदा करने की आवश्यकता पर बल देती है।

दूसरे शब्दों में कहना चाहें तो यह कहना अतिशयोक्तिपूर्ण न होगा कि प्रणाली तंत्र, प्रणाली का उस तकनीक से संबद्ध कर शिक्षण को प्रायोगिक एवं व्यावहारिक बनाता है जो अपनी सार्थकता के लिए भाषावैज्ञानिक सिद्धांतों का सहारा लेने के लिए बाध्य है जबकि प्रणाली, स्वयं में भाषासंबंधी अंतर्दृष्टि एवं शैक्षिक सिद्धांत या व्यावहारिक अनुप्रयोग है। इस तथ्य को उचित रूप में समझने के लिए यह आवश्यक है कि हम पहले सैद्धांतिक अंतर्दृष्टि (अप्रोच), प्रणाली (मैथडालाजी) और तकनीक के उस अंतर को सही ढंग से समझ लें।

'सैद्धांतिक अंतर्दृष्टि' भाषा एवं भाषा अधिगम की प्रवृत्ति से संबंधित दृष्टि-कोण संबंधी मान्यताएं हैं। इसकी प्रकृति दर्शन के समान होती है और यह विश्वास का अवलंबन लेकर चलती है। इसको तर्क द्वारा सिद्ध या असिद्ध नहीं किया जा सकता। अगर इसके विवेचन का कोई संदर्भ बनता है तो वह उस प्रणाली के प्रभावी अनुप्रयोग का संदर्भ होता है जो इसके गर्भ से उत्पन्न होती है। 'प्रणाली' सैद्धांतिक दृष्टि द्वारा बाधित वह समग्र योजना है जो भाषिक तथ्यों को इस प्रकार नियोजित करती है कि उसका एक अंग, दूसरे अंग के विरोधी रूप में न आए। एक सैद्धांतिक अंतर्दृष्टि पर आधारित कई प्रणालियां संभव हैं। कहा जा सकता है कि

कई प्रणालियों के पीछे एक सैद्धांतिक अंतर्दृष्टि हो सकती है पर दो भिन्न सैद्धांतिक अंतर्दृष्टियां, एक प्रणाली में नहीं सिमट सकतीं। अतः प्रणाली, सैद्धांतिक अंतर्दृष्टि सापेक्ष्य होती हैं पर सैद्धांतिक अंतर्दृष्टि, स्वयं अपना संदर्भ रखती है। 'तकनीक' प्रणाली के अनुप्रयोगात्मक पक्ष से संबद्ध वह उपकरण है जो शिक्षक और कक्षा-सापेक्ष होता है। एक निश्चित पाठबिंदु को समझाने में तकनीक के सहारे अगर शिक्षक सफल नहीं हो पाता तो उसी के लिए वह दूसरी तकनीक का प्रयोग करता है। पैटर्न अभ्यास को अध्यापक सीधे संपर्क में आकर कराता है अथवा भाषा प्रयोगशाला के टेप के माध्यम से—यह अंतर तकनीक स्तर का है। तकनीक हमेशा प्रणाली-सापेक्ष होता है।

सैद्धांतिक अंतर्दृष्टि प्रणाली और तकनीक के अंतर्संबंधों की प्रकृति पर ध्यान दें, तो स्पष्ट हो जाता है कि ये स्तरीकृत संकल्पनाएं हैं और उनके सापेक्षिक प्रभाव का एक निश्चित अनुक्रम है। अंतर्संबंधों की व्यवस्था में तकनीक प्रणाली पर आश्रित होती है और प्रणाली, सैद्धांतिक अंतर्दृष्टि, विद्वानों के विश्वास पर आधारित मात्र मान्यताएं होती हैं।

उदाहरण के लिए 'मौखिक वार्तालाप विधि' को ही लें। एडवर्ड एंथनी के अनुसार इस भाषा शिक्षण विधि के पीछे भाषावैज्ञानिक निम्नलिखित तीन सैद्धांतिक मान्यताएं थीं :

1. भाषा मनुष्य-सापेक्ष, मौखिक और प्रतीक रूप में सार्थक होती है।

2. प्रत्येक भाषा अपनी संरचना में विशिष्ट होती है। दूसरे शब्दों में यह भी कहा जा सकता है कि दो भाषाओं की संरचना एक समान नहीं होती।

3. भाषा की संरचना का पता लगाना संभव है। साथ ही उपयोगी और व्यवस्था रूप में इस संरचना का विवरण प्रस्तुत किया जा सकता है, भले ही विभिन्न स्तरों और विभिन्न उद्देश्यों के फलस्वरूप ये विवरण भिन्न हो सकते हैं।

इसी प्रकार इस विधि के पीछे शैक्षिक निम्नलिखित तीन सैद्धांतिक मान्यताएं थीं :

1. भाषा की प्राथमिक अभिव्यक्ति के पक्षों (बोलना और सुनना) को उसके दूसरे स्तर के अभिव्यक्ति-प्रकार (पढ़ना और लिखना) के पहले पढ़ाना चाहिए। इसी प्रकार मौखिक स्तर पर भाषा को समझने के कौशल को उसके बोलने से पहले रखना आवश्यक है।

2. दूसरे स्तर के अभिव्यक्ति-प्रकार में पहले पाठन और फिर लेखन क्रम अपनाना चाहिए क्योंकि लिखित पक्ष को लिखने के पहले देखना आवश्यक है।

3. भाषा के अन्य प्रयोग, यथा : साहित्यिक और कलात्मक, शैक्षिक दृष्टि से ग्रहणशीलता (रिसेप्शन) और अभिव्यक्तिकरण (प्रोडक्शन) के ही क्रम में रखे जाने चाहिए।

4. प्रणालीगत मान्यताएं निर्देश देती हैं कि (क) भाषा, आदत है, (ख) आदत, पुनरावृत्ति और अभ्यासजन्य होती है और (ग) भाषा को किसी न किसी पुनरावृत्ति प्रक्रिया से पढ़ाना चाहिए।

भाषावैज्ञानिक और शैक्षिक इन सैद्धांतिक मान्यताओं के संदर्भ में अगर अनुकरणात्मक विधि और सिद्धांत-अभ्यास विधि को देखें तो वे एक जैसी हैं क्योंकि ऊपर लिखी मान्यताओं की वे समान रूप से समर्थक हैं। अंतर है उनमें तो प्रस्तुतीकरण के अनुक्रम में। अनुकरणात्मक विधि, अभिवादन, बाजार, घर आदि विभिन्न परिस्थितिजन्य संदर्भों में प्रयुक्त होने वाले उपयोगी वाक्यों के अभ्यास से शुरू होती हैं और इन वाक्यों को स्मृति-क्रम में बैठा लेने के बाद, उनकी संरचना को निकालती और फिर अभ्यास कराती है। इसके विपरीत सिद्धांत अभ्यास विधि में पहले संरचना के आधार पर पैटर्न-अभ्यास कराया जाता है और फिर उसे विभिन्न उपयोगी स्थितियों से जोड़कर नए शब्दों का ज्ञान कराया जाता है।

इसमें संदेह नहीं कि मौखिक वार्तालाप विधि जिस भाषावैज्ञानिक, मनोवैज्ञानिक और शैक्षिक अंतर्दृष्टि पर आधारित थी, उसको भाषाविज्ञान की संरचनात्मक (संघटनात्मक) धारा से बल मिला। मनोविज्ञान के क्षेत्र में प्रचलित व्यवहारवाद (बिहेवियरिज्म) ने इस विधि की शैक्षिक आधारशिला को यथाशक्ति पुष्ट किया। व्यवहारवाद से संयुक्त होकर संरचनावाद ने मौखिक वार्तालाप विधि के रूप को कभी ध्वनि वैज्ञानिक प्रसंग दिया और कभी वाचन का, उसने अनुकरण के उपकरण से उसे कभी संवारा और कभी पैटर्न-अभ्यास के माध्यम से। अतः प्रणाली और तकनीक की विभिन्नता के आधार पर हम भाषा शिक्षण विधियों के अनेक प्रकार और भेदोपभेद पाते हैं पर वस्तुतः सैद्धांतिक अंतर्दृष्टि के संदर्भ में ये भिन्न विधियां एक जैसी मान्यताओं पर ही आधारित हैं।

लेकिन रचनान्तरण (ट्रांसफार्मेशनल) व्याकरण के कारण एक बार फिर भाषा शिक्षण की धारा को व्याकरण-अनुवाद विधि की ओर मुड़ते देखा जा सकता है। रूपांतरण व्याकरण, भाषा को मानसिक स्तर पर शुद्ध बोधात्मक (काग्निटिव) कोड मानता है और संक्रिया के रूप में उसे नियम-आधारित (रूल-बेस्ड एक्टिविटी) स्वीकार करता है। इसके मूल में भाषाविज्ञान-संबंधी तीन सैद्धांतिक संदर्भ देखे जा सकते हैं (जिन्हें मौखिक वार्तालाप पद्धति के पीछे काम करने वाली व्यवहारवाद से उद्भूत मान्यताओं के ठीक विरोध में माना जा सकता है):

1. भाषा मनुष्य-सापेक्ष तो है पर उसकी मूल प्रकृति मानसिक होती है न कि व्यावहारिक (मौखिक)। मौखिक और लिखित दोनों एक ही बोधात्मक इकाई के दो भिन्न अभिव्यक्त रूप हैं।

2. भाषाएं अपने मूल बोधात्मक स्तर पर समरूपी और अभिन्न होती हैं। दूसरे शब्दों में कहें तो अपने मूल बोधात्मक स्तर पर सभी भाषाओं की संरचना एक जैसी होती है जिसे 'सार्वभौम व्याकरण' (यूनिवर्सल ग्रामर) के रूप में स्वीकार किया जा सकता है।

3. प्रत्येक भाषा की संरचना के दो स्तर हैं : आभ्यंतर (डीप) और बाह्य (सरफेस) जिसे व्यक्ति, रूपांतरण नियमों के सहारे संबद्ध करता है। दूसरे शब्दों में कहा जाए तो भाषा नियम-आधारित होती है और विभिन्न भाषाओं की विशिष्टता बाह्य स्तर पर ही सिद्ध मिलती है। इस विशिष्टता को पकड़ने का आधार रूपांतरण नियम है जो सार्वभौम व्याकरण को भाषा-विशेष के व्याकरण में बदलते हैं।

स्पष्ट है, भाषा को देखने की जो सैद्धांतिक अंतर्दृष्टि भाषाविज्ञान की रूपांतरण व्याकरण की धारा देती है, वह व्याकरण-अनुवाद विधि के पक्ष में है। यह अंतर्दृष्टि मौखिक वार्तालाप विधि के पीछे काम कर रही शैक्षिक मान्यताओं के ठीक विरोध में है, यथा :

1. भाषा को पहले बोध के स्तर पर पढ़ाना चाहिए और उसके बाद कौशल के स्तर पर क्योंकि भाषा का संबंध पहले भाषिक क्षमता (कांपिटेंस) के साथ रहता है न कि भाषिक व्यवहार (परफार्मेंस) के साथ।

2. भाषा को नियम-आधारित बनाकर पढ़ाना चाहिए क्योंकि भाषा में अभिव्यक्तिभेद इतने असंख्य होते हैं कि उनको याद करना या आदत के रूप में ढालना मानव मन के लिए असंभव है। इसके विपरीत उसके नियम सीमित हैं। इन नियमों के सहारे व्यक्ति उन वाक्यों को भी बोल और समझ लेता है जिनको उसने पहले कभी न तो सुना होता है और न पढ़ा ही।

3. भाषा के नियमों के सर्जनात्मक उपयोग के सहारे ही उसके अन्य प्रयोग, यथा : साहित्यिक और कलात्मक पढ़ाए जाने चाहिए।

4. प्रमाणित मान्यताएं निर्देश देती हैं कि (क) भाषा, उद्दीपन अनुक्रिया (स्टिमुलस रेस्पांस) पर आधारित आदत रूप न होकर उससे मुक्त सर्जनात्मक व्यापार है, (ख) भाषा, सर्जनात्मक होने के कारण अभ्यासजन्य न होकर बोधजन्य होती है और (ग) बोधजन्य होने के कारण उसको संकल्पनात्मक स्तर पर ग्रहण कराते हुए पढ़ाना चाहिए।

कहने की आवश्यकता नहीं कि अनुवाद में भाषा को बोधात्मक कोड के रूप में ग्रहण करना पड़ता है और संक्रिया के रूप में उसे नियम आधारित स्वीकार करना पड़ता है। इसमें संदेह नहीं कि भाषा शिक्षण में अनुवाद का अपना विशिष्ट स्थान है। भाषा को ग्रहणशीलता (रिसेप्टिविटी) के स्तर पर स्वीकार कर उसमें पढ़ने-लिखने की क्षमता पैदा करने में अनुवाद सर्वाधिक महत्त्वपूर्ण साधन है। अब

तो यह भी कहा जाने लगा है कि विश्वविद्यालयों में आज तिरस्कृत 'व्याकरण अनुवाद विधि' का मुख्य दोष यह था कि वह गलत व्याकरण और गलत अनुवाद का उपयोग करता था। अनुवाद स्वयं अपने में कोई घातक तकनीक नहीं होता या हो सकता है, बशर्ते हम उसकी सही प्रवृत्ति को समझ लें और उसके प्रयोग के सही संदर्भ जान लें।

भाषा शिक्षण विधि : समसामयिक सन्दर्भ

इस शताब्दी के छठवें दशक तक मौखिक-वार्तालाप विधि का जोरदार प्रचार रहा। इस विधि के प्रमुख प्रवक्ता राबर्ट लैडो के नाम पर इसे भाषा शिक्षण का लैडो युग भी कहा जाता है। भाषा शिक्षण के समसामयिक संदर्भ को इस युग के विरोध और प्रतिक्रिया के रूप में देखा जाना संभव है। इसलिए यह आवश्यक है कि हम लैडो युग की कुछ प्रमुख अवधारणाओं की संक्षिप्त चर्चा कर लें। इस युग के केन्द्र में निम्नलिखित विचार बिन्दु काम करते रहे हैं—

1. भाषा व्यवहारजन्य आदत है, इसलिए भाषा शिक्षण का अर्थ है अभिरचना अभ्यास के माध्यम से शिक्षार्थी में नई और सही आदत का निर्माण।
2. भाषा का मौखिक पक्ष ही उसका मूल रूप है, इसलिए भाषा शिक्षण का अर्थ है वार्तालाप के माध्यम से पहले मौखिक कौशल में दक्षता और फिर उसको केन्द्र में रखते हुए अन्य भाषाई कौशल (जैसे लिखना, पढ़ना आदि) का विकास।
3. भाषा अधिगम (लर्निंग) में विश्लेषण की तुलना में सादृश्य (एनालजी) का अत्यधिक महत्त्व रहता है अतः भाषा शिक्षण का अर्थ है आगमनात्मक (इंडक्टिव) सामान्यीकरण पद्धति का सहारा लेते हुए व्याकरण बिन्दुओं का अभ्यास (ड्रिल)।
4. भाषाभेद का कारण उसकी संरचनात्मक व्यवस्था और सामाजिक सांस्कृतिक सन्दर्भ होता है अतः भाषा शिक्षण का अर्थ है लक्ष्य भाषा की संरचनात्मक बनावट के साथ-साथ उसके समाज की सामाजिक-सांस्कृतिक व्यवस्था की जानकारी।
5. भाषा का शैक्षिक रूप उसके व्याकरण सम्मत और व्यवहार में स्वीकृत भाषा प्रयोग में होता है जिसका आदर्श शिक्षकों का भाषा व्यवहार होता है, अतः भाषा शिक्षण का अर्थ है शिक्षकों द्वारा विभिन्न प्रकार के भाषा व्यवहार का मॉडल प्रस्तुत करना और छात्रों द्वारा उसका त्रुटि रहित अनुकरण करना।

शीघ्र ही लैडो युग की इन मान्यताओं की तीखी आलोचना भी शुरू हो गई। इन मान्यताओं पर आधारित शिक्षण विधियों के ह्रास के कई कारण देखे जा सकते हैं जिनमें चिन्तन में परिवर्तन के निम्नलिखित आयाम माने जा सकते हैं।

(1) भाषा सिद्धान्त के अभिविन्यास में परिवर्तन

भाषा शिक्षण का लैंडो युग जिस भाषा सिद्धान्त पर आधारित था, उसका संबंध संरचनात्मक भाषाविज्ञान से था। समसामयिक भाषा शिक्षण के पीछे किसी न किसी रूप में चॉम्स्की के रूपान्तरणपरक प्रजनक भाषाविज्ञान का सिद्धान्त काम कर रहा है। यह सिद्धान्त भाषा-क्षमता (काम्पीटेन्स) और भाषादक्षता (परफार्मेन्स) में अंतर करता है और यह मानता है कि व्याकरण के सीमित नियमों के सर्जनात्मक प्रयोग के आधार पर भाषा के असंख्य वाक्यों को प्रजनित करना एक स्वाभाविक प्रक्रिया है।

(2) अधिगम सिद्धान्त में परिवर्तन

समसामयिक भाषा शिक्षण विधियां भाषा अधिगम के उस उद्दीपन अनुक्रिया (स्टिमुलस-रिस्पान्स) मॉडल का विरोध करती हैं जो भाषा को आदत (हैबिट) निर्माण का परिणाम मानता है। मानव मन के संज्ञानात्मक (काग्निटिव) पक्ष पर बल देते हुए वह भाषा अर्जन (एक्विजिशन) और भाषा अधिगम (लर्निंग) में अन्तर करता है, और यह संकेत देता है कि भाषा के सीखने का संबंध आंशिक रूप में मानव मन की उस अंतर्जात (इन्नेट) वृत्ति के साथ रहता है जिसको लेकर व्यक्ति पैदा होता है और जो भाषा अर्जन की प्रक्रिया में सार्वभौम रूप में काम करती रहती है और आंशिक रूप में उस शिक्षण-प्रशिक्षण से रहता है जिसे हम भाषा अधिगम (लर्निंग) कहते हैं।

(3) भाषा शिक्षण के केन्द्रक (लोकस) में परिवर्तन

पारंपरिक भाषा शिक्षण के केन्द्र में 'पाठ सामग्री' और लैंडो युग की शिक्षण विधि के केन्द्र में 'शिक्षक' था। समसामयिक भाषा शिक्षण अपने केन्द्रक के रूप में 'शिक्षार्थी' को स्वीकार करता है और इसीलिए भाषा अर्जन के दौरान होने वाली त्रुटियों को स्वाभाविक मानते हुए अधिगम प्रक्रिया को एक गत्यात्मक प्रक्रिया मानता है।

(4) भाषा शिक्षण की प्रकार्यात्मक दृष्टि में परिवर्तन

लैंडो युग में भाषा शिक्षण के प्रकार्य (फंकशन) को भाषा की रूपरचना और संरचनात्मक व्यवस्था में इस प्रकार जकड़ रखा गया था कि भाषा का संप्रेषण पक्ष और उसकी अर्थव्यवस्था प्रायः उपेक्षित ही रह जाती थी। अभ्यास के आधार पर कक्षा में सीखे गए भाषाई कौशल को छात्र वास्तविक स्थिति में प्रयोग करने में प्रायः सक्षम नहीं हो पाते थे। समसामयिक भाषा शिक्षण की प्रकार्यात्मक दृष्टि भाषा के सम्प्रेषण पक्ष पर बल देते हुए परिस्थिति के अनुकूल उचित भाषा व्यवहार की दक्षता पर बल देती है। रूप और संरचना के साथ-साथ प्रकार्य और प्रयोजन

पर आग्रह रखने के कारण वह अपने लक्ष्य में 'भाषिक क्षमता' (लिंग्विस्टिक काम्पीटेन्स) के स्थान पर 'सम्प्रेषण क्षमता' (कम्यूनिकेटिव काम्पीटेन्स) को साधती है।

परिवर्तन की ऊपर चर्चित दिशाएं समसामयिक सभी भाषा शिक्षण विधियों में समान रूप से मिलती हैं, अन्तर है तो इन पक्षों के बल के अनुपात में। भाषा शिक्षण विधि के रूप में आज अनेक शिक्षण-विधियां प्रचलित हैं, उनमें निम्नलिखित प्रमुख हैं—

1. सम्प्रेषणपरक भाषा शिक्षण विधि (कम्यूनिकेटिव लैंगुएज टीचिंग मेथड),
2. बोधात्मक विधि (काम्प्रेहेन्सन मेथड),
3. मौन विधि (साइलेन्ट मेथड),
4. समुदायपरक विधि (कम्यूनिटी मेथड),
5. सांकेतिक विधि (सजेस्टोपीडिया मेथड), तथा
6. परिवीक्षण विधि (मानिटर मेथड)।

सम्प्रेषणपरक भाषा शिक्षण विधि

यह विधि भाषा अधिगम में शिक्षार्थी की सम्प्रेषण क्षमता और भाषा व्यवहार में अर्थसिद्धि पर अधिक बल देती है। भाषाविज्ञान के संरचनात्मक सिद्धांत और रूपांतरणपरक प्रजनक सिद्धांत में व्यक्ति की भाषिक क्षमता पर बल दिया जाता रहा है, और यह आग्रह किया जाता रहा है कि भाषा सीखने का तात्पर्य यह है भाषिक नियमों और व्याकरणिक नियमों में क्षमता प्राप्त करना। डेल हाइम्स, हैलिडे आदि विद्वानों ने इधर इस बात पर बल दिया कि भाषा ज्ञान का दायरा मात्र व्याकरणिक क्षमता तक सीमित नहीं होता, बल्कि उचित संदर्भों में उचित व्याकरणिक नियमों के **प्रयोग ज्ञान** तक फैला होता है। मात्र व्याकरणिक रचना विधान सम्प्रेषण के उन पक्षों को अपने भीतर समेट नहीं पाता जिसका संबंध सामाजिक अर्थ, प्रतिपाद्य विषयवस्तु की प्रकृति, वक्ता की मन:स्थिति आदि से जुड़ा होता है। इसके लिए आवश्यक है कि व्यक्ति में भाषिक क्षमता के साथ-साथ बोलने वालों में भाषा प्रयोग संबंधी सम्प्रेषण क्षमता भी हो। उदाहरण के लिए लक्ष्य भाषा के रूप में हिंदी वाच्य विधान पढ़ाते समय केवल हिंदी के कर्तृ वाच्य, कर्मवाच्य और भाववाच्य संबंधी व्याकरणिक व्यवस्था का ज्ञान छात्रों को दे देना ही काफी नहीं, बल्कि किस संदर्भ में छात्र को बोलना है—'मैंने गोली नहीं चलाई', 'मुझसे गोली नहीं चलाई गई', अथवा 'गोली नहीं चलाई गई' प्रयोग संबंधी यह ज्ञान भी भाषा व्यवहार के लिए अत्यंत आवश्यक है।

ब्रिटिश स्कूल के अनेक विद्वानों को इस विधि के अनुयायी के रूप में जाना

	मौखिक-वार्तालाप विधि	सम्प्रेषणपरक भाषा शिक्षण विधि
अध्ययन का उद्देश्य	० भाषिक प्रतीक के रूप में भाषा का अध्ययन	० सामाजिक प्रतीक के रूप में भाषा का अध्ययन
	० भाषिक क्षमता	० सम्प्रेषणपरक क्षमता
	० संरचना पर आश्रित अर्थ की रूपात्मक व्यवस्था	० प्रयोग पर आश्रित कथ्य की प्रकार्यात्मक व्यवस्था
अध्ययन विश्लेषण की प्रकृति	० नियम (रूल) सापेक्ष	० भूमिका (रोल) सापेक्ष
	० संरचना के आधार पर एकरूपता की आवृत्ति	० प्रयोजन के आधार पर विविधता का संगठन
	० सन्दर्भ-तटस्थ भाषिक इकाइयों का ज्ञान और वाक्य में प्रयोग	० सन्दर्भ सापेक्ष भाषिक इकाइयों के प्रयोग का ज्ञान और प्रोक्ति में प्रयोग
भाषा शिक्षण सन्दर्भ	० मातृभाषी जैसी उच्चारण क्षमता	० सम्प्रेषण उच्चारण क्षमता
	० व्याकरणिक व्याख्या की अनावश्यकता पर बल	० व्याकरणिक व्याख्या पर आयु, अभिप्राय के आधार पर सापेक्षिक बल
	० व्यतिरेकी विश्लेषण के आधार पर सामग्री निर्माण	० त्रुटि विश्लेषण और प्रयोजन सिद्धि के आधार पर सामग्री निर्माण
	० अध्यापक केन्द्रित	० शिक्षार्थी केन्द्रित
भाषा शिक्षण	० मातृभाषा के ज्ञान की अवहेलना	० मातृभाषा के ज्ञान का यथायोग्य उपयोग
	० प्रारम्भिक चरण में अनुवाद विधि की अवहेलना	० आवश्यकतानुसार अनुवाद विधि का उपयोग
	० बोलने-सुनने की पूरी योग्यता के बाद लिखने-पढ़ने के कौशल का अध्यापन	० चारों भाषाई कौशलों का शिक्षार्थी के भाषा लक्ष्य के अनुसार अध्यापन-क्रम
	० भाषिक दुरूहता के अनुसार पाठ का अनुस्तरण और प्रस्तुतीकरण	० भाषिक प्रकार्य, भूमिका तथा अर्थसम्प्रेषण के आधार पर पाठ चयन और अनुस्तरण।

जाता है। इनमें कुछ प्रमुख नाम हैं – क्रिस्टोफर कैंडलिन, हेनरी विडोसन, डी. ए. विल्फिन्स और कीथ जान्सन। इन सभी विद्वानों ने भाषा के प्रयोजनपरक पक्ष, सम्प्रेषण में निहित अर्थव्यापार और वक्ता-श्रोता के अन्तर्वैयक्तिक सम्बन्धों पर बल देते हुए भाषा शिक्षण को प्रभावी बनाने की दिशा में सार्थक प्रयास किया तथा उन भाषाई कौशलों की दक्षता पर बल दिया जो कक्षा के बाहर भी छात्रों के लिए उपयोगी हों। अगर इस सम्प्रेषणपरक भाषा शिक्षण विधि की तुलना इसके पूर्ववर्ती मौखिक वार्तालाप शिक्षण विधि के साथ करें, तब इसे भाषा चिन्तन, भाषा की विश्लेषण पद्धति और भाषा शिक्षण के अभिविन्यास एवं प्रणालीगत साधनों की दृष्टि से एक अभूतपूर्व क्रान्ति के रूप में देखा जा सकता है। इन दो विधियों के बीच पाए जाए जाने वाले कुछ आधारभूत अन्तर को तालिकाबद्ध रूप में पृष्ठ 108 पर दिया गया है।

यह ध्यान देने की बात है कि सम्प्रेषणपरक भाषा शिक्षण विधि वस्तुतः कोई एक विधि नहीं है बल्कि उन समस्त विधियों के समुच्चय का समेकित नाम है जो ऊपर दिए गए भाषासिद्धांत के उद्देश्य, अध्ययन-विश्लेषण की प्रकृति, भाषा शिक्षण के सन्दर्भ और उसकी प्रविधि से संचालित है। अन्यथा भाषा शिक्षण के अन्य उपादानों पर विभिन्न ढंग से बल देने के कारण उनके भीतर भी इस विधि के उपसम्प्रदाय की बात की जा सकती है। उदाहरणस्वरूप—एलन की 'उपकरणात्मक' विधि संरचना और प्रयोजन के साथ-साथ उसके उपकरण (इन्स्ट्रुमेन्टल) पक्ष को भी अपने भीतर समेटना चाहती है; विल्किन्स की अभिप्रायपरक (नोशनल) दृष्टि वस्तुस्थिति एवं पात्रों की संकल्पना के आधार पर सम्प्रेषण व्यापार को साधने के पक्ष में है; केडलिन की शिक्षार्थी-प्रजनक विधि शिक्षार्थी को केन्द्र में रखकर सम्प्रेषण व्यापार के लिए संरचना और उसके प्रकार्य को साधने का समर्थक है; और विडोसन की अन्तःक्रियात्मक (इन्टरएक्शनल) विधि सम्प्रेषण में प्रयुक्त अंतर्वैयक्तिक सम्बन्धों को केन्द्र में रखकर संरचना और प्रकार्य के अन्तःसम्बन्धों की दक्षता उत्पन्न करने के पक्ष में है।

सम्प्रेषणात्मक भाषाशिक्षण के सभी उपसम्प्रदाय भाषा की संरचनात्मक व्यवस्था का अतिक्रमण करते हुए उसके प्रयोजनपक्ष पर बल देते हैं। उनके अनुसार प्रयोजन, संरचना को नियंत्रित करता है। इस वर्ग के विद्वानों ने निम्नलिखित कुछ प्रयोजनों की ओर ध्यान देते हुए भाषा व्यवहार को ठोस बनाने का प्रयत्न किया है। सम्प्रेषण व्यापार के सन्दर्भ में निम्नलिखित प्रयोजनों की चर्चा भाषा शिक्षण के केन्द्र में रहीं—(1) अन्तर्वैयक्तिक (इन्टरपरसनल) पक्ष : इसके द्वारा छात्र दूसरे व्यक्ति के साथ सम्बन्ध-स्थापन के लिए भाषा प्रयोग करता है; (2) साधन (इन्स्ट्रुमेन्टल) पक्ष : इसके द्वारा छात्र किसी वस्तु की प्राप्ति के लिए भाषा का प्रयोग करता है; (3) नियामक (रेगुलेटरी) पक्ष : इसके द्वारा छात्र अन्य व्यक्तियों

के व्यवहार को नियंत्रित करता है या उससे नियंत्रित होता है, (4) वैयक्तिक (परसनल) पक्ष : इसके द्वारा छात्र अपने व्यक्तिगत अनुभवों को व्यक्त करता; (5) अन्वेषणात्मक (ह्यू रेस्टिक) पक्ष : इसके द्वारा छात्र जीवन और जगत से संबद्ध ज्ञान को सीखता है; (6) कल्पनात्मक (इमैजिनेटिव) पक्ष : इसके द्वारा छात्र अपनी कल्पना के सहारे नई-नई दुनिया की सृष्टि करता है; तथा (7) संकेतार्थ (रिप्रजन्टेशनल) पक्ष : इसके द्वारा छात्र सूचना को सम्प्रेषित करता है।

भाषा शिक्षण की सम्प्रेषणपरक यह विधि शिक्षार्थी में भाषा के प्रयोगजन्य दक्षता का विकास करती है और दूसरी तरफ भाषा प्रयोग के सहारे भाषा सीखने के लक्ष्य को साधती है।

बोधात्मक विधि

इस शिक्षण विधि के प्रवर्तक मनोविज्ञान के प्रोफेसर जेम्स ऐशर हैं जिन्होंने मनोविज्ञान के क्षेत्र में प्रचलित अवशेष (ट्रेस) सिद्धांत के आधार पर इस विधि की नींव रखी। इस मत के अनुसार बालक वाक् (स्पीच) बोलने की क्षमता के पहले उसका बोध (कम्प्रिहेन्सन) विकसित करता है और वयस्क अन्य भाषा सीखने के दौरान मातृभाषा सीखने की प्रक्रिया को दुहराता है। भाषा शिक्षण में रूप और संरचना की तुलना में अर्थ पर अधिक बल देना अपेक्षित है। पर अर्थ का मतलब यह नहीं है कि बालक तथ्यों और वस्तुओं का अमूर्त रूप ग्रहण करे। इस विधि में अमूर्तीकरण की प्रक्रिया और शिक्षण में उसके उपयोग को काफी देर तक निलम्बित करना चाहिए क्योंकि ऐशर के अनुसार अमूर्तन प्रक्रिया विकोडीकरण (अर्थग्रहण) के लिए आवश्यक नहीं होती। आवश्यक होता है वस्तुओं का 'मानसिक चित्र' (मेन्टल पिक्चर)। यह मानसिक चित्र ही वस्तुओं के बोध का बीजमंत्र है।

इस विधि की सैद्धान्तिक मान्यताओं में प्रमुख तथ्य निम्नलिखित हैं—(1) भाषा अधिगम के लिए प्रत्येक व्यक्ति एक जैविक (बायालाजिकल) प्रोग्राम लेकर पैदा होता है; (2) यह जैविक प्रोग्राम भाषा सीखने की दिशा के लिए एक अनुकूलतम पथ (आप्टिमल पाथ) का निर्देश देता है; (3) यह 'अनुकूलतम पथ' मातृभाषा (प्रथम भाषा) और अन्य भाषा के लिए समान होता है; (4) भाषा सीखने की क्षमता और इस 'अनुकूलतम पथ' के बीच 'मनोभावजन्य फिल्टर' (एफेक्टिव फिल्टर) होता है जो मानसिक तनाव का कारण बनता है; (5) इस तनाव की मात्रा जिस अनुपात में कम होगी उसी अनुपात में बच्चे में भाषा अधिगम की क्षमता बढ़ेगी।

मौन विधि

इस शिक्षण विधि के प्रवर्तक कलेब कैटग्नो हैं जिन्होंने तरह-तरह की रंगीन

लकड़ी की छड़ियों के सहारे भाषिक इकाइयों के शिक्षण को सहज बनाने का प्रयत्न किया। मूल रूप में यह विधि इस बात पर बल देती है कि भाषा शिक्षण व्यापार में जहां तक हो शिक्षक को मौन रहना चाहिए और शिक्षार्थी को भाषा व्यवहार के लिए अधिक से अधिक प्रेरित करना चाहिए। इस सम्प्रदाय के अनुसार भाषा अधिगम की एक सहज दिशा होती है जिसे शिक्षार्थी को 'अन्वेषणात्मक सर्जन' के रास्ते से पता लगाना पड़ता है। इस रास्ते का सम्बन्ध भाषिक इकाइयों के याद करने या रटने से नहीं है। इस रास्ते की प्रकृति अपने मूल रूप में 'समस्या और उसके समाधान' के खोज की प्रक्रिया से जुड़ी होती है। अध्यापक का कार्य मात्र अनुस्तरित ढंग से भाषापरक समस्या को रखना है, समाधान का रास्ता शिक्षार्थी को अपने से निकालना होता है। यह विधि फ्रैंकलिन की इन उक्तियों का समर्थक है—(क) मुझे बताओ क्योंकि मैं बातें भूल जाता हूं, (ख) मुझे पढ़ाओ जिससे मैं बातें याद रख सकूं, और (ग) मुझे सहभागी बनाओ जिससे मैं (भाषा) सीख सकूं। इस विधि में अध्यापक न तो पथप्रदर्शक होता है और न ही व्याख्याता, वह तो शिक्षार्थी के साथ शिक्षार्थी बन उनका सहभागी होता है।

मौनविधि की भाषा शिक्षण सम्बन्धी तीन प्रमुख सैद्धान्तिक मान्यताएं हैं—

1. अनुकरण करने या संरचना के रटने की अपेक्षा नियमों के अन्वेषण या सर्जन भाषा अधिगम के लिए अधिक प्रभावी प्रक्रिया है,
2. शब्दों के साथ तत्सम्बन्धी भौतिक वस्तुएं एवं व्यापार अपने साहचर्य विधान के कारण भाषा अधिगम को अधिक सुलभ बनाते हैं, और
3. समस्या-समाधान (प्रोबलम साल्विंग) का रास्ता भाषा अधिगम का सर्वाधिक सहज रास्ता है।

समुदायपरक विधि

इस विधि के प्रवर्तक चार्ल्स ए. कुरन और उनके सहयोगी हैं जिन्होंने 'परामर्श विधान' के प्रारूप पर शिक्षण को नियोजित करने का प्रयत्न किया। इसमें अध्यापक शिक्षार्थी के लिए परामर्शदाता की भूमिका निभाते हुए मंत्रणा देकर उसकी सहायता करता है। उदाहरण के लिए छात्र एक घेरा बनाकर उसके भीतर बैठ जाते हैं जबकि अध्यापक एक परामर्शदाता के रूप में उस घेरे के बाहर खड़ा हो जाता है। शिक्षार्थी अपनी मातृभाषा में किसी संदेश को फुसफुसाकर कहता है, जिसका अध्यापक लक्ष्यभाषा में अनुवाद करता है। शिक्षार्थी फिर से अपने सन्देश को लक्ष्य भाषा में कैसेट पर दुहराता है, जिसे कक्षा के अन्य प्रतिभागी शिक्षार्थी सुनते हैं और उनमें संशोधन परिष्कार करते हैं। इस संशोधन में अध्यापक शिक्षार्थियों की मदद करता है और इस पूरी प्रक्रिया में शिक्षार्थियों को अपने प्रस्तावों पर पुनर्विचार करने के लिए प्रेरित करता है।

इस विधि को 'सम्पूर्ण व्यक्तित्व पद्धति' के नाम से भी जाना जाता है, क्योंकि सैद्धांतिक रूप में यह विधि न केवल अध्यापक और शिक्षार्थी को 'परामर्शदाता-ग्राहक' (काउन्सिलर-क्लायन्ट) युग्म के रूप में देखता है, बल्कि उस युग्म की दो इकाइयों को दो स्वतंत्र और स्वायत्त सत्ता के रूप में देखता है। दोनों अपने अनुभव-संसार की यथार्थता लेकर भाषा सीखने की ओर प्रवृत्त होते हैं। अन्तर्वैयक्तिक सम्बन्ध स्थापन के साथ इसमें भाषा अधिगम के कुछ निश्चित चरणों में शिक्षण को संचालित किया जाता है। ये चरण बालकों के भावजगत के विकास के अनुरूप होते हैं। (1) पहले चरण (जन्म-चरण) का सम्बन्ध सुरक्षा (सिक्युरिटी) के साथ होता है। (2) दूसरे चरण में शिक्षार्थी अपने परामर्शदाता (शिक्षक) से भिन्न व्यक्तित्व का अनुभव करता है और जैसे-जैसे उसकी भाषिक क्षमता का विकास होता चलता है उसमें इस अनुभव की तीव्रता में वृद्धि होती चलती है। (3) तीसरे चरण में वह अपने व्यक्तित्व का स्वामी होता है और स्वतंत्र रूप में भाषा का प्रयोग करता है। इस चरण में परामर्शदाता के दिए गए कुछ सुझावों की आलोचनात्मक दृष्टि से वह चर्चा करने की स्थिति में अपने को पाता है। (4) चौथे चरण में अपने भाषा प्रयोगों पर स्वयं आलोचना और टिप्पणी आमंत्रित करता है और उनका उत्तर देने के सामर्थ्य का परिचय देता है। (5) पांचवे चरण में वह शैली और औचित्य के सन्दर्भ में अपने कथन को परिष्कृत और संस्कारित करता है। इन पांचों चरणों को साधकर ही बालक एक प्रौढ़ व्यक्ति के रूप में भाषा व्यवहार में कुशलता प्राप्त करता है। इस सम्प्रदाय के अनुसार एक नई भाषा सीखने का अर्थ है एक नया जीवन जीना और एक नये व्यक्तित्व का स्वामी होना।

सांकेतिक विधि

इस विधि के प्रवर्तक बुल्गारिया के प्रसिद्ध मनोवैज्ञानिक लोज़ानोव हैं जिनके अनुसार व्यक्ति अपने जीवन के प्रारंभकाल से ही अतार्किक और अवचेतन मन के दबाव को अपने मन पर अनुभव करता है और उसकी अनुक्रिया के रूप में व्यवहार भी करता है। भाषा शिक्षण की सांकेतिक विधि भाषा अधिगम के इष्टतम रूप को पाने की दिशा में इस दबाव का सर्जनात्मक उपयोग करने के पक्ष में है। इस विधि के समर्थक एक ओर सोवियत मनोविज्ञान से प्रभावित हैं और दूसरी तरफ भारत वर्ष की योगविद्या से। वे मन के अवचेतन और चेतन अवस्था के बीच पहले सम्बन्ध स्थापन करते हैं और इनको एक क्रमिक रेखा में रखकर एकाग्रता और मनोयोग (अटेन्टिवनेस) को भाषा अधिगम का एक महत्त्वपूर्ण उपकरण बनाते हैं।

इस सम्प्रदाय में 'शब्द' व्याकरण की तुलना में अधिक महत्त्वपूर्ण हैं क्योंकि इसी के माध्यम से व्याकरण अपनी प्रकृति का उद्घाटन करता है। व्याकरण और कुछ

नहीं बल्कि 'शब्दानुशासन' है। दूसरा तथ्य यह है कि इस समुदाय में अनुभव के आधार पर 'पाठ संसक्ति' की बात की जाती है। पाठ संसक्ति को सम्प्रेषण क्षमता के रूप में ही समझा जा सकता है न कि आदत के रूप में अथवा नियमों की जानकारी के सन्दर्भ में। भाषिक और सम्प्रेषण क्षमता उसी प्रकार सीखी जा सकती है जिस प्रकार हिप्नासिस या मानसिक अन्य स्थितियों में संकेतों के आधार पर व्यक्ति के क्रिया-कलाप को नियंत्रित करना संभव है।

परिवीक्षण (मानिटर) विधि

स्टीफेन क्रैशन के नाम से सम्बद्ध भाषा शिक्षण का मानिटर माडल समसामयिक विधियों में सर्वाधिक चर्चित और लोकप्रिय विधि है। वस्तुतः क्रैशन पहले स्पेनिश भाषा के अध्यापक ट्रेसी टेरल के साथ जिस भाषा शिक्षण विधि के समर्थक थे उसको भाषा शिक्षण की 'सहज/प्राकृतिक' (नेचुरल) पद्धति के नाम से जाना जाता था। टेरल और क्रैशन ने भाषा शिक्षण की जिस सहज पद्धति की पहले नींव रखी, उसके मूल में था, भाषा शिक्षण की पारम्परिक(ट्रेडिशनल) प्रणाली, सम्प्रेषणपरक सन्दर्भों में भाषा प्रयोग, मातृभाषा की मध्यस्थता के बिना द्वितीय भाषा शिक्षण और व्याकरणिक विश्लेषण और संरचनात्मक ड्रिल तथा अभ्यास के बिना भाषा व्यवहार में दक्षता। इस सहज पद्धति में अभ्यास के स्थान पर लक्ष्य भाषा की भाषिक सामग्री से सीधे साक्षात्कार पर बल दिया जाता है और इस बात का आग्रह किया जाता है कि शिक्षार्थी भाषा के सक्रिय प्रयोग के पहले उस भाषा को पर्याप्त मात्रा में सुनने और समझने का प्रयत्न करें। भाषा के बोधात्मक पक्ष को केन्द्र में रखकर अन्य भाषाई कौशलों में दक्षता पैदा करने के पक्ष में यह पद्धति है। भाषा शिक्षण की सहज पद्धति एक ओर व्याकरण-केन्द्रित भाषा शिक्षा का निषेध करती है और दूसरी तरफ भाषा अर्जन के सिद्धान्त को स्वीकार करते हुए सम्प्रेषणपरक भाषाव्यवहार पर बल देती है। क्रैशन द्वारा प्रस्तावित 'मानिटर माडल' भाषा शिक्षण की इसी सहज विधि का स्वाभाविक विकास है।

मानिटर माडल भाषा अधिगम सम्बन्धी कुछ सिद्धांतों पर आधारित है जिसे क्रैशन ने प्रावकल्पना (हाइपोथिसीस) के रूप में प्रस्तुत किया है। इन प्राक्कल्पनाओं में निम्नलिखित पांच ध्यान देने योग्य हैं—

1. भाषा अर्जन एवं भाषा अधिगम प्राक्कल्पना

यह विधि भाषा अर्जन (एक्वजीशन) और भाषा अधिगम (लर्निंग) में अन्तर करती है। जो औपचारिक ढंग से सीखा जाता है वह उस प्रक्रिया से भिन्न होता है जिसे व्यक्ति सहज ढंग से अर्जित करता है। सहज और स्वाभाविक ढंग से प्राप्त 'अर्जित व्याकरण' अपनी प्रकृति और प्रयोजन में सायास ढंग से सीखे गए 'अधि-

गमित व्याकरण' से भिन्न होता है। इस मत के अनुसार सीखने वाले की भाषिक क्षमता में ये दो व्याकरण अपना अलग-अलग अस्तित्व रखते हैं।

जहां तक सायास रूप में सीखे गए 'अधिगमित व्याकरण' का सवाल है, उसका प्रयोग व्यक्ति निम्नलिखित तीन शर्तों को पूरा करने के बाद ही कर सकता है। (1) शिक्षार्थी के पास इतना समय हो कि वह मन में स्थित अधिगमित व्याकरण के नियमों के बारे में विचार कर सकें; (2) शिक्षार्थी व्याकरण को उसके नियमों के रूप में याद रख सके; (3) शिक्षार्थी व्याकरण के नियमों को उसकी रूप-व्यवस्था (फार्म) के रूप में ग्रहण कर सके। जहां तक स्वाभाविक रीति से प्राप्त 'अर्जित व्याकरण' का प्रश्न है वह शिक्षार्थी की भाषिक क्षमता में अनुक्त (टैसिट) ज्ञान के रूप में सिद्ध रहता है। इसकी प्रक्रिया मानव मन के अवचेतन स्तर पर चलती रहती है, विशेषकर उन स्थितियों में जब वह सार्थक सम्प्रेषण व्यापार में समझकर भाषा का प्रयोग करता है।

2. मानिटर प्राक्कल्पना

सचेत ढंग से सीखे गए व्याकरणिक नियम मात्र परिवीक्षण (मानिटर) का काम करते हैं जिसके सहारे शिक्षार्थी वाक्यों का सम्पादन और उसमें सुधार करता है। इसका उपयोग भाषा अर्जन के बाद ही संभव है। इसका प्रमुख कार्य निर्गत (आउटपुट) के रूप में प्रयुक्त वाक्यों को रूप के धरातल पर सुधारना और संशोधित करना है। इसके लिए यह आवश्यक है कि शिक्षार्थी व्याकरणिक नियमों को सचेतन भाव से जाने और याद रखे।

3. स्वाभाविक अनुक्रम प्राक्कल्पना

इसके अनुसार अचेतन व्यापार के रूप में अर्जित व्याकरण की इकाइयों का एक स्वाभाविक क्रम होता है। चाहे मातृभाषा का सवाल हो या अन्य भाषा के अर्जन का प्रश्न हो रूपिम, शब्द, पदबन्ध आदि की व्याकरणिक व्यवस्था एक निश्चित क्रम में ही सीखी जाती है। सीखने के समय दीखने वाली त्रुटियां भी इसी स्वाभाविक क्रम का प्रतिबिम्ब होती हैं।

4. आगत (इनपुट) प्राक्कल्पना

यह प्राक्कल्पना भाषाई सामग्री (जिनसे शिक्षार्थी का परिचय होता है) और भाषा अर्जन के सम्बन्धों की व्याख्या करती है। भाषाई सामग्री भाषा अर्जन उपकरण के लिए आगत (इनपुट) का काम करती है। इस सम्बन्ध में यह कहा जा सकता है कि भाषाई तथ्यों का बोध भाषार्जन प्रक्रिया में सहायक होता है और वह व्यक्ति की तत्सम्बन्धी भाषिक क्षमता के स्तर में वृद्धि करता है। इस प्रकार आगत

प्राक्कल्पना के अनुसार भाषा अर्जन एक गतिशील प्रक्रिया है जो स्तर I (भाषा अर्जित क्षमता) में 1 + 1 के रूप में एक स्वाभाविक ढंग से निर्धारित क्रम के साथ वृद्धि करता है। यह इस बात का भी निर्देश देता है कि धाराप्रवाह ढंग से बोलने की शिक्षा सीधे ढंग से नहीं दी जा सकती, बल्कि इस कौशल का विकास एक स्वाभाविक क्रम में तब होता है जब शिक्षार्थी आगत सामग्री के बोध की एक निश्चित क्षमता प्राप्त कर ले।

5. मनोभावात्मक फिल्टर प्राक्कल्पना

क्रैशन के अनुसार शिक्षार्क्षी की भावात्मक स्थिति एवं रागात्मक प्रवृत्ति एक ऐसे फिल्टर का काम करती है जिसका सीधा सम्बन्ध भाषा अर्जन की प्रक्रिया के साथ है। यह फिल्टर व्याकरण अर्जन में या तो बाधक बन रुकावट डालता है या उसे स्वाभाविक ढंग से चलने देता है। द्वितीय भाषा अर्जन के तीन ऐसे पक्ष हैं जिनका इस फिल्टर के साथ सीधा सम्बन्ध माना जाता है—(1) अभिप्रेरणा (मोटिवेशन), (2) आत्मविश्वास और (3) चिन्ता (एंक्जाइटी)। अभिप्रेरणा और आत्मविश्वास की अधिक मात्रा भाषा अर्जन में सहायक होती है जबकि वैयक्तिक या कक्षाजन्य चिन्ता की अधिक मात्रा उसकी अधिगम प्रक्रिया की स्वाभाविक गति के लिए बाधक होती है।

व्यतिरेकी विश्लेषण : सिद्धांत और अनुप्रयोग

व्यतिरेकी अध्ययन (कंट्रास्टिव स्टडी) का क्षेत्र, दो भाषाओं के बीच विभिन्न स्तरों पर पाई जाने वाली समानता और विषमता से संबद्ध भाषावैज्ञानिक सिद्धांत और विश्लेषण का क्षेत्र है। विश्लेषण के रूप में यह तुलनीय पक्षों के संदर्भ में दो भाषाओं की संरचना एवं इकाइयों के बीच की समानता और विषमता का पता लगाता है। भाषावैज्ञानिक सिद्धांत के रूप में यह वस्तुरूप में सिद्ध विभिन्न भाषाओं के बीच पाई जाने वाली समानता के आधार पर सार्वभौम व्याकरण (यूनिवर्सल ग्रामर) की खोज करता है।

अन्य भाषा शिक्षण के क्षेत्र में व्यतिरेकी अध्ययन का अपना एक विशिष्ट स्थान है। भाषाविज्ञान की अनुभववादी और संरचनात्मक धारा ने भाषाविज्ञान के जिस 'माडल' की संकल्पना की, उसके कार्यान्वियन में व्यतिरेकी अध्ययन की अपनी एक विशिष्ट भूमिका थी। अतः यहां संक्षेप में यह देख लेना अनुचित न होगा कि अनुभववादी संरचनात्मक भाषाविज्ञान की वे क्या मान्यताएं रही हैं जिनसे एक ओर तो व्यतिरेकी अध्ययन को बल मिला और दूसरी ओर अन्य भाषा शिक्षण के क्षेत्र में वह (व्यतिरेकी अध्ययन) एक प्रकार से अनिवार्य आवश्यकता बन गया। इस बात को यहां स्पष्ट कर लेना है कि पारंपरिक प्रणाली से भिन्न भाषा शिक्षण की नई प्रणाली केवल इसलिए वैज्ञानिक नहीं थी कि वह अपने कार्यान्वियन में भाषा प्रयोगशाला अथवा अन्य वैज्ञानिक तकनीकी उपकरणों का उपयोग करती थी। वह नई और वैज्ञानिक इस आधार पर मानी जा सकती है कि भाषा और भाषा शिक्षण को देखने की दृष्टि उसकी भिन्न थी और उस दृष्टि के पीछे भाषा-वैज्ञानिक सिद्धांतों की कतिपय नूतन मान्यताएं थीं।

भाषावैज्ञानिक सिद्धांतों की ये नूतन मान्यताएं पारंपरिक दृष्टिकोण से निम्न-लिखित संदर्भों में भिन्न मानी जा सकती हैं :

उच्चरित बनाम लिखित रूप

इस मान्यता के अनुसार भाषा का मूलाधार उसका उच्चरित रूप होता है न कि

उसका लिखित रूप।

विवरणात्मक (डिस्क्रिप्टिव) बनाम नियम-निर्देशात्मक (प्रेस्क्रिप्टिव)

इस मान्यता के अनुसार भाषा का मूलाधार उसके मातृभाषाभाषियों का वास्तविक वाक्-व्यापार होता है न कि भाषाप्रयोक्ताओं अथवा व्याकरणाचार्यों की शुद्ध-अशुद्धसंबंधी धारणा।

आदत (हैबिट) बनाम नियम-संहिता

इस मान्यता के अनुसार भाषा अपने मूल रूप में स्वभाव या आदत के रूप में सिद्ध मिलती है न कि व्याकरणसंबंधी अमूर्त नियम-संहिता के रूप में।

संरचना (स्ट्रक्चर) बनाम इकाई

इस मान्यता के अनुसार भाषिक इकाइयां अपने में स्वायत्त न होकर संरचनात्मक संबंधों के प्रकार्य (फंक्शन) के रूप में सिद्ध रहती हैं, अतः भाषा अपनी मूल प्रकृति में 'संरचना' अथवा 'व्यवस्था' है न कि इकाइयों का मात्र कोश।

रूपात्मक (फार्मल) बनाम संकल्पनात्मक (नोशनल) श्रेणियां

इस मान्यता के अनुसार भाषा की संरचनात्मक इकाइयां अपनी विशिष्टता एवं प्रकार्य की अभिव्यक्ति के लिए रूपात्मक (फार्मल) अभिलक्षणों से युक्त होती हैं अतः उनको समझने और परिभाषित करने का आधार रूपात्मक होता है न कि संकल्पनात्मक।

भाषाविशेष (लैंग्वेज स्पेसिफिक) बनाम सार्वभौम (यूनिवर्सल) व्याकरण

इस मान्यता के अनुसार भाषाएं एक दूसरे से अनगिनत रूप में भिन्न हो सकती हैं और यह भाषावैविध्य ही प्रत्येक भाषा के वैशिष्ट्य का कारण है जो अपने में यथार्थ और वास्तविक होता है, जबकि सार्वभौम व्याकरण, भाषा-अध्येताओं की मात्र परिकल्पित संकल्पना है।

भाषाई कौशल (लिंग्विस्टिक स्किल) बनाम भाषाज्ञान

इस मान्यता के अनुसार भाषा, व्यवहार के स्तर पर कौशल है, अतः भाषा शिक्षण का लक्ष्य इन कौशलों में दक्षता प्रदान करना होता है न कि भाषा के बारे में जानकारी देना।

इन मान्यताओं का भाषा शिक्षण के सिद्धांत और प्रणाली पर प्रभाव पड़ना स्वाभाविक था। अगर प्रत्येक भाषा की प्रकृति विशिष्ट है और यह विशिष्टता,

भाषाभेद के रूप में अनगिनत ढंग से सिद्ध मिल सकती है तब उसे समझने का आधार 'तुलना' ही हो सकता है। अन्य भाषाओं के साथ तुलना के आधार पर निर्धारित विभिन्नता के रूप में ही उसकी विशिष्टता को पकड़ना संभव हो पाता है। दूसरी तरफ भाषा अगर 'आदत' है और भाषाई व्यवहार के रूप में वह 'कौशल' है तब हर भाषा के प्रयोक्ता के स्वभाव के रूप में यह कौशल सिद्ध मिलेगा। भाषावैशिष्ट्य के संदर्भ में यह कहा जा सकता है कि स्वभाव अथवा आदत के रूप में सिद्ध ये भाषाई कौशल हर भाषा के प्रयोक्ताओं में एक विशिष्ट रूप (व्यवस्था) के अनुरूप होगा जो किसी दूसरी भाषा के प्रयोक्ताओं के स्वभाव अथवा आदत से कई अर्थों में भिन्न होगा। अन्य भाषा सीखने के समय शिक्षार्थी अपनी मातृभाषा (आधारभाषा) की संरचना का आदतन सीखी जाने वाली भाषा (लक्ष्यभाषा पर आरोपण या प्रक्षेपण करता है। अतः अन्य भाषा को सीखने की कठिनाइयों को अगर जानना है और भाषाशिक्षण को यथार्थपरक और प्रभावी बनाना है तब उन स्थितिविशेषों का पता लगाना होगा, जिसके आधार पर 'आधारभाषा' और 'लक्ष्यभाषा' के बीच व्याघात (इंटरफीअरेंस) की संभावना है और इसके साथ यह भी देखना होगा कि भाषा अधिगम प्रक्रिया के संदर्भ में इन व्याघातों की वास्तविक प्रकृति क्या होगी।

यह ध्यान देने की बात है कि व्याघात का स्थान, भाषा-प्रयोक्ता का वह मानसिक जगत है जहां दो भाषाएं अपनी विशिष्ट संरचनाओं के साथ संपर्क की स्थिति में आती हैं। दो भाषाओं के इस प्रकार संपर्क की स्थिति में आने के परिणामस्वरूप इन भाषाओं की संरचना में आनेवाले परिवर्तन को भाषाव्याघात कहा जाता है। भाषाव्याघात की प्रक्रिया से जो परिवर्तन देखने को मिलता है उसका आधार उस भाषा में विदेशी तत्त्वों के आरोपण से होने वाली उस भाषा की संरचना की पुनर्व्यवस्था होती है। भाषा शिक्षण के संदर्भ में यह कहा जा सकता है कि अन्य भाषा को सीखने के समय शिक्षार्थी आधारभाषा की संरचना अथवा संरचनात्मक इकाई को सीखी जाने वाली लक्ष्यभाषा पर आदतन अरोपित करता है जिसके परिणामस्वरूप लक्ष्यभाषा, एक विभिन्न प्रकार की संरचना के साथ सामने उभरती है जिसकी प्रकृति, लक्ष्यभाषा के मातृभाषा-भाषी प्रयोक्ताओं के व्यवहार में सिद्ध संरचना से भिन्न होती है। भाषा की मान्य संरचनात्मक प्रकृति से विचलन (डेविएशन) की यह प्रक्रिया ही वस्तुतः भाषाव्याघात है। यह भाषाव्याघात, भाषा के हर धरातल (अर्थात व्याकरण, शब्दकोष, ध्वनिव्यवस्था) पर मिलता है। चूंकि भाषाव्याघात के मूल में भाषावैविध्य (वैशिष्ट्य) होता है और चूंकि भाषाव्याघात भाषा के हर धरातल पर मिलता है अतः उसको समझने के लिए यह आवश्यक है कि शिक्षण के समय संपर्क की स्थिति में आने वाली दो भाषाओं की तुलना, विभिन्न धरातलों पर की जाए।

इसके पूर्व कि हम भाषाव्याघात की विभिन्न स्थितियों और प्रक्रियाओं पर विचार करें और भाषाव्याघात के संदर्भ में अन्य भाषा के सही रूप को सीखने की कठिनाइयों की चर्चा करें, यह आवश्यक है कि व्यतिरेकी विश्लेषण-प्रणाली के बारे में जानकारी प्राप्त कर ली जाए।

व्यतिरेकी विश्लेषण दो वस्तुओं के बीच पाई जाने वाली संरचनात्मक समानता और विषमता के निर्धारण का क्षेत्र है। अतः इसकी पहली आवश्यकता है कि दो वस्तुओं को 'एक साथ' ग्रहण किया जाए और 'एक साथ' ही उनके बीच की समानता और विषमता की खोज की जाए। समानता, दो वस्तुओं को मन में संयोजित करने का काम करती है जबकि विषमता उनको वियोजिन करने का। संयोजन (कंजंक्शन) और वियोजन (डिस्जंक्शन) दोनों ही दो वस्तुओं को तुलनीय बनाते हैं पर व्यतिरेक (कंट्रास्ट) अपना मूल्य वियोजनपक्ष से ग्रहण करता है। अत: व्यतिरेकी नियमों के समूह को वियोजन अथवा विप्रकृष्ट संहिता भी कहा जा सकता है।

किसी वस्तु का बोध हमें संयोजन और वियोजन के आधार पर ही होता है, अत: संयोजन और वियोजन संबंधी प्रक्रिया एक भाषा के भीतर भी चलती रहती है। भाषा की इकाइयां अपनी सार्थकता (सिग्निफिकेंस) इसी प्रक्रिया के आधार पर उद्भूत व्यतिरेकी मूल्यों के रूप में सिद्ध करती हैं। उदाहरण के लिए नीचे दी गई दो उक्तियों को लें :

पीला रंग बनाम नीला रंग

समानता (संयोजन का आधार) : [रंग]

विषमता (वियोजन का आधार) : शब्दस्तर पर (पीला बनाम नीला)

ध्वनिस्तर पर (प् बनाम न्)

व्यतिरेक विश्लेषण हमेशा तुलनीयता के आधार की अपेक्षा रखता है। तुलनीयता के इस आधार को व्यतिरेकी अक्ष (एक्सिस आफ कंट्रास्ट) कहा जा सकता है। उदाहरण के लिए नीचे दिए गए शब्दयुग्मों को लें :

(क) पल बनाम बल।

(ख) पल बनाम फल।

(ग) लड़का बनाम लड़की।

(घ) आदमी (पुरुष) बनाम औरत (स्त्री)।

ध्वनि के स्तर पर (क) और (ख) शब्दयुग्मों में संयोजक तत्त्व (समानता) [—अल] है और वियोजक तत्त्व (विषमता) (क) में [प् बनाम ब्] (ख) में [प् बनाम फ्] है। (क) और (ख) शब्दयुग्मों के व्यतिरेकी अक्ष (तुलनीयता का आधार) पर ध्यान दें तो (क) में वह 'घोषत्व' और (ख) में 'महाप्राणत्व' के रूप में सिद्ध मिलता है। दूसरे शब्दों में कहें तो 'पल बनाम बल' शब्दयुग्म, घोषत्व

और 'पल बनाम फल' शब्दयुग्म, महाप्राणत्व लक्षण के आधार पर तुलनीय हैं। वियोजक लक्षण की सार्थकता इस तथ्य में है कि घोषत्व अक्ष पर (प) अघोष [—घोष] है और ब सघोष [+घोष] या (ख) शब्द युग्म के संदर्भ में देखें तो (प) अल्प प्राण [—महाप्राण] है और (फ) महाप्राण [+महाप्राण] है। विषमता को सार्थक सिद्ध करने वाले ऐसे लक्षण को 'प्रभेदक लक्षण' (डिस्टिंक्टिव/कंट्रास्टिव फीचर) कहा जाता है।

जैसा ऊपर संकेत दिया गया है दो वस्तुएं (A और B) अपनी तुलनीयता के आधार पर (R) पर ही एक दूसरे से संबद्ध हो पाती हैं। अत: यह कहा जा सकता है कि :

[A//R (के आधार पर) //B] से संबद्ध है।

और R वस्तुत: व्यतिरेकी अक्ष है जो प्रभेदक लक्षण [r] (जैसे ध्वनि के स्तर पर घोषत्व, महाप्राणत्व आदि) में अपना अर्थ पाता है। यथा :

[A//r (R) //B]

[पल और बल] शब्दयुग्मों के संदर्भ में इनके संबंध (तुलनीय पक्ष) और व्यतिरेक को निम्नलिखित रूप से व्यक्त किया जा सकता है :

[प] $//r_1 R r_2//$ [ब] अथवा प (r_1) R (r_2) ब

R = घोषत्व, r_1 = [अघोष], r_2 = [सघोष]

अगर शब्दयुग्म (घ) पर ध्यान दें तो ये शब्द भी आपस में संबद्ध माने जा सकते हैं। पर इनमें तुलनीयता के आधार को हम ध्वनिपक्ष में निहित नहीं पाते। ये अर्थ और व्याकरण के पक्षों द्वारा एक दूसरे से जुड़े हैं। व्यतिरेकी पक्ष के माध्यम से इनके संबंध एवं व्यतिरेक को निम्न... रीति से व्यक्त करना संभव है।

आदमी $//r_1 R r_2//$ औरत अथवा आदमी $[r_1]$ R $[r_2]$ औरत जहां R = लिंग, r_1 = पुल्लिग और r_2 = स्त्रीलिंग है। अर्थात इस शब्दयुग्म में समता का आधार 'लिंग' है पर ये एक दूसरे से भिन्न इस अक्ष पर इसलिए हैं कि एक पुंल्लिग है और दूसरा स्त्रीलिंग। अर्थ और व्याकरण के धरातल पर इसी तरह की भिन्नता हमें (ग) शब्दयुग्म (लड़का बनाम लड़की) में भी मिलती है। पर यह शब्दयुग्म, ध्वनि के स्तर पर भी आपस में संबद्ध हैं क्योंकि इनमें (लड़क्) तत्त्व समान है और विभेद (आ बनाम ई) स्वरों की प्रकृति में सन्निहित है।

यहां यह तथ्य भी स्पष्ट कर देना आवश्यक है कि तुलनीयता के आधार के लिए लाए गए 'लक्षण' (फीचर्स) या 'इकाइयां' (यूनिट्स) वस्तुत: वस्तुनिरपेक्ष होती हैं। वे तुलनीय वस्तु की अपनी चीज नहीं होतीं अपितु तुलनीय वस्तु के निरूपण और उसकी प्रकृति के प्रकाशन के निमित्त प्रयुक्त निरूपक भाषा (मेटा लैंग्वेज) की इकाइयां होती हैं। अत: 'घोषत्व', 'महाप्राणत्व', 'लिंग' आदि तुलनीयता के आधार की विभिन्न इकाइयां/लक्षण वस्तुत: निरूपक भाषा के उपांग

हैं और यही कारण है कि इन इकाइयों/लक्षणों को किसी भी भाषा पर लागू या घटित किया जा सकता है। इनकी परिभाषा भी इसीलिए भाषाविशेष के घटकों (कांस्टीचुएंट्स) की प्रकृति से प्रभावित नहीं होती। वस्तुत: दो भाषाओं की तुलना इसीलिए वैज्ञानिक रीति से संभव हो पाती है क्योंकि तुलनीयता के आधार निर्विकल्प और विकार रहित होते हैं।

व्यतिरेकी विश्लेषण की पूर्व पीठिका के रूप में दो तथ्य आवश्यक हैं :

1. निरूपक भाषा,
2. आधार (बेस) भाषा (L_1) और लक्ष्य (टार्गेट) भाषा (L_2) का विवरण।

यह ध्यान देने की बात है कि संप्रति भाषाविज्ञान के क्षेत्र में विभिन्न सिद्धांत और एक ही चिंतनधारा से संबद्ध सिद्धांत के विभिन्न प्रारूप (माडल) प्रचलित हैं। व्यतिरेकी विश्लेषण की यह अनिवार्य अपेक्षा है कि L_1 और L_2 के विवरण, एक ही सिद्धांत और एक ही माडल के आधार पर किए हों। तुलनीयता के समान आधार को विभिन्न सिद्धांतों एवं माडलों के द्वारा स्थापित करना संभव नहीं।

व्यतिरेकी विश्लेषण की प्रक्रिया के संदर्भ में उसके निम्नलिखित चरण निर्धारित किए जा सकते हैं :

1. तुलनीयता के आधार का निर्धारण
2. तुलनीयता (संयोजक और वियोजक तत्त्वों का अनुसंधान)

इस तथ्य पर ध्यान देना आवश्यक है कि दो भाषाओं की तुलना का अर्थ उन भाषाओं की संरचना (स्ट्रक्चर) की तुलना से रहता है। भाषाओं की संरचना, इकाई के रूप में मानकर ही की जा सकती है। अत: व्यतिरेकी विश्लेषण 'संरचनात्मक इकाइयों' के बीच तुलना को अपना आधार बनाता है। ये संरचनात्मक इकाइयां भाषाई व्यवस्था के विभिन्न स्तरों पर सिद्ध मिलती हैं, यथा : स्वनिम, रूपिम, शब्द, पदबंध, उपवाक्य, आदि। अत: दो भाषाओं की तुलना स्तरबद्ध भाषाई व्यवस्था की संकल्पना को सामने उभारते हैं। अर्थात अगर L_1 और L_2 का व्यतिरेकी विश्लेषण करना है तो संपूर्ण भाषा रूप में L_1 और L_2 की तुलना का अपना कोई अर्थ नहीं निकलता। उनके बीच की तुलना L_1 और L_2 की स्वनिम अथवा ध्वनिव्यवस्था के बीच संभव है। L_1 और L_2 के क्रियापदबंधों की व्यवस्था के बीच अथवा अन्य संरचनाओं की व्यवस्था के बीच यह संभव है कि L_x और L_y के बीच ध्वनि स्तर पर समानता, उनके क्रियापदबंधों की तुलना में सापेक्षतया अधिक हो जबकि L_x और L_2 के बीच क्रियापदसंबंधों के स्तर पर समानता, ध्वनिव्यवस्था की तुलना में अधिक हो। अत: यह कहा जा सकता है कि दो भाषाओं का व्यतिरेकी विश्लेषण संरचनात्मक इकाइयों के रूप में विभिन्न स्तरों पर सिद्ध भाषाई व्यवस्था के बीच समानता और विषमता का विश्लेषण क्षेत्र है।

उदाहरण के लिए हिंदी और अंग्रेजी भाषाओं के व्यतिरेकी विश्लेषण के लिए यह आवश्यक है कि तुलनीयता के आधार का निर्धारण हम उनके विभिन्न स्तरों पर पाई जाने वाली व्यवस्था के संदर्भ में करें, यथा : ध्वनिस्तर पर स्पर्श व्यंजनों की व्यवस्था।

हिंदी भाषा

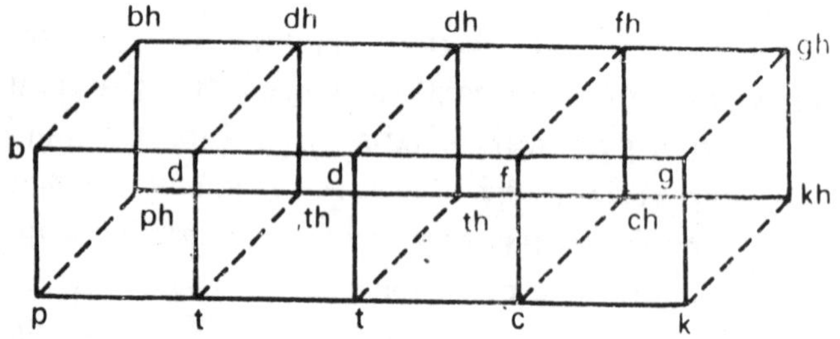

अंग्रेजी भाषा

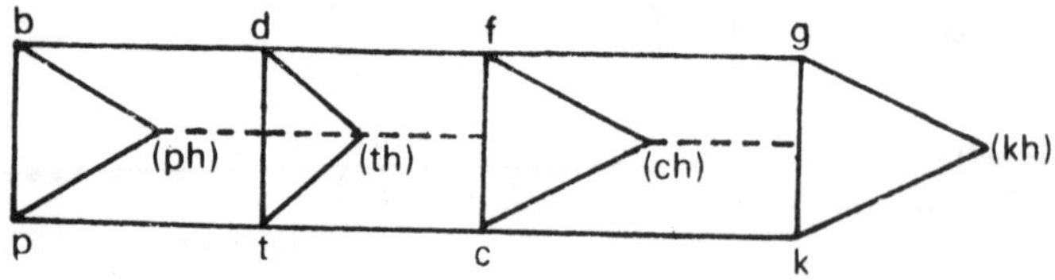

व्यतिरेकी अक्ष (तुलनीय आधार R)

उच्चारण अक्ष : हिंदी में पांच (द्वयोष्ठ्य, दंत्य, मूर्धन्य तालव्य और कंठ्य); अंग्रेजी में चार (द्वयोष्ठ्य, दंत्य, तालव्य और कंठ्य)।

घोषत्व : हिंदी में प्रत्येक उच्चारण स्थान पर दो स्वनिम इकाइयां (अल्पप्राण सघोष) और (महाप्राण सघोष); अंग्रेजी में उच्चारण स्थान पर केवल एक स्वनिम इकाई (अल्पप्राण सघोष)।

महाप्राणत्व : हिंदी में प्रत्येक उच्चारण स्थान पर दो स्वनिम इकाइयां (अघोष महाप्राण) और (सघोष महाप्राण); अंग्रेजी में उच्चारण स्थान पर सहस्वन स्तर की एक इकाई (अघोष महाप्राण)।

संख्या : हिंदी स्वनिम स्तर पर 20 इकाइयां अंगरेजी में स्वनिम स्तर पर 8 और सहस्वन स्तर पर 4।

इसी प्रकार व्यक्तिवाचक सर्वनामों की व्यवस्था का व्यतिरेकी विश्लेषण संभव है। यथा :

	एक वचन	बहुबचन
प्रथम पुरुष	मैं	हम
मध्य पुरुष	तू	तुम आप
अन्य पुरुष	यह वह	ये वे

एक वचन	बहुवचन
I	We
You	You
He She It	They

व्यतिरेकी अक्ष

मध्यम पुरुष : हिंदी में वचन के आधार पर तीन इकाइयां---तू, तुम और आप; अंग्रेजी में वचन के आधार पर एक इकाई—you

अन्य पुरुष : हिंदी में समीपवर्ती और निकटवर्ती सर्वनाम के आधार पर भेद यह-वह, ये-वे;
अंग्रेजी में एकवचन सर्वनाम का लिंग के आधार पर त्रिवर्गीय विभाग, he (पुल्लिग), she (स्त्रीलिंग) और it (नपुंसक लिंग)

संख्या : हिंदी में 9 और अंग्रेजी में 7।

यहां यह भी ध्यान देने की आवश्यकता है कि तुलनीय आधार (R) को रूपात्मक संदर्भ में भी रखा जा सकता है और संकल्पात्मक अथवा संकेतार्थ के आधार पर भी। अर्थात :

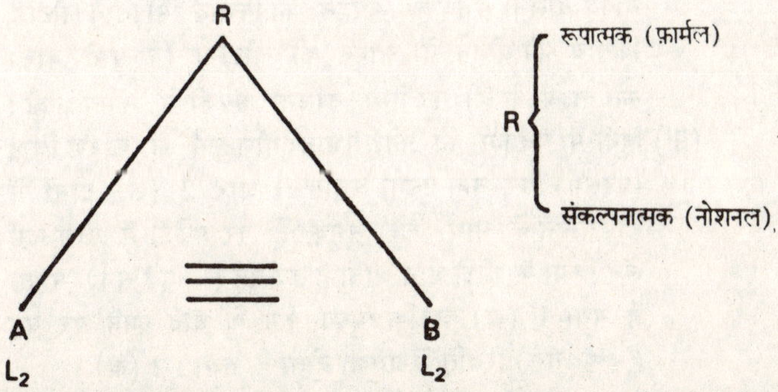

संकेतार्थ के आधार पर हिंदी में मध्यम पुरुष (एक व्यक्ति) को तीन रूपों में व्यक्त करना संभव है—तू, तुम और आप, और अन्य पुरुष (एक व्यक्ति) को दो रूपों

में —यह, ये, वह, वे। यह, ये अथवा वह, वे का अंतर वस्तुतः [+आदरार्थ] से संबद्ध है। [+आदरार्थ] बहुवचन की संकल्पना के साथ जुड़ा हुआ है। मध्य-पुरुष के संदर्भ में यह शब्दरूप में विभेद का कारण भी है, यथा : तुम बनाम आप, पर अन्य पुरुष में यह बहुवचन के रूपात्मक प्रयोग को ही अपना माध्यम बनाता है। यही कारण है कि नीचे दिए गए वाक्य अनेकार्थी (संदिग्ध) हो जाते हैं :

(क) 'वे' अब यहां लौटे।

(ख) 'ये' भी नियंत्रित।

यहाँ 'वे' और 'ये'—'वह' और 'यह' के आदरार्थ सूचक रूप भी हो सकते हैं तथा वह और यह के मात्र बहुवचन प्रयोग भी।

अंग्रेजी के साथ तुलना करने पर यह स्पष्ट हो जाता है कि संकेतार्थ के रूप में एक व्यक्ति को संकेतित करने वाला मध्यम अथवा अन्य पुरुष के रूप में [+आदरार्थ] जैसा वहां कोई अंतर नहीं मिलता।

व्याकरणिक संरचना के संदर्भ में अगर कर्त्ता, कर्म (मुख्य), कर्म (गौण) और क्रिया के संयोजन को व्यतिरेकी अर्थ बनाकर देखें तो हिंदी और अंग्रेजी के निम्न-लिखित दो वाक्ययुग्मों के आधार पर कई निष्कर्ष निकाले जा सकते हैं :

1. (क) मोहन ने सोहन को किताब लौटाई।

   (ख) Mohan returned to Sohan the book.

2. (क) मोहन ने किताब सोहन को लौटाई।

   (ख) Mohan returned the book to Sohan.

पदक्रम : (i) हिंदी में पदक्रम की संरचनात्मक प्रकृति कर्त्ता-कर्म-क्रिया है जबकि अंग्रेजी में कर्त्ता-क्रिया-कर्म।

(ii) हिंदी में पदक्रम सापेक्षतया अधिक मुक्त हैं क्योंकि उसमें ऐसे वाक्य बोलना संभव है—सोहन को किताब मोहन ने लौटाई, किताब को मोहन ने सोहन को लौटाया (ये सभी वाक्य कर्तृवाच्य के हैं) पर ऐसा बोलना अंग्रेजी में संभव नहीं।

(iii) हिंदी में पदक्रम, का कोई प्रभाव गौण कर्म के कारण चिह्न (परसर्ग) पर नहीं पड़ता अर्थात 1 और 2 (क) दोनों में ही सोहन के साथ 'को' संयुक्त है पर अंग्रेजी में गौण कर्म जब क्रिया के शीघ्र बाद आता है तब वह (—पूर्व सर्ग) रहता है यथा 1 (ख) जबकि मुख्य कर्म के बाद आने पर वह (+पूर्वसर्ग) स्थिति में प्रयुक्त होता है, तथा : 2 (ख)।

इधर रूपांतरण व्याकरण ने व्यतिरेकी विश्लेषण को एक नया संदर्भ दिया है। रूपांतरण व्याकरण के अनुसार भाषाओं की संरचनात्मक व्यवस्था, दो स्तरों पर सिद्ध मिलती है : (1) आभ्यंतर संरचना (डीप स्ट्रक्चर) और (2) बाह्य

संरचना (सरफेस स्ट्रक्चर)। आभ्यंतर संरचना वस्तुतः भाषानिरपेक्ष (सार्वभौम) आधारभूत नियमों (बेस रूल्स) से संबद्ध होती है, अतः इस स्तर पर दो भाषाएं एक दूसरे के समान होती हैं। किसी वाक्य के आभ्यंतर और बाह्य संरचना, रूपांतरण नियमों (ट्रांसफार्मेशनल रूल्स) के माध्यम से जुड़े होते हैं। दूसरे शब्दों में कहें तो ये रूपांतरण नियम ही हैं जो आभ्यंतर संरचना को बाह्य संरचना में परिवर्तित करते हैं। दो भाषाओं की संरचना अगर आभ्यंतर स्तर पर समान है और उनमें विभिन्नता का आधार अगर बाह्य स्तर की संरचना है तब निष्कर्षतः यह कहा जा सकता है कि इनमें दिखने वाले भेद सतही हैं (अर्थात भाषाएं मूलतः समान अर्थात समरूपी होती हैं) और इन भेदों का मूल कारण रूपांतरण नियम है और उनके प्रयोग हैं। अतः भाषाविज्ञान की रूपांतरणवादी धारा के अनुसार तुलना का वास्तविक क्षेत्र न तो संरचना है और न ही संरचनात्मक इकाई, अपितु वह 'रूपांतरण नियम' है।

रूपांतरवादी धारा की यह मान्यता है कि वह अपने माडल द्वारा केवल तुलना ही प्रस्तुत नहीं करती, वरन तुलना के लिए एक अंतर्दृष्टि भी देती है। वह यह भी मानती है कि अपने माडल द्वारा यह भी बताने में वह समर्थ है कि किन नियमों के बीच तुलना का होना अपेक्षित है। वह यह मानती है कि संरचनात्मक विवरण (स्ट्रक्चरल डेस्क्रिप्शन) और संरचनात्मक परिवर्तन (स्ट्रक्चरल चेंज) दो भिन्न प्रकार के कार्य करते हैं। किसी वाक्य का संरचनात्मक विवरण आभ्यंतर और बाह्य दोनों ही स्तर पर देखने को मिलता है और संरचनात्मक परिवर्तन, उन रूपांतर नियमों से संबद्ध है जो आभ्यंतर संरचना को बाह्य संरचना में रूपांतरित करते हैं।

वाक्य आभ्यंतर संरचना — संरचनात्मक विवरण$_1$ (SD_1)

रूपांतरण नियम { ☐ / ☐ संरचनात्मक परिवर्तन (SC) / ☐ }

बाह्यः संरचना : संरचनात्मक विवरण$_2$ (SD_2)

आभ्यंतर संरचना का विवरण रूपांतरण नियमों के निर्धारित क्षेत्र को बतलाता है। उदाहरण के लिए अगर किन्हीं दो भाषाओं के संबंध वाचक उपवाक्यों की तुलना करनी हो, तो यह तुलना उन्हीं वाक्यों के बीच करनी चाहिए जिनकी आभ्यंतर संरचना का विवरण पृष्ठ 126 पर दिए आरेख के अनुसार हो।

भाषा शिक्षण के संदर्भ में व्यतिरेकी विश्लेषण के महत्त्व पर ध्यान देने पर उसकी कई उपलब्धियां सामने आती हैं जिनमें निम्नलिखित महत्वपूर्ण हैं :

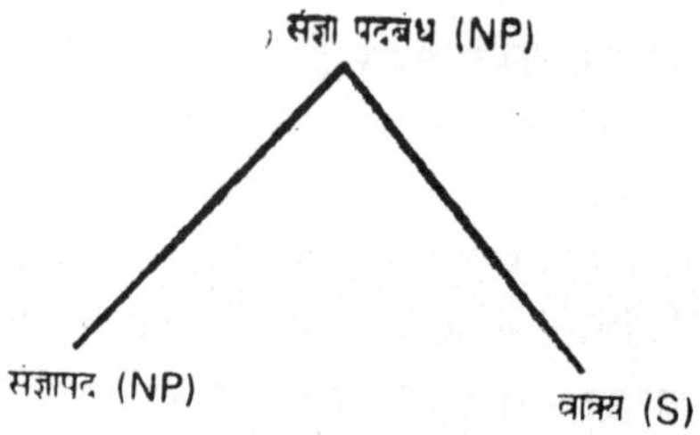

भाषा-व्याघात का आधार : व्यतिरेकी विश्लेषण यह संकेत देता है कि अन्य भाषा सीखने के समय आधार भाषा के संपर्क में आने के परिणामस्वरूप लक्ष्य भाषा में किस प्रकार के व्याघात होने की संभावना है।

कठिनाइयों के अधिक्रम (हेरार्की आफ डिफिकल्टीज) का आधार

अन्य भाषा सीखने की प्रक्रिया में भाषा व्याघात से आने वाली कठिनाइयों के अधिक्रम के निर्धारण का यह आधार प्रस्तुत करता है। व्यतिरेकी अध्ययन के समर्थक यह मानते हैं कि अन्य भाषा सीखने के समय भाषाप्रयोक्ता अपनी आधार-भाषा के अभिलक्ष्य आदतन लक्ष्यभाषा पर आरोपित या स्थानांतरित (ट्रांसफर) करता है। व्यतिरेकी विश्लेषण यह संकेत देता है कि आरोपण किन स्थितियों में होता है, इस आरोपण या स्थानांतरण की प्रक्रिया क्या है और वह लक्ष्य भाषा को सीखने में किस प्रकार की कठिनाइयां उपस्थित करता है अर्थात विभिन्न प्रकार के स्थानांतरण के कारण भाषा सीखने के समय होने वाली कठिनाइयों का अधिक्रम क्या है ?

शिक्षण का आधार : भाषा व्याघात और कठिनाइयों के अधिक्रम के आधार पर यह शिक्षकों को पाठबिंदुओं के निर्धारण में सहायता करता है। वह चयन (सेलेक्शन) और अनुस्तरण (ग्रेडेशन) का आधार प्रस्तुत करते हुए लक्ष्य भाषा के वैज्ञानिक व्याकरण को शैक्षिक (पेडागाजिकल) व्याकरण में रूपांतरित करने में सहायता देता है। भाषा सीखने में आने वाली कठिनाइयों के अधिक्रम के संदर्भ में वह यह निर्देश देता है कि शिक्षक किसी पाठबिंदु पर कितना बल दे। इसी प्रकार वह पाठ अभ्यास (एक्सरसाइज) के बनाने में भी सहायक है।

इधर विद्वानों ने व्यतिरेकी विश्लेषण की उपादेयता पर अनेक प्रकार की शंकाएं उठाई हैं। भाषा शिक्षण के संदर्भ में उनकी निम्नलिखित सीमाएं द्रष्टव्य हैं :

1. व्यतिरेकी विश्लेषण द्वारा अनुमानित व्याघात की संकल्पना संदेहास्पद है क्योंकि विभिन्न सिद्धांतों एवं माडलों के आधार पर आधार भाषा और लक्ष्य-

भाषा के विवरण के भिन्न होने के कारण अनुमानित व्याघात भी भिन्न हो जाएंगे। भिन्न प्रकार के माडल भिन्न प्रकार की तुलनीयता के आधार निर्धारित करेंगे। जिनके फलस्वरूप दो भाषाओं की भिन्नता दो ढंग से उभर कर आएगी। इस भिन्नता के आधार पर अनुमानित कठिनाइयों का अधिक्रम भी भिन्न होगा।

2. व्यतिरेकी विश्लेषण के आधार पर निर्धारित भाषा वैषम्य और भाषा सीखने की कठिनाइयों में कोई सीधा संबंध निर्धारित नहीं किया जा सकता। जिस अनुपात में भाषा वैषम्य होगा, यह आवश्यक नहीं कि उसी अनुपात में भाषा सीखने में कठिनाई भी हो। यह भी संकेत दिया जा सकता है कि बोलने और लिखने (प्रोडक्शन) के क्षेत्र की कठिनाइयां, भाषा समझने (रिसेप्शन) की कठिनाइयों से भिन्न होंगी, जिसकी ओर व्यतिरेकी विश्लेषण संकेत देने में समर्थ नहीं।

3. व्यतिरेकी विश्लेषण, भाषा सीखने में आने वाली कुछ ही कठिनाइयों का पता दे सकने में समर्थ हैं। भाषा सीखने की कई ऐसी कठिनाइयां हैं जो लक्ष्य-भाषा की अपनी प्रकृति और जटिलता का परिणाम होती हैं अथवा जिनका संबंध भाषा सीखने की सामान्य प्रक्रिया से जुड़ा होता है।

4. व्यतिरेकी विश्लेषण यह मानकर चलता है कि भाषा सीखने में आने वाली कठिनाइयों को आधार भाषा और लक्ष्य भाषा की समानता और बिषमता की सीमा के भीतर ही समझा जा सकता है। पर यह देखा गया है कि भाषा सीखने की कुछ कठिनाइयां उस भाषिक व्यवस्था की संरचना से संबद्ध होती हैं जो न तो आधार भाषा की मानी जा सकती है और न लक्ष्य भाषा की।

5. व्यतिरेकी विश्लेषण शिक्षक और शिक्षण सामग्री को केंद्र में रखकर किसी भाषा के व्याकरण को शैक्षिक व्याकरण में रूपांतरित करता है। पर भाषा शिक्षण केंद्रक (लोकस) के रूप में शिक्षार्थी या भाषा प्रयोक्ता होता है।

यह ठीक है कि आज व्यतिरेकी विश्लेषण के सिद्धांत, प्रयोजन और प्रणाली पर कई आक्षेप उठाए जा रहे हैं। इसमें भी संदेह नहीं कि उस पर उठाए गए कई आक्षेप उसकी उपयोगिता पर प्रश्न चिह्न लगाते हैं। पर इसके साथ यह भी एक निर्विवाद सत्य है कि आज भी भाषा शिक्षण, व्यतिरेकी विश्लेषण के आधार पर निकाले गए निष्कर्षों की उपेक्षा करने की स्थिति में नहीं है।

अभिरचना अभ्यास और क्रमादेशी अधिगम

भाषा शिक्षण में 'व्याकरण' का क्या स्थान हो—इस पर विद्वान एक मत नहीं। व्याकरण अनुवाद विधि के विरोध में स्वीकृत 'प्रत्यक्ष विधि' (मौखिक वार्तालाप विधि) ने व्याकरणिक नियमों को स्मृति अंकित करने की प्रवृत्ति को अव्यावहारिक बताया। इस धारा के विद्वानों का यह मत रहा है कि जिस तरह से बच्चा मातृ-भाषा को भाषा के सीधे संपर्क में आकर बिना किसी व्याकरण की पुस्तक की सहायता से सीखता है उसी प्रकार अन्य भाषा को भी सीखना अधिक स्वाभाविक है। भाषा का व्याकरण तो भाषा के बारे में बताता है और भाषा के बारे में पढ़ना-पढ़ाना, भाषा सीखने से एक भिन्न प्रक्रिया है। उनके मत में व्याकरण भाषा वस्तु की व्याख्या में सहायक हो सकता है, वह भाषा वस्तु के बारे में जिज्ञासा को संतुष्ट करने में मदद कर सकता है, पर स्वयं भाषा सीखने की प्रक्रिया में इसका कोई हाथ नहीं होता।

जिस संदर्भ में प्रत्यक्ष विधि के समर्थकों ने 'व्याकरण' को समझा और उसका विरोध किया, वह वस्तुतः व्याकरणकारों द्वारा भाषा संबंधी नियमों का संकलन था। व्याकरण का यह रूप भाषा से बाहर रहकर देखने की दृष्टि का परिणाम था। भाषा से बाहर रहकर जब व्यक्ति भाषा के बिखरे तथ्यों को संयोजित कर समझने का प्रयास करता है, तो वह भाषा पर अपने नियम आरोपित करता है ताकि वह भाषा का व्यवस्थित ढंग से अध्ययन कर सके, उनको व्यवस्थाबद्ध रूप में समझ सके। विद्वानों द्वारा प्रस्तावित एवं निर्धारित ऐसे व्याकरणिक नियमों का संबंध भाषा अधिगम प्रक्रिया से जोड़ना उचित नहीं क्योंकि ये न तो भाषा के अपने नियम होते हैं और न ही भाषा प्रयोक्ता के।

बाद में चलकर भाषा वैज्ञानिकों ने भाषा के भीतर रहकर उसकी व्यवस्था को समझने का प्रयत्न किया। उनके अनुसार भाषा की व्यवस्था स्वयं भाषा की आंतरिक प्रकृति है। इस मत के समर्थक विद्वानों ने यहां तक संकेत दिया कि भाषा स्वयं में एक संरचना है। यही संरचना, भाषा को व्यवस्थित बनाए रखती है। यह संरचनाजन्य व्यवस्था भाषा की अपनी चीज है, और वह उसके बिखरे

तत्त्वों के भीतर स्थित होती है। चाहे भाषा पर काम करने वाले विद्वान उसका पता लगाएं अथवा न लगाएं, वह भाषा की ही अपनी सिद्ध वस्तु है। बच्चे अपने मन की स्वाभाविक आगमनात्मक (इंडक्टिव) सामान्यीकरण प्रक्रिया द्वारा संरचनात्मक व्यवस्था तक पहुंचने के प्रयत्न में भाषा के नियम सीखते चलते हैं। अतः जिन बच्चों ने व्याकरण को कभी पढ़ा न हो, वे भी संरचनात्मक नियमों का उपयोग करते पाए जाते हैं। आगमनात्मक रीति से सामान्यीकृत नियमों का यह प्रभाव ही माना जाएगा कि अंग्रेजी भाषा सीखते समय बच्चा भूतकाल के वाक्य में इस प्रकार का प्रयोग करता पाया जाता है: (He goed (went)'। इस प्रकार की त्रुटि के मूल में वस्तुतः 'Slowed', 'Talked', 'Worked' आदि क्रियाओं के आधार पर सामान्यीकृत नियम ही है जो 'go' क्रिया में भी उसके भूतकालिक रूप सिद्धि के लिए 'ed' का संयोग करने की ओर बच्चे को प्रवृत्त करता है। इसी प्रकार की भूल बच्चे हिंदी सीखते समय करते हैं जब वे 'लड़का, बेटा, घोड़ा,' आदि शब्दों के अविकारी बहुवचन रूप 'लड़के, बेटे, घोड़े' और विकारी बहुवचन रूप 'लड़कों, बेटों, घोड़ों' के वजन पर 'दादा' शब्द के बहुवचन रूप को भी 'दादें' और 'दादों' के रूप में बोलते हैं। बच्चों की ये भूलें इस ओर संकेत देती हैं कि बच्चा, भाषा की अपनी व्यवस्थाजन्य संरचना का पता लगाते समय (अर्थात भाषा अधिगम प्रक्रिया के दौरान) उसे एक अभिरचना (पैटर्न / सांचे) में ढालता है। ये भूलें इस ओर भी संकेत देती हैं कि भले ही हम बच्चों को व्यवस्थाजन्य संरचना का व्यक्त ज्ञान व्याकरण नियमों के रूप में न दें, वह इस अभिरचना का निर्माण अज्ञात भाव से (स्वाभाविक रूप में) करता रहता है और उसे भाषाव्यवहार में सिद्ध करता चलता है। वह इसका इतना अभ्यस्त भी हो जाता है कि एक-दो बार उसकी भूल की ओर संकेत देने पर भी वह उसको सुधार नहीं पाता। (अर्थात ऐसी भूलों को तभी वह सुधार पाता है जब वह व्यवस्था के भीतर उपव्यवस्था अर्थात संरचनात्मक अभिरचना के भीतर ही एक उपसंरचनात्मक अभिरचना का निर्माण कर लेता है।)

संरचनात्मक अभिरचना निर्माण के पीछे एक ओर आगमनात्मक रूप में सामान्यीकरण की प्रक्रिया काम करती है और दूसरी ओर सादृश्य या साम्यानुमान (एनालाजी) की प्रक्रिया। यह तथ्य भी ध्यान देने योग्य है कि ये प्रक्रियाएं, भाषा के हर संभव स्तर पर चलती हैं। शब्दरूप, विशेषण-संज्ञा अन्विति, संज्ञा-क्रिया अन्विति आदि सभी व्याकरणिक संदर्भों में हम साम्यानुमान पर आश्रित भूलों को बच्चों की भाषा में देख सकते हैं। यथा :

(क) तुम खेल लो	—	तुम खेला (—खिला) लो
तुम भेज दो	—	तुम भेजवा (भिजवा) दो
तुम बेच दो	—	तुम बेचवा (बिचवा) दो

(ख) वह पढ़ गया — वह पढ़ा गया
वह समझ गया — वह समझा गया
वह जान गया — वह जना गया

(ग) छोट लड़का — छोटी लड़की
मोटा लड़का — मोटी लड़की
अच्छा लड़का — अच्छी लड़की
जिंदा लड़का — जिंदी लड़की

(घ) लड़के ने रोटी खा ली—लड़के ने रोटी को खा ली
शीला ने किताब पढ़ ली—शीला ने किताब को पढ़ ली
माताजी ने तस्वीर देख ली—माताजी ने तस्वीर को देख ली

इस अभिरचना का प्रभाव हम द्वितीय भाषा सीखते समय देखते हैं। अभिरचना, व्यक्ति की भाषाई चेतना में आदत रूप में इस प्रकार सिद्ध हो जाती है कि जब वह अन्य भाषा सीखने की ओर उन्मुख होता है तब वह अपनी आदत रूप में सिद्ध अभिरचना का अंतरण सीखी जाने वाली भाषा पर करने की ओर प्रवृत्त हो उठता है। अगर सीखी जाने वाली भाषा की संरचना, मातृभाषा की अभिरचना के अनुरूप हुई तो उसे संरचना को सीखने की आवश्यकता ही नहीं पड़ती। वह उस समय केवल अन्य भाषा के शब्दों को सीखकर वाक्य को सही रूप में बोल लेता है। पर अगर उनमें अंतर हुआ, तो भाषा व्याघात की स्थिति पैदा हो जाती है। वह मातृभाषा की अभिरचना का अंतरण (ट्रांसफर) या आरोपण दूसरी भाषा पर करने लगता है। दो भाषाओं के संरचनात्मक विभेद से उत्पन्न व्याघात की स्थिति में भाषा सीखना कठिन होता है क्योंकि शिक्षार्थी हमेशा आदत रूप में सिद्ध अपनी अभिरचना के प्रयोग की ओर प्रवृत्त होता है। उदाहरण के लिए हिंदी मातृभाषा-भाषी, अंग्रेजी में स्वीकारात्मक और नकारात्मक वाक्यों के साथ 'हां', 'ना' का प्रयोग करता है तब ऐसी गलती करता पाया जाता है :

I. (क) तुम भी तो कल वहां नहीं थे
हां, मैं वहां नहीं था —(Yes, I was not there.)

(ख) तुम से भी यह नहीं टूटा
नहीं, मुझसे यह टूट गया।—(No, it got broken by myself.)

इसी प्रकार अपने स्वभाववश वह उस जगह पर सर्वनाम का लोप करता है जहां अंगरेजी में प्रयोग अनिवार्य है, यथा :

II. (क) तुम कल कहां गए थे।
हां, कल वहां गया था। (Yes, went there.)

(ख) तुम सच नहीं बोल रहे हो।
नहीं, सच ही बोल रहा हूं। (No, speaking truth itself.)

अभिरचना अभ्यास, व्याघात की स्थिति से उत्पन्न होने वाली कठिनाइयों को दूर करने के निमित्त भाषा शिक्षण में अपनाई जाने वाली एक पद्धति है। इस पद्धति के मूल में व्यवहारवादी भाषा विज्ञान संबंधी मान्यताएँ काम करती हैं। भाषा-विज्ञान के संबंध में माना गया कि (1) भाषा, आदत है अतः अन्य भाषा शिक्षण, स्वभाव एवं आदत निर्माण है। (2) यह आदत उद्दीपन (स्टिमुलस) और अनुक्रिया (रेस्पांस) के सही और दृढ़ संबंधों पर आधारित होती है, अतः अन्य भाषा शिक्षण में आदत निर्माण की प्रक्रिया किसी उद्दीपन के प्रसंग में सही अनुक्रिया करने की ओर प्रेरित कर चलनी चाहिए न कि भूल करने की छूट देकर। (3) उद्दीपन और अनुक्रिया के सही संबंधों को दृढ़ करने के लिए प्रबलन (रिइन्फोर्समेंट) प्रक्रिया आवश्यक है जो अभ्यास (प्रैक्टिस) की अपेक्षा रखती है, अतः भाषा शिक्षण, अभ्यासपरक होना चाहिए।

यहां प्रश्न यह उठता है कि अभ्यास, भाषा के किस तत्व का ? अनुक्रिया के रूप में व्यवहार किस प्रकार के उद्दीपन का ? अगर यह मान भी लिया जाए कि भाषा, व्यवहारजन्य आदत है, अतः भाषा संबंधी आदत का क्षेत्र वस्तुतः भाषाई कौशल (लैंग्वेज स्किल्स) है जिसका अनुक्रम (समझना-बोलना, पढ़ना और लिखना) है, तब भी यह प्रश्न उठता ही है कि व्यक्ति, भाषा को समझता किस आधार पर है ? सही बोलने के पीछे, सही का अर्थ क्या है ? इस संदर्भ में व्यवहार-वादी भाषा विज्ञान की निम्नलिखित मान्यताएं हैं :

1. भाषा, मात्र व्यवहार ही नहीं वरन वह व्यवस्थापरक व्यवहार है अर्थात भाषा अथवा भाषिक व्यवहार के पीछे एक व्यवस्था होती है। इस व्यवस्था को अपने स्वभाव में सिद्ध करना ही आदत है।

2. इस व्यवस्था को व्यक्ति दो भिन्न किन्तु आपस में संबद्ध प्रक्रियाओं द्वारा सिद्ध करता है—संकल्पना अधिगम (कांसेप्ट लर्निंग) और सिद्धांत अधिगम (प्रिंसिपुल लर्निग)।

(क) संकल्पना अधिगम उच्चारण स्थितियों का सही वर्ग निर्धारण (कैटे-गोराइजेशन) है। ये उच्चारण-स्थितियां ही उद्दीपन अनुक्रिया प्रक्रिया के उद्दीपन-तत्त्व हैं, अतः संकल्पना अधिगम का अर्थ है उद्दीपन का वर्गीकरण (क्लासि-फिकेशन आफ स्टिमुलस) अर्थात किसी एक निश्चित अनुक्रिया (रेस्पांस के लिए विभिन्न उच्चारण स्थितियों का एक ऐसा वर्ग बनाना, जिसके भीतर का समान तत्त्व वही निश्चित अनुक्रिया पैदा करे न कि कोई दूसरी।

(ख) सिद्धांत अधिगम, संकल्पना और संकल्पना के बीच के संबंधों का अधिगम है। ये संबंध ही भाषा के नियम हैं जो एक संकल्पना को अगर-तो (इफ-दैन) के सिद्धांत के आधार पर दूसरी संकल्पना के साथ जोड़ते हैं।

3. संकल्पना और सिद्धांत अधिगम दोनों के पीछे ही काम करने वाली एक प्रमुख प्रक्रिया है सामान्यीकरण (जनरलाइजेशन) की। अगर कोई व्यक्ति कभी कोट-पेंट पहनकर आए, और कभी कुर्ता-धोती में हमारे सामने आकर खड़ा हो जाए या नंगा ही क्यों न आ जाए, हम उसे 'वही' व्यक्ति मान लेते हैं। दूसरी तरफ अगर दो व्यक्ति एक साथ धोती-कुर्ते में सामने खड़े हो जाएं, तब भी कुछ बाहरी समानता के बावजूद हम उसे दो व्यक्ति के रूप में पहचान जाते हैं। समानता और असमानता के आधार पर कुछ को एक वर्ग में और कुछ को दूसरे वर्ग में रखना ही कोटि निर्धारण (कैटेगोराइजेशन) है। यह कोटि निर्धारण भाषा में संकल्पना और सिद्धांत दोनों ही अधिगम के संदर्भ में चलता है। नीचे के दो वर्गों के वाक्यों को देखें :

(क) (i) 'लड़का' जा रहा है।
(ii) 'लड़के' जा रहे हैं।
(iii) 'लड़कों' को बुलाओ।

लड़का, लड़के, लड़कों के विभिन्न रूपों के बावजूद हम शब्दस्तर पर यह जान जाते हैं कि ये शब्द एक ही हैं, जिसका अर्थ है—बालक, न कि बालिका या औरत।

(ख) (i) वह सुंदर लड़का है।
(ii) वह बुरी औरत है।
(iii) वह लड़का सुंदर है।
(iv) वह औरत बुरी है।

अगर हम 'वह' के 'संज्ञा पद' के संबंधों पर अपना ध्यान केंद्रित करें तो हम समझ जाते हैं कि बावजूद इसके कि 'वह' ऊपर से एक है, पर (1) और (2) वाक्य में उसका संबंध सर्वनाम के रूप में है (और जिसका अंग्रेजी के अनुसार He/She के रूप में अनुवाद करना संभव है)। पर (3) और (4) के वाक्यों में संज्ञा के साथ उसका संबंध विशेषणवत है (और जिसका अंग्रेजी में अनुवाद that के रूप में किया जा सकता है)।

4. सामान्यीकरण और कोटिनिर्धारण की प्रक्रिया ही संरचना (स्ट्रक्चर) को जन्म देती है। यह संरचना, भाषावैज्ञानिकों द्वारा भाषा के बारे में दिया गया विवरण नहीं है। वह तो व्यक्तियों की स्नायविक व्यवस्था की वह स्थिति है जो सोपाधिक (कंडीशंड) होती है और जिसके सहारे व्यक्ति, भाषा को व्यवहारगम्य बनाता है।

5. स्नायविक व्यवस्था के रूप में स्थित संरचना, एक शक्ति भी होती है। यह शक्ति साम्यानुमान (एनालाजी) के रूप में देखी जा सकती है। हम लेखन-पाठन के साथ लेखक-पाठक युग्म के अभ्यस्त होते हैं, अतः साम्यानुमान के आधार पर टंकण के युग्म में टंकक शब्द बना लेते हैं। अन्य भाषा को शक्तिस्रोत के रूप में

पढ़ाने का अर्थ है उसे साम्यानुमान के आधार पर पढ़ाना। अतः भाषा विश्लेषण की अपेक्षा साम्यानुमान भाषा शिक्षण को अधिक सार्थक बनाता है।

स्पष्ट है, संरचना या अभिरचना की जो संकल्पना भाषा विज्ञान की व्यवहारवादी धारा सामने लाती है, वह भाषा वैज्ञानिकों के भाषा संबंधी विवरण (व्याकरण) से भिन्न वस्तु है। यह वह संरचना या ढांचा है जो प्रयोक्ता के व्यवहार में आबद्ध होता है।

6. एक संकल्पना को दूसरी संकल्पना से जोड़ने वाले नियम, हर भाषा में अलग-अलग होते हैं अर्थात वे भाषा विशिष्ट होते हैं, अतः हर भाषा, व्यवस्था के स्तर पर एक दूसरे से भिन्न होती है। अतः भाषा शिक्षण के लिए यह आवश्यक है कि किसी भाषा को उसी की व्यवस्था के रूप में पढ़ाया जाए अर्थात शिक्षार्थी में उस व्यवस्था के अनुरूप उसके प्रयोग का अभ्यास कराया जाए।

स्पष्ट है कि यह दृष्टि भाषा शिक्षण में मातृभाषा का सहारा नहीं लेती और उसे एक निषेधात्मक शक्ति या अवरोध के रूप में स्वीकार करती है। वह नई भाषा को नई आदत के रूप में बिना व्याघात की स्थिति का सामना करते हुए पढ़ाना चाहती है।

7. भाषाविज्ञान की यह व्यवहारवादी धारा, यह मानती है कि भाषा अधिगम, अतिअभ्यासीकरण (ओवर प्रैक्टिस) है। अतिअभ्यासीकरण, ड्रिल के रूप में सिद्ध किया जा सकता है। अतः भाषा शिक्षण, अभिरचना अभ्यास है, वह पैटर्न-ड्रिल है।

अभिरचना अभ्यास के कई प्रकार हैं जिन्हें अध्यापक, कक्षा में पढ़ाते समय उपयोग में लाता है। यह ध्यान देने की बात है कि अभिरचना अभ्यास के पीछे दो स्पष्ट तथ्य काम करते हैं : (1) भाषा की संरचनात्मक व्यवस्था, और (2) अधिगम (लर्निंग) प्रक्रिया। अतः इन दो तथ्यों के साथ दो कार्य की सिद्धि होना अपेक्षित है : (1) प्रत्यक्ष अभ्यास, और (2) संरचनात्मक व्यवस्था की समझ। अभ्यास, शिक्षार्थी में अभिरचना को आदत के रूप में ढालता है और संरचनात्मक व्यवस्था की समझ उसे यह बताती है कि वह क्या सीख रहा है। संरचनात्मक व्यवस्था की समझ उसे व्याकरण के नियम के विवरण के रूप में नहीं दी जाती, अपितु अभिरचना अभ्यास के लिए बनाए गए सांचे के भीतर से ही आगमनात्मक रीति से सामान्यीकरण प्रक्रिया द्वारा छात्रों को स्वयं निकालने और उससे परिचित होने की पद्धति द्वारा दी जाती है।

इन दोनों तथ्यों एवं प्रक्रियाओं के संदर्भ में अभिरचना अभ्यास के मोटे तौर पर दो वर्ग बनाए जा सकते हैं : (1) पुनरावृत्ति अभ्यास, और (2) संदर्भपरक अभ्यास। पुनरावृत्ति अभ्यास, यांत्रिक रीति से अभिरचना का ड्रिल करता है।

इसकी यांत्रिकता इस तथ्य में निहित होती है कि वह छात्रों की अनुक्रिया (रेस्पांस) को पूरी तरह नियंत्रित करती है। इस प्रकार के अभ्यास में केवल एक ही सही प्रत्युत्तर होता है जिसे बोलने के लिए छात्र बाध्य हैं। स्वाभाविक है कि ऐसे अभ्यास के समय छात्र यह नहीं जान पाते कि वे अभ्यास किस का कर रहे हैं। इसका अत्यन्त रूढ़ रूप सामूहिक पुनरावृत्ति अथवा अनुकरणात्मक अभ्यास टाइप है। यद्यपि यह प्रकार प्रारंभ के पाठों के लिए अत्यंत लाभदायक है पर अभिरचना अभ्यास पर जो आक्षेप लगाए जाते हैं, वे इसी प्रकार के अभ्यासों को लेकर।

संदर्भपरक अभ्यास में भी अनुक्रिया को नियंत्रित किया जाता है लेकिन प्रत्युत्तर रूढ़िवादी रीति से मात्र एक ही नहीं होता। इस प्रकार के ड्रिल में छात्र, बिना अभिरचना को समझे पूरी तरह अभ्यास नहीं कर सकते। यह भी कहा जा सकता है कि इस प्रकार के अभ्यास, संरचनात्मक व्यवस्था की समझ पैदा करने में समर्थ हैं।

अभिरचना अभ्यास के कुछ उदाहरण नीचे दिए जा रहे हैं।

पुनरावृत्ति अभ्यास

यह सर्वाधिक सरल अभ्यास है जिसके मूल में मात्र यांत्रिक कोटि की अनुक्रिया पैदा करना लक्ष्य होता है।

सामूहिक पुनरावृत्ति अभ्यास

अध्यापक	: मोहन को किताब चाहिए।
छात्र (सामूहिक रूप में)	: मोहन को किताब चाहिए।
अध्यापक	: मोहन को आम चाहिए।
छात्र	: मोहन को आम चाहिए।

सरल प्रतिस्थापन (सब्स्टिट्यूशन) अभ्यास

इसके दूसरे चरण पर, अध्यापक उद्दीपन (स्टिमुलस) रूप में केवल एक शब्द देता है :

अध्यापक	: मोहन को किताब चाहिए।
छात्र (सामूहिक रूप में)	: मोहन को किताब चाहिए।
अध्यापक	: सोहन
छात्र (एक)	: सोहन को किताब चाहिए।
अध्यापक	: शीला
छात्र (दूसरा)	: शीला को किताब चाहिए।

अध्यापक : आम
छात्र (तीसरा) : मोहन को आम चाहिए।
अध्यापक : फल
छात्र (पहला) : मोहन को फल चाहिए।

रूपसिद्धि अभ्यास

इसके तीसरे चरण पर रूपसिद्धि (इन्फ्लेक्शन) को अध्यापक अपना लक्ष्य बनाता है :

अध्यापक : मोहन को किताब चाहिए।
छात्र (सामूहिक रूप में) : मोहन को किताब चाहिए।
अध्यापक : मोहन लड़का है।
छात्र (सामूहिक रूप में) : मोहन लड़का है।
अध्यापक : लड़के को किताब चाहिए।
छात्र (सामूहिक रूप में) : लड़के को किताब चाहिए।
अध्यापक : बेटा
छात्र (पहला) : बेटे को किताब चाहिए।
अध्यापक : बेटी
छात्र (दूसरा) : बेटी को किताब चाहिए।
अध्यापक : बेटे
छात्र (तीसरा) : बेटों को किताब चाहिए।

बहुविधि प्रतिस्थापना (मल्टिपुल सब्स्टिट्यूशन) अभ्यास

अभिरचना : क्या तुम ··· रहे हो?
अध्यापक : पढ़ना (किताब की ओर संकेत देते हुए)
छात्र : क्या तुम किताब पढ़ रहे हो?
अध्यापक : लिखना (चिट्ठी की ओर संकेत देते हुए)
छात्र : क्या तुम चिट्ठी लिख रहे हो?
अध्यापक : खरीदना (आम की ओर संकेत देते हुए)
छात्र : क्या तुम आम खरीद रहे हो?

योजक (एडिटिव) अभ्यास

अध्यापक : मुझको बाजार जाना है।
छात्र : मुझको बाजार जाना है।
अध्यापक : शाम को

छात्र	: मुझको शाम को बाजार जाना है।
अध्यापक	: सात बजे
छात्र	: मुझको सात बजे बाजार जाना है।
अध्यापक	: किताब खरीदने
छात्र	: मुझको किताब खरीदने बाजार जाना है।

सामान्य रूपांतरण (ट्रांसफार्मेशन) अभ्यास

अध्यापक	: मोहन किताब पढ़ता है।
→	क्या मोहन ने किताब पढ़ी ?
अध्यापक	: मोहन चिट्ठी लिखता है।
छात्र	: क्या मोहन ने चिट्ठी लिखी ?
अध्यापक	: लड़का तस्वीर खरीदता है।
छात्र	: क्या लड़के ने तस्वीर खरीदी ?

इसका थोड़ा कठिन पर लचीला और सार्थक रूप उस स्थिति में दिखलाई पड़ता है जब एक से अधिक रूप पैटर्न में आते हैं। यथा :

अध्यापक	: मोहन खाता है।
छात्र	: क्या मोहन ने खाया ?
अध्यापक	: मोहन दौड़ता है।
छात्र	: क्या मोहन दौड़ा ?
अध्यापक	: मोहन (स्कूल) जाता है।
छात्र	: क्या मोहन (स्कूल) गया ?

रूपांतरण : विस्तारण (एक्सपेंशन) अभ्यास

अध्यापक	: मोहन, सोहन को बुद्धू समझता है।
→	मोहन समझता है कि सोहन बुद्धू है।
अध्यापक	: राम, श्याम को पागल समझता है।
छात्र	: राम समझता है कि श्याम पागल है।
अध्यापक	: गोपाल, शीला को बुद्धिमान समझता है।
छात्र	: गोपाल समझता है कि शीला बुद्धिमान है।

रूपांतरण : संकोचन (कांट्रेक्शन) अभ्यास

अध्यापक	: राम को लगता है कि गोपाल पागल है।
	राम को गोपाल पागल लगता है।

अध्यापक : शीला को लगता है कि श्याम बुद्धू है।

छात्र : शीला को श्याम बुद्धू लगता है।

अध्यापक : मोहन को लगता है कि शीला सुन्दर है।

छात्र : मोहन को शीला सुन्दर लगती है।

संदर्भपरक अभ्यास

(क) इस प्रकार के अभ्यास में स्थितियों को संदर्भपरक बनाकर अभिरचना को प्रस्तुत किया जाता है :

अध्यापक : किताब कहां है ?

छात्र : किताब मेज पर है।

अध्यापक : पेंसिल कहां है ?

छात्र : पेंसिल डिब्बे में है।

अध्यापक : चिट्ठी कहां है ?

छात्र : चिट्ठी किताब के ऊपर है।

(ख) आगे प्रश्न पूछने के दायित्व को छात्रों पर डाला जा सकता है और कक्षा को सक्रिय बनाने के लिए छात्रों को दो वर्गों में विभाजित किया जा सकता है :

अध्यापक : किताब ?

छात्र-1 : किताब कहां (किस पर) है ?

छात्र-2 : किताब मेज पर है।

अध्यापक : पेंसिल।

छात्र-1 : पेंसिल कहां (किसमें) है ?

छात्र-2 : पेंसिल डिब्बे में है।

अध्यापक : चिट्ठी।

छात्र-1 : चिट्ठी कहां (किसके ऊपर) है ?

छात्र-2 : चिट्ठी किताब के ऊपर है।

(ग) प्रश्नोत्तर को सरल वार्तालाप में बदला जाता है :

अध्यापक : (किसी चित्र की ओर संकेत देते हुए)
क्या आदमी मिठाई बेच रहा है ?

छात्र : हां, वह मिठाई बेच रहा है।

अध्यापक : क्या वह फल बेच रहा है ?

छात्र : नहीं, वह फल नहीं बेच रहा है।

अध्यापक : क्या औरत मिठाई खरीद रही है ?

छात्र : हां, वह मिठाई खरीद रही है।

अध्यापक : मोहन को औरत के बारे में बताओ।

छात्र : देखो, मोहन, औरत फल बेच रही है।

क्रमादेशी अधिगम (प्रोग्राम्ड लर्निंग)

भाषा प्रयोगशाला की यांत्रिक संभावना, मौखिक वार्तालाप पद्धति में प्रयुक्त पाठों के चयन और अनुस्तरण की भाषावैज्ञानिक पद्धित और स्किनर के पुनर्बलन सम्बन्धी मनोवैज्ञानिक सिद्धांत ने 'क्रमादेशी अधिगम' की योजना को जन्म दिया। इस शिक्षण योजना के कार्यान्वियन में भाषा को 'आदत' के रूप में देखने की दृष्टि और आत्म अभिप्रेरणा के आधार पर ही भाषा सीखने की क्रिया करने की प्रवृत्ति देखी जा सकती है। इसमें शिक्षार्थी को अपने व्यवहार के लिए अध्यापक के मार्ग निर्देशन की आवश्यकता नहीं पड़ती। पाठ स्वतःपूर्ण और स्वनिर्दिष्ट होते हैं। स्किनर ने तो पढ़ाने वाले (टीचिंग) मशीन की भी बात की है जिसका अध्यापक के स्थान पर छात्र सार्थक उपयोग कर सकता है।

क्रमादेशी अधिगम के पीछे काम करने वाले सिद्धांत निम्नलिखित हैं :

(क) पाठ सामग्री की स्वनिर्दिष्ट (सेल्फ इन्स्ट्रक्शनल) प्रकृति

इस पद्धति में अध्यापन का पूरा दायित्व अध्यापक से बदलकर पाठ सामग्री पर कर दिया जाता है। इसके फलस्वरूप जो कुछ पाठ के सहारे अध्यापक बताना या समझाना चाहता है, उसकी पूर्व जानकारी पाठ नियोजकों को करनी पड़ती है, और पाठ-निर्माण इस प्रकार किया जाता है कि वह स्वतःपूर्ण और व्याख्या सापेक्ष हो।

(ख) छात्रों की सक्रिय सहभागिता

सामान्यतः कक्षा में एक अध्यापक और कई छात्र होते हैं। पढ़ाने के दौरान अध्यापक अगर कुछ प्रश्न करता है तो एक समय में कोई एक छात्र ही उत्तर देता है। इस स्थिति में अन्य छात्र मूकदर्शक की भूमिका ही निभाते हैं। क्रमादेशी अधिगम पद्धति इसी नीति की समर्थक है कि पढ़ने-पढ़ाने के समय प्रत्येक छात्र समस्या के समाधान में सक्रिय भाग ले। अध्ययन में प्रत्येक छात्र की सक्रिय सहभागिता इस पद्धति की अनिवार्य आवश्यकता है।

(ग) प्रोग्राम का छात्रानुकूल होना

भाषा शिक्षण का उद्देश्य छात्र के भाषिक व्यवहार में परिवर्तन लाना होता है। वह

अध्यापन के द्वारा उसकी भाषिक दक्षता बढ़ाता है। कुछ स्थितियों में सफलता मिलती है और कुछ में नहीं। यह संभव है कि कुछ छात्र संरचना का ज्ञान कर लें पर शब्दावली के क्षेत्र में असफल हों और कुछ शब्दावली से परिचित हो जाएं, पर उनके सामाजिक-सांस्कृतिक उस सन्दर्भ को सीख न पाएं जो उनके प्रयोग के औचित्य का निर्धारण करते हों। यह भी संभव है कि कुछ भाषिक अभिव्यक्तियों को वे आंशिक रूप में सीख पाए हों और कुछ उन्हें सीखकर अभ्यास के अभाव में भूल गए हों। यह पद्धति पाठ योजना के प्रोग्राम को वैयक्तिक बनाने के पक्ष में है, इसीलिए क्रमादेशी अधिगम छात्रों की अपनी-अपनी अधिगम आवश्यकताओं के अनुरूप गठित होता है।

(घ) मध्यवर्ती समस्या-समाधान की अनुस्तरित कड़ी

यह पद्धति पहले छात्र की भाषिक दक्षता की प्रारम्भिक दशा का पता लगाती है और फिर उसकी दक्षता की सान्त (टर्मिनल) दशा निर्धारित करती है। भाषिक व्यवहार की प्रारम्भिक दशा का वस्तुतः छात्रों की वह भाषिक दक्षता है जिसको लेकर छात्र पाठ पढ़ना शुरू करता है और उसकी सान्त दशा वह है जिसको उसे पाठ पढ़कर प्राप्त करनी होती है। इस पद्धति में प्रारम्भ से सान्त तक की स्थिति को चरणबद्ध (कड़ी) रूप में देखा जाता है, जिसमें प्रत्येक कड़ी एक समस्या के रूप में छात्र के सामने रखी जाती है और जिसका समाधान उसे स्वयं ढूंढ़ना होता है। पहली कड़ी के स्तर की समस्या के समाधान के बाद दूसरी कड़ी की समस्या का समाधान सरल हो जाता है। समस्या के गलत समाधान को स्वनिर्दिष्ट पाठ के आधार पर छात्र को स्वयं पता लगाना होता है और सुधारात्मक पाठ के रास्ते की ओर बढ़ना पड़ता है।

क्रमादेशी अधिगम में छात्रों द्वारा होने वाली त्रुटियों के मनोवैज्ञानिक पक्ष को लेकर विद्वानों में मतभेद है। विद्वानों का एक वर्ग इस पक्ष में है कि दी गई समस्या के समाधान ढूंढ़ने में छात्रों से भूल नहीं होने देना चाहिए। इसके लिए समस्या-जन्य पाठ के निर्माण में ऐसी सतर्कता रखनी चाहिए कि त्रुटियों की संभावना न्यूनतम हो। समस्याएं अनुस्तरित हों और साथ ही इतने सरल रूप में रखी गई हों कि उनका समाधान छात्र सहज रूप में कर लें। इस प्रकार की योजना को **रेखीय (लिनीअर) प्रोग्रामन** कहते हैं। इस प्रकार के प्रोग्राम में प्रत्येक छात्र प्रत्येक समस्या का समाधान एक के बाद एक करते हुए एक सीधी रेखा में आगे बढ़ाता चलता है।

इसके विपरीत विद्वानों का एक दूसरा वर्ग है जो यह मानता है कि समाधान ढूंढ़ने के समय त्रुटियों का होना एक स्वाभाविक प्रक्रिया है। इसी के माध्यम से

छात्र अपनी भाषिक दक्षता का क्रमिक विकास करता है। दूसरा तथ्य यह भी है कि प्रत्येक छात्र समस्या को एक ही ढंग से न तो देखता है और न ही एक ही ढंग से उसका समाधान ढूंढ़ता है। इसलिए विभिन्न वर्गों के छात्र के लिए विभिन्न प्रकार की समस्या होनी चाहिए। इस प्रकार की योजना को शाखीय (ब्रांचिग) प्रोग्रामन तकनीक कहते हैं। इस तकनीक में एक समस्या के दो या उससे अधिक विकल्प के साथ समाधान का चयन करना पड़ता है। अगर वह गलत समाधान को चुनता है तो उसकी त्रुटि का कारण बताया जाता है। सही समाधान ढूंढ़ने पर उसे अगली समस्या का समाधान ढूंढ़ने के लिए कहा जाता है।

त्रुटिविश्लेषण : सिद्धांत और व्यवहार

संरचनात्मक भाषाविज्ञान और व्यवहारवादी मनोविज्ञान ने अगर व्यतिरेकी विश्लेषण (कांट्रास्टिव एनेलिसिस) के सिद्धांत और पद्धति को जन्म और बल दिया है तो रूपांतरण भाषाविज्ञान और बुद्धिवादी मनोविज्ञान ने त्रुटिविश्लेषण (एरर एनेलिसिस) के सिद्धांत और प्रणाली को। व्यतिरेकी पद्धति अन्य भाषा शिक्षण के संदर्भ में द्विभाषियों के भाषा व्यवहार में 'व्याघात' (इंटरफीअरेंस) की संकल्पना लेकर चलती है। व्याघात की संकल्पना इस मान्यता पर आधारित है कि कोई भी दो भाषाएं पूर्णतया समान नहीं होतीं। उनमें भाषा के हर स्तर पर कुछ न कुछ भिन्नता रहती है। जो भाषा मातृभाषा के रूप में व्यक्ति सीखता है उसके विभिन्न पक्ष, नियम एवं प्रयोग स्वभावतः व्यक्ति के आचरण में जम जाते हैं। दूसरी भाषा सीखने के समय यह व्यक्ति स्वभावतः (आदतन) मातृभाषा के इन नियमों को दूसरी भाषा के नियमों पर प्रक्षेपित करता है। वह सीखी जाने वाली भाषा के सही नियमों को अगर बौद्धिक स्तर पर जान भी ले तब भी अपने भाषा प्रयोग एवं भाषा व्यवहार में पहले से ही मन पर बैठी मातृभाषा के नियमों को आदतन नई भाषा पर लागू करने की ओर प्रवृत्त हो उठता है। इस प्रवृत्ति को विद्वानों ने 'व्याघात' की संज्ञा दी है।

'व्याघात' की प्रक्रिया के कारण भाषा सीखने में जो कठिनाइयां आती हैं उन्हें जानने और समझने के लिए ही व्यतिरेकी विश्लेषण को बल मिला। व्यतिरेकी विश्लेषण एक ओर उस भाषा के व्याकरणिक नियमों को अपने सामने रखता है जो शिक्षार्थी के लिए आदत रूप में ढल गए होते हैं—इस भाषा को वह स्रोत (सोर्स) भाषा कहता है—और दूसरी ओर उस भाषा के व्याकरणिक नियमों का भी पता रखता है जो उसे सीखनी होती है—इसे वह लक्ष्य (टार्गेट) भाषा कहता है। स्रोत और लक्ष्य भाषा की तुलना के आधार पर वह उनके बीच पाई जाने वाली समानता और असमानता के क्षेत्रों का निर्धारण करता है। वह यह मानता है कि दो भाषाओं के बीच पाई जाने वाली असमानता ही व्याघात का कारण है इसलिए

लक्ष्य भाषा के सीखने में आने वाली कठिनाइयों को अगर दूर करना है तब स्रोत भाषा और लक्ष्य भाषा के व्यवस्था वैषम्य का पता लगाना अनिवार्य बन जाता है। व्यतिरेकी विश्लेषण व्यवस्था वैषम्य के आधार पर लक्ष्य भाषा के व्याकरण और अध्ययन सामग्री के निर्माण को प्रोत्साहित करता है। वह मुख्यतः 'शिक्षक का व्याकरण' है जो शिक्षक को यह पता देता है कि शिक्षार्थी को किन क्षेत्रों में भाषा सीखने में कठिनाई की संभावना अधिक है और किन क्षेत्रों में कम, और तदनुसार उसको अपनी शिक्षण सामग्री को तैयार करने और कक्षा में अनुस्तरित रूप में प्रस्तुत करने का एक ठोस आधार देता है।

दो भाषाओं के व्यवस्था वैषम्य पर आधारित लक्ष्य भाषा के (व्यतिरेकी) व्याकरण की अपनी सीमाएं हैं। भाषा शिक्षण के संबंध में उसकी निम्नलिखित सीमाएं ध्यान देने योग्य हैं :

1. व्यतिरेकी विश्लेषण दो भाषाओं—स्रोत और लक्ष्य—के बीच की असमानता पर ही बल देता है, वह शिक्षार्थी की अन्य समस्याओं और भाषा सीखने में आने वाली अन्य कठिनाइयों के प्रति उदासीन होता है।

2. भाषा सीखने के समय आने वाली कठिनाइयों का आधार मात्र दो भाषाओं के बीच का व्यवस्था वैषम्य नहीं होता और न हर भाषात्रुटि के मूल में केवल 'व्याघात' का नियम काम करता है।

3. व्यतिरेकी विश्लेषण के आधार पर निर्धारित कठिनाइयों का क्षेत्र हमेशा शिक्षार्थी के लिए 'कठिनाई' ही बन कर आता हो—ऐसा आवश्यक नहीं।

4. अधिकांश व्यतिरेकी विश्लेषण सैद्धांतिक परिचर्चा तक सीमित रह जाता है। वह भाषा के सार्वभौमिक तत्त्वों का पता देने के लिए प्रयत्नशील होने के कारण अपना 'शैक्षिक' रूप खो देता है।

5. व्यतिरेकी विश्लेषण के आधार पर निर्मित व्याकरण प्रमुखतः 'शिक्षक का व्याकरण' है। इसको किसी भी प्रकार 'शिक्षार्थी के व्याकरण' में ढाला नहीं जा सकता है।

अब यह माना जाने लगा है कि शिक्षण प्रक्रिया के केंद्र में 'शिक्षक' के स्थान पर 'शिक्षार्थी' होता है इसलिए 'पढ़ाने की प्रक्रिया' को बहुत कुछ 'सीखने की प्रक्रिया' के अनुसार ढालना अत्यावश्यक है। शिक्षार्थी के सीखने की स्वाभाविक प्रक्रिया के अनुरूप ढला व्याकरण ही सर्वाधिक सक्षम और समर्थ शैक्षिक व्याकरण होता है। इस दृष्टि के अनुसार अन्य भाषा सीखने की प्रक्रिया की प्रवृत्ति भी मातृभाषा के सीखने की प्रक्रिया के समान होती है। अवचेतन व्यापार के रूप में किसी भाषा का व्याकरण, भाषा अधिगम की स्वाभाविक प्रक्रिया का परिणाम होता है जिसे उस भाषा के सदस्य अज्ञात भाव से भाषिक क्षमता के रूप में सिद्ध करते हैं। भाषिक क्षमता के रूप में सिद्ध भाषिक नियम ही वह यथार्थ व्याकरण है जिसका

सर्जनात्मक उपयोग व्यक्ति भाषा व्यवहार में करता पाया जाता है। इसको निम्नलिखित आरेख द्वारा समझा जा सकता है :

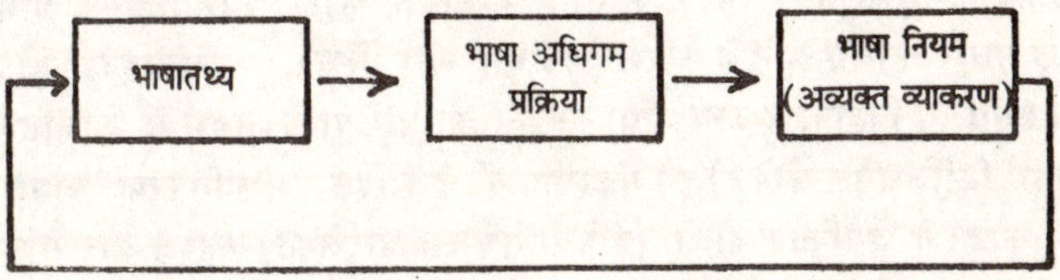

भाषा अधिगम प्रक्रिया से उपलब्ध 'अव्यक्त व्याकरण' की संकल्पना की निम्न-लिखित विशेषताएं ध्यान देने योग्य हैं :

1. यह व्याकरण मातृभाषा-भाषी/शिक्षार्थी का व्याकरण है।

2. यह मनोवैज्ञानिक स्तर पर यथार्थ है।

3. यह नियम संहिता के रूप में सिद्ध है।

4. इस व्याकरण के नियमों का व्यक्ति सर्जनात्मक प्रयोग करता है। अर्थात जिन वाक्यों को व्यक्ति ने न कभी पहले सुना या पढ़ा होता है उनको भी वह बोल और समझ सकता है।

5. भाषा अधिगम प्रक्रिया एक गत्यात्मक प्रक्रिया है अतः अव्यक्त व्याकरण की प्रकृति गत्यात्मक होती है। यह व्याकरण इसीलिए स्थिर (स्टैटिक) न होकर गत्यात्मक होता है। बच्चों के मन में पहले अगर अतिसामान्यीकरण (ओवर जनरलाइजेशन) की प्रक्रिया चलती है तब बाद में विशेषीकरण (डिफरेंसिएशन) की प्रक्रिया। सामान्यीकरण की प्रवृत्ति के कारण ही बालक पहले हर चौपाए को 'गाय' कहता है और उसी 'गाय' शब्द के भीतर वह 'बैल,' 'भैंस' आदि को भी समेट लेता है। इसी प्रकार वह 'लिंग' प्रयोग का सामान्यीकरण करता है—लड़का आया है, पिताजी 'आया है,' मां 'आया है'। बाद में विशेषीकरण के आधार पर सही नियमों/उपनियमों की क्रमशः जानकारी प्राप्त करता चलता है। 'बैल' और 'भैंस', 'गाय' के संकेतार्थ के विरोध में आने लगते हैं और वह 'पिता जी आए हैं' और 'मां आई है' का सही प्रयोग करने लगता है।

जब व्यक्ति किसी दूसरी भाषा सीखने की ओर प्रवृत्त होती है तब वह लक्ष्य भाषा का 'अव्यक्त व्याकरण' उसी प्रकार सीखता है जिस प्रकार वह अधिगम प्रक्रिया द्वारा अपनी मातृभाषा का। पर अन्य भाषा के 'अव्यक्त व्याकरण' और मातृभाषा के 'अव्यक्त व्याकरण' के सीखने की प्रक्रिया एक होने पर भी उनमें एक प्रमुख अंतर होता है। जिस 'लक्ष्य भाषा' को व्यक्ति सीखता और अपने व्यवहार में साधता है, उसे पूर्ण रूप से वह हमेशा नहीं सीख पाता। इसका एक कारण यह है कि जिन विविध क्षेत्रों में और जिस सार्थकता के साथ वह मातृभाषा का

प्रयोग अपने दैनिक जीवन में करता है, उस विविधता और सार्थकता के साथ वह 'लक्ष्य भाषा' का नहीं करता। दूसरा, 'अति सामान्यीकरण' के कारण जिन नियमों का प्रयोग वह गलत संदर्भों में करता है वे अत्यंत शीघ्र 'विशेषीकरण प्रक्रिया' द्वारा सुधार न लिए जाने के कारण 'जड़ीभूत' और 'स्थिर' (फासिलाइज्ड) हो जाते हैं। इसीलिए विद्वानों ने अन्य भाषा सीखने की प्रक्रिया के संदर्भ में 'संक्रांतिपरक भाषा' (ट्रांजिशनल लैंग्वेज) की संकल्पना की है। इस 'संक्रांतिपरक भाषा' को पिट काडर ने 'वैयक्तिक बोली' (इंडिओसिंक्रेटिक डाइलेक्ट) कहा है और सेलिंकर ने 'अंतर भाषा' (इंटर लैंग्वेज)।

इस 'अंतर भाषा' की निम्नलिखित विशेषताएं मानी गई हैं :

1. 'अंतर भाषा' भी एक भाषाविशेष या बोली है क्योंकि यह 'नियमों की व्यवस्था' से परिचालित होती है भले ही ये नियम न तो पूर्णतः स्रोत भाषा के होते हैं और न लक्ष्य भाषा के।

2. अंतर भाषा वह विशेष भाषा होती है जिसके नियम आंशिक रूप में स्रोत और लक्ष्य दोनों ही भाषाओं के नियमों से संबद्ध होते हैं पर जिसके सभी नियम इन दो भाषाओं के नियमों के समान पक्ष पर आधारित नहीं होते।

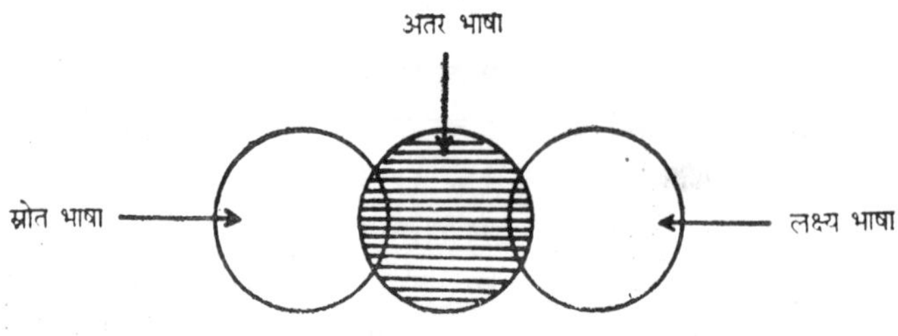

3. अंतर भाषा की प्रवृत्ति 'संक्रांतिपरक' इस अर्थ में होती है कि यह 'अस्थिर' और 'परिवर्तनशील' होती है, भले ही इसके कुछ नियम रूढ़ होकर 'स्थिर' ही क्यों न हो गए हों।

4. अंतर भाषा मानसिक दृष्टि से 'यथार्थ' भाषा होती है। इसीलिए अगर बौद्धिक स्तर पर शिक्षार्थी को लक्ष्य भाषा का कोई ऐसा नियम बता भी दिया जाए जिसके न जानने की वजह से वह गलती करता रहा हो तब भी मन में आदत के रूप में रूढ़ हो जाने के कारण वह अपनी अंतर भाषा के ही नियम का प्रयोग करता पाया जाता है—विशेषकर जब वह भाषा का अचेतन या स्वाभाविक प्रयोग करने की स्थिति में होता है।

5. लक्ष्य भाषा के प्रयोग में आने वाली त्रुटियों का सीधा संबंध 'अंतर भाषा' के नियमों के साथ होता है। अन्य भाषा के प्रयोग में दिखाई देने वाली त्रुटियों का क्षेत्र वस्तुतः 'अंतर भाषा' के प्रयोग और व्यवहार का क्षेत्र है।

'संक्रांतिपरक भाषा' अथवा 'अंतर भाषा' की संकल्पना के संदर्भ में लक्ष्य भाषा सीखने के समय शिक्षार्थी जो 'त्रुटियां' करता है, उसके अध्ययन की सार्थकता स्वयमेव सिद्ध है। अगर शिक्षण प्रक्रिया को 'शिक्षार्थी केंद्रित' करना है, तब यह कहा जा सकता है कि अन्य भाषा सीखने के समय जो त्रुटियां दिखलाई पड़ती हैं, वे भाषा अधिगम प्रक्रिया के स्वाभाविक परिणाम हैं। त्रुटियां भाषा सीखने की प्रक्रिया में कोई रुकावट नहीं बनतीं। वे किसी अस्वाभाविक भाषा की अस्वाभाविक परिणति भी नहीं। वे तो भाषा सीखने की स्वाभाविक प्रक्रिया के स्वाभाविक परिणाम हैं। वे अंतर भाषा की यथार्थता के सूचक तत्त्व हैं। ये त्रुटियां व्यवस्थित नियमों के व्यवस्थित प्रयोग के परिणाम हैं। पर इनका दरजा या स्तर 'त्रुटियों' के रूप में मान्य है क्योंकि इनके प्रयोक्ता के भाषाव्यवहार को लक्ष्य भापा के मातृभाषा-भाषी प्रयोक्ताओं के भाषाव्यवहार के संदर्भ में देखा और मूल्यांकित किया जाता है। अगर ये संदर्भ बदल जाएं, तो त्रुटियां, त्रुटियां नहीं रह जातीं। उदाहरण के लिए 'इंडियन इंग्लिश' के कई प्रयोग ब्रिटिश अथवा अमरीकी अंगरेजी के संदर्भ में 'अशुद्ध' या 'त्रुटिपूर्ण' कहे जा सकते हैं—यथा (φ) और (ɾ̃) का (th) और (d) के रूप में उच्चारण। पर 'इंडियन इंग्लिश' के स्वयं की ध्वनि-व्यवस्था के रूप में उन्हें त्रुटिपूर्ण नहीं कहा जा सकता। इसी प्रकार बंगाली लोग जिस 'कलकतिया हिन्दी' या बंबई में मराठी मातृभाषी जिस 'बंबइया हिंदी' का प्रयोग करते हैं, वे प्रयोग वाराणसी प्रयोग के 'मानक हिंदी' के संदर्भ में 'अशुद्ध' माने जा सकते हैं, पर उनकी अपनी अंतर भाषा के संदर्भ में ये अशुद्ध प्रयोग, एक सरलीकृत 'पिजन' भाषा की व्याकरणिक व्यवस्था के ही प्रयोग माने जाएंगे।

त्रुटि विश्लेषण को भाषा शिक्षण की विशेष सामग्री बनाने के पूर्व इसके क्षेत्र को सीमित एवं परिभाषित कर लेना आवश्यक है। जिसे अब तक 'त्रुटि' कहा गया है, उसके मूल में 'अंतर भाषा' की संकल्पना काम करती है। अतः वे ही प्रयोग त्रुटिपूर्ण कहे जा सकते हैं जो एक तरफ 'अंतर भाषा' के प्रयोग क्षेत्र के भीतर आते हैं और दूसरी तरफ जिनका प्रयोग लक्ष्य भाषा की मानक व्यवस्था से विचलित / च्युत हो। पर अन्य भाषा के व्यवहार में अन्य प्रकार के भी अशुद्ध प्रयोग देखने को मिलते हैं। इनकी वास्तविक त्रुटि से भिन्नता दिखाने के लिए अशुद्ध प्रयोग के तीन संदर्भ/श्रेणियां वर्गीकृत की जा सकती हैं :

व्यवहार संदर्भित त्रुटियां अर्थात दोष (लैप्सेज)

व्यवहार संदर्भित त्रुटियों का संबंध 'अव्यक्त व्याकरण' से न होकर उस व्याकरण

के व्यवहार में लाने के समय की गई असावधानी से रहता है। ऐसी त्रुटियों के लिए प्रायः प्रयोक्ता यह कहता है—'भाई, जुबान ही तो है, फिसल गई।' प्रयोक्ता या तो बोलने के साथ ही ऐसे दोषों के प्रति सजग हो जाता है या बताने पर शीघ्र अपनी गलती मान लेता है।

अज्ञान संदर्भित त्रुटियां अर्थात गलती (मिस्टेक्स)

गलती का संबंध लक्ष्य भाषा के नियमों की सही जानकारी के अभाव से होता है। उदाहरण के लिए अन्य भाषा के रूप में हिंदी सीखने वाले शिक्षार्थी को आदरार्थ प्रयोग के नियम तो मालूम हों पर किसे हिंदीभाषी समाज आदरार्थ दृष्टि से देखता है और किसे नहीं, यह तथ्य न मालूम हो तो वह ऐसे वाक्य तो शुद्ध बोल लेता है : 'आदरणीय पिताजी आए थे,' 'धोबी का बदमाश लड़का आया था' पर वह यह भी कह सकता है 'चाचा आया था'। या अंगरेजी के एक वचन/बहुवचन के नियम की जानकारी रखने वाला हिंदी भाषी अगर यह नहीं जानता कि 'ब्रेड' और 'लोफ' में (गणनीय/अगणनीय) का क्या भेद है, तो वह ऐसे गलत प्रयोग कर सकता है : 'गिव मी ए ब्रेड, गिव मी लोफ'।

अंतर भाषा संदर्भित त्रुटियां (एरर्स)

इस वर्ग में वे अशुद्ध प्रयोग आते हैं जिनका मूल कारण 'अंतर भाषा' की अपनी व्यवस्था के साथ होता है। ये अशुद्ध प्रयोग एक निश्चित 'व्यवस्था' को उद्घाटित करते हैं, अतः इन्हें व्यवस्था संबद्ध त्रुटियां भी कहा जाता है। ये ही शिक्षार्थी की वास्तविक त्रुटियां हैं। इन त्रुटियों की प्रकृति गत्यात्मक होती है क्योंकि इनका संबंध 'संक्रांतिपरक भाषा' के साथ होता है। ये ही भाषा अधिगम प्रक्रिया के स्वाभाविक परिणाम कहे जा सकते हैं। अतः शिक्षक, इन्हीं को ध्यान में रखकर शिक्षा सामग्री और सुधारात्मक पाठ का निर्माण करता है।

अंतर भाषा संदर्भित त्रुटियों के विश्लेषण का एक संदर्भ उनके स्रोतों का विवरण और वर्गीकरण का भी होता है। व्यतिरेकी विश्लेषण का सिद्धांत यह प्रतिपादित करता है कि ऐसी त्रुटियों का मूल कारण मातृभाषा (स्रोत भाषा) के प्रयोगों से उत्पन्न जड़ता होती है जो गुरुत्वाकर्षण के समान लक्ष्य भाषा के नियमों पर हावी होकर उनको अपने नियमों में परिवर्तित कर लेती है। व्यवघात की यह प्रक्रिया ही उनकी दृष्टि में सभी वास्तविक त्रुटियों का कारण है। पर यह देखा गया है कि लक्ष्य भाषा की संरचना स्वयं में त्रुटियों का कारण बन जाती है और अन्य भाषा सीखने के समय पाई जाने वाली कई त्रुटियों की प्रकृति मातृभाषा सीखने के समय प्रयोग में आने वाली त्रुटियों के समान होती है। उनके अनुसार ऐसी त्रुटियों के निम्नलिखित स्रोत हैं :

अति सामान्यीकरण : (ओवर जनरलाइजेशन) : इस प्रक्रिया का संबंध लक्ष्य भाषा की तथ्य सामग्री और भाषाव्यवस्था के आधारभूत नियमों का सादृश्य विधान के आधार पर प्रयोग-प्रसार है। शिक्षार्थी भाषाई तथ्यों के आधार पर नियमों का सामान्यीकरण करता है पर जब यह प्रवृत्ति 'अतिव्याप्ति' दोष तक पहुंच जाती है, त्रुटियां अपने आप भाषाप्रयोग में देखने को मिलने लगती हैं। उदाहरण के लिए :

वह पढ़ता है	—	उसने पढ़ा
वह खाता है	—	उसने खाया
वह देखता है	—	उसने देखा
वह कहता है	—	उसने कहा
वह रोता है	—	'उसने रोया'
वह बोलता है	—	'उसने बोला'

अति सामान्यीकरण की प्रक्रिया भाषा को सरलीकृत करने की प्रवृत्ति से प्रेरित होती है। इसीलिए यह प्रवृत्ति 'पिजन' भाषा, यथा : कलकतिया या बंबइया हिंदी में प्रायः देखने को मिलती है।

उपनियमों की अज्ञानता : हर भाषा में कुछ सामान्य नियम होते हैं और कुछ उन नियमों के विशेषीकृत प्रयोग, जिनका संबंध उपव्यवस्था या उपनियमों से रहता है। इन उपनियमों की जानकारी के अभाव में भी शिक्षार्थी त्रुटियां करता है। उदाहरणत :

आप	आएं / आइए
—	खाएं / खाइए
—	दौड़ें / दौड़िए
—	पीएं / 'पीइए' (पीजिए)
—	करें / 'करिए' (कीजिए)

अंगरेजी में ऐसी त्रुटियां अकसर देखने को मिलती हैं

He said / 'asked' to me.

Go / 'follow' with him.

He showed / 'explained' me the book.

नियमों का अपूर्ण प्रयोग : भाषा में नियम गुच्छ रूप में आते हैं, अतः जब एक नियम को लागू किया जाता है तो स्वभावतः उस पर आधारित दूसरे नियम को भी लागू करना पड़ता है। पर भाषा अधिगम प्रक्रिया क्रमिक होती है और इसकी संभावना हमेशा बनी रहती है कि शिक्षार्थी एक नियम को तो लागू करे, पर दूसरे को न लागू करे। ऐसी त्रुटियां जो भाषा सीखने की क्रमिक क्षमता से संबद्ध हों, वे इस वर्ग में रखी जाती हैं। यथा :

'मैंने रोटी खाया है।'

'श्रीमती शीला आई थी।'

'मोहन जी बैठा है।'

अंगरेजी के प्रयोग की त्रुटियां :

They did not like it, 'nor' I liked it.

Now I 'see' why did he write like this.

'What' you can do for me.

भ्रांतिपूर्ण धारणा : भाषा सीखने के समय कभी-कभी कुछ धारणाएं भ्रांति रूप से मन में बैठ जाती हैं। अंगरेजी पढ़ाते समय यह कह दिया जाता है कि वर्तमान काल में 'is' और भूतकाल में 'was' का प्रयोग होता है। और जड़ीभूत इस भ्रांतिपूर्ण धारणा का प्रयोग त्रुटि रूप में इस प्रकार देखने को मिलता है :

One day it 'was' happened.

He 'is' speaks English.

Mohan 'was' asked me.

इसी प्रकार हिंदी को अन्य भाषा के रूप में सीखने वाले शिक्षार्थी को जब यह बताया जाता है कि हिंदी में दो वाच्य होते हैं : कर्तृवाच्य और कर्मवाच्य और कर्मवाच्य में क्रिया कर्म के अनुसार वचन-लिंग प्रत्यय लेती है, तब 'कर्मवाच्यभावे प्रयोग' के वाक्यों में प्रायः जो त्रुटियां देखने को मिलती हैं, उसका कारण जड़ीभूत भ्रांति ही होता है। यथा :

लड़के ने रोटी खा ली, पर	'लड़के ने रोटी को खा ली।'
सीता ने तस्वीर बना दी, पर	'सीता ने तस्वीर को बना दी।'
तुमने किताब पढ़ी, पर	'तुमने किताब को पढ़ी।'

त्रुटियों के वर्गीकरण के और भी आधार और संदर्भ संभव हैं। उदाहरण के लिए भाषा प्रयोग या भाषा व्यवहार के तीन निश्चित संदर्भ देखे जा सकते हैं : (1) भाषा का संरचनात्मक संदर्भ, (2) भाषा का बोधात्मक संदर्भ, और (3) भाषा का सामाजिक संदर्भ। इन तीनों संदर्भों से संबद्ध त्रुटियां भी तीन निश्चित प्रकार की होती हैं। इसी प्रकार भाषा के संरचनात्मक संदर्भ के भी दो उपवर्ग बनाना संभव है। (क) संरचना का रूपात्मक (फार्मल) संदर्भ, (ख) संरचना का प्रकार्यात्मक (फंक्शनल) संदर्भ। यह भेद कारक चिह्न (केस फार्म) और कारक (केस) या प्रयोग (कर्तरि, कर्मणि और भावे) और वाच्य (कर्तृ, कर्म और भाव) के अंतर को स्पष्ट करता है।

1. भाषा का संरचनात्मक संदर्भ और त्रुटियां

(क) रूपात्मक : 1. 'लड़का' ने कहा।
'बेटा' से बोला।

'लड़के' बोला।

2. मोहन ने रोटी 'को' खा ली।
मैंने इन किताबों 'को' लौटा दीं।

3. वह कान 'ही' पुर जाएगा।
वह राय 'भी' पुर गया था।

(ख) प्रकार्यात्मक 1. The book was sold to Mohan.
=मोहन को किताब 'बेची'
The pen was purchased from the shop.
=यह कलम दुकान 'से' खरीदी
Mohan has a boy servant.
=मोहन का / के एक लड़का है।

2. सोहन ने मोहन 'को' किताब खरीद ली।
सोहन ने मोहन से किताब खरीद 'दी'।

2. भाषा का बोधात्मक संदर्भ और त्रुटियां : इस वर्ग की त्रुटियां मात्र व्याकरण के कारण नहीं होतीं। व्याकरण की दृष्टि से ये वाक्य शुद्ध हो सकते हैं फिर भी वाक्य अर्थ के धरातल पर अशुद्ध होता है। इसके दो उपवर्ग हो सकते हैं (क) शब्दार्थपरक : शब्दार्थ के न जानने से जहां तथ्य भ्रांतिपूर्ण हों और (ख) वाक्य-परक : संरचना के प्रकार्यात्मक बोध के अभाव में जहां पदबंधों का गलत प्रयोग हुआ हो।

(क) शब्दार्थपरक : हिमालय भारत के 'दक्षिण' / उत्तर में है।
'चतुर्भुज' / त्रिभुज की तीन भुजाएं होती हैं।
मेरी 'सगी' / सौतेली मां की उमर मुझसे कम है।
वह लेटकर / 'सोकर' सोचता है।

(ख) वाक्यपरक : मैंने अनजान में गोली चलाई।
गिलास उससे जानबूझकर टूट गया।
गोली मुझसे समझबूझकर चल गई।

3. भाषा का सामाजिक संदर्भ और त्रुटियां : ऐसी त्रुटियों का संबंध उस सामाजिक बोध से रहता है जो भाषा की रचना को प्रभावित करते हैं। सामाजिक अर्थ का संबंध, चयन और विकल्प के साथ रहता है। विकल्प के रूप में उपलब्ध दो में किसी एक का चयन करते समय जो त्रुटियां होती हैं, इनका संबंध भाषाई समाज के आचरणगत उचित व्यवहार की जानकारी का अभाव हो सकता है। कभी-कभी भाषा, सही चुनाव के लिए चिह्नक (मार्कर) का उपयोग करती है—यथा : आदर

के लिए श्रीमान, श्रीमती, जी, साहब आदि। और कभी-कभी इनका उपयोग नहीं भी करती है। हिंदी में आदरार्थ वाक्य बहुवचन में प्रयुक्त होते हैं, अतः आदरार्थ चिह्न के साथ बहुवचन का प्रयोग न होना रूपात्मक त्रुटि मानी जा सकती है। पर जहां ये चिह्नक न हों, तब यह पता लगाना कि लक्ष्यभाषा के भाषाई समुदाय के व्यक्ति किसे आदर और सम्मान की दृष्टि से देखते हैं और किसे नहीं, इसका पता समुदाय के आचरणगत और सामाजिक व्यवहार के द्वारा ही मिलता है। इसका संबंध सीधे सामाजिक बोध से होता है : यह सामाजिक बोध भाषाई समुदाय के संदर्भ में विषमीकृत (डिफरेंशिएटेड) होता है। उदाहरण के लिए समाज के एक स्तर पर 'सिपाही' या 'मुंशी' आदरार्थ है, अतः हम सुनते हैं : 'सिपाही जी आए थे', 'मुंशी जी चले गए' (गांव का अशिक्षित निम्न वर्ग) और यह भी प्रयोग पाते हैं : 'सिपाही आया था', 'मुंशी भी चला गया' (शहर का शिक्षित उच्च वर्ग)। त्रुटियां प्रयुक्ति / शैलीभेद के संदर्भ में भी देखी जा सकती हैं। औपचारिक संदर्भ में बोल-चाल की अनौपचारिक शैली का प्रयोग अथवा कार्यालयी हिंदी के प्रयुक्ति क्षेत्र में सामान्य शैली का प्रयोग।

(क) रूपात्मक : 1. 'श्रीमान', आप / 'तुम' इधर बैठिए / 'बैठो'
2. शीला 'जी', 'तू' /आप कहां गई थी।
3. मास्टर 'साहब' आज 'आया' था।

(ख) सामाजिक बोधपरक : 1. चाचा आज 'आया था'।
मोहन का नाती (एक वचन) स्कूल नहीं 'गए'।
नाना सब फल 'खा गया'।
2. प्रोफेसर आज आया था।
धोबी (एक वचन) आज नहीं आये।

(ग) प्रयुक्ति/शैलीपरक : 1. महानुभाव ! इस बहुमूल्य वस्तु का उचित मूल्य क्या है। कृपया, इसका मूल्य निर्धारण कीजिए। (छोटी दुकान पर खरीदते हुए)
2. चर्चा के अनुसार तुम कारंवाई करो / चर्चा के अनुसार कारंवाई की जाए।
आप मंत्रालय का अनुमोदन प्राप्त करें / मंत्रालय का अनुमोदन प्राप्त किया जाए।
पत्र मिलने की पावती मैंने भेज दी है / पत्र मिलने की पावती भेज दी गई है।
(कार्यालयीन हिंदी / लिखित रूप)

त्रुटियों के इन कारणों पर ध्यान देने से स्पष्ट हो जाता है कि भाषा शिक्षण को अगर प्रभावी रूप में उपादेय बनाना है तब हमें 'शिक्षार्थी' को केंद्र में रख कर उसकी भाषा अधिगम प्रक्रिया के संदर्भ में भाषा शिक्षा-पद्धति को स्वाभाविक और यथार्थपरक बनाना होगा। स्वाभाविकता की यह अपेक्षा है कि शिक्षार्थी के भाषा व्यवहार में पाई जाने वाली त्रुटियों को भाषा सीखने की प्रक्रिया की स्वाभाविक परिणति मानकर उसके निराकरण के लिए सुधारात्मक पाठ बनाए जाएं। त्रुटियों के विभिन्न वर्गों को भाषा सीखने की प्रक्रिया के आधारभूत सिद्धांतों के साथ जोड़कर ही सही सुधारात्मक पाठों का निर्माण संभव है।

भाषा परीक्षण एवं मूल्यांकन

भाषा शिक्षण में भाषा परीक्षण (लैंग्वेज टैस्टिंग) और भाषा मूल्यांकन (लैंग्वेज इवैल्युएशन) का एक विशेष स्थान है। वैसे परीक्षण और मूल्यांकन का शिक्षा के क्षेत्र में पहले से ही महत्त्व स्वीकृत है और इस दृष्टि से उसका अपना एक लंबा इतिहास भी देखा जा सकता है, पर जिस रूप में वह आज भाषा शिक्षण के एक उपांग के रूप में उभर कर आया है, वह तीन चार दशकों की ही देन है। कुछ विद्वान यह अब स्वीकार करते हैं कि भाषा शिक्षण के तकनीकी ज्ञान के साथ-साथ ही भाषा परीक्षण एवं मूल्यांकन को भी एक निश्चित दिशा और तकनीक मिल गई है और वे अपने उद्देश्य के अनुरूप अपनी प्रणाली का समुचित विकास कर चुके हैं, फिर भी उसके कई ऐसे संदर्भ देखे जा सकते हैं जिस पर विद्वानों को एकमत नहीं माना जा सकता। उदाहरण के लिए, वस्तुवादी प्रकार (आब्जेक्टिव टाइप) के परीक्षण के पक्ष-विपक्ष में अभी भी बहस जारी है, परीक्षण में 'अनुवाद' के योगदान के सापेक्षिक महत्त्व पर चर्चा पूरी तरह समाप्त नहीं मानी जा सकती और इसी प्रकार परीक्षण इकाई के रूप में अशुद्ध उदाहरणों (को शुद्ध करने की क्षमता) को परीक्षा में स्थान दिया जाए या नहीं—इस पर भी विद्वान निर्विवाद रूप से एक निष्कर्ष पर नहीं पहुंचे हैं।

प्रश्न यह है कि परीक्षण है क्या? शिक्षा के अपने व्यावहारिक संदर्भ में परीक्षण किसी एक (निम्नस्तरीय) पाठ्यक्रम (कक्षा) से किसी दूसरे (उच्चस्तरीय) पाठ्यक्रम (कक्षा) में प्रवेश पाने के लिए शैक्षिक संस्थान द्वारा दिए जाने वाले प्रमाण पत्र के लिए आयोजित एक प्रक्रियात्मक विधि है। यह रूढ़िवादी मान्यता परीक्षण को सत्रांत में उस परीक्षा से जोड़ती है जो छात्रों को उत्तीर्ण और अनुत्तीर्ण श्रेणियों में विभाजित करती है जिसके आधार पर शिक्षा संस्थान यह निर्णय लेता है कि किन छात्रों को उच्चतर कक्षा में प्रवेश दिया जाए और किन्हें नहीं। यथा :

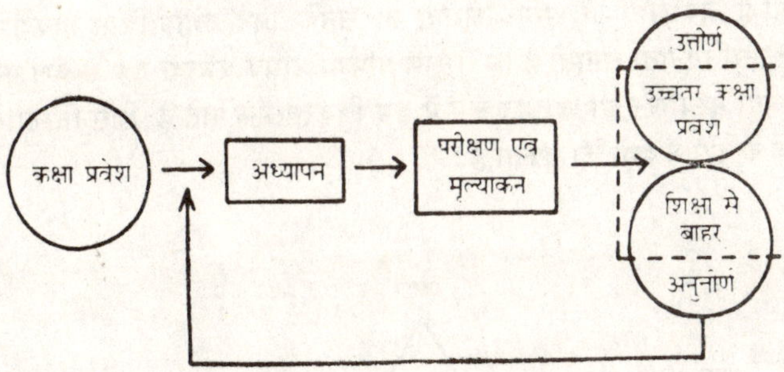

शिक्षा की आधुनिक दृष्टि परीक्षण को शिक्षा प्रक्रिया का एक अभिन्न अंग मानती है। उसे वह अध्यापन क्षेत्र से बाहर की वस्तु न मानकर शिक्षण प्रक्रिया का ही एक उपकरण मानती है। वह यह मानती है कि परीक्षण, पाठाध्यापन के समय निरंतर प्रयोग में लाई जाने वाली एक ऐसी प्रक्रिया है जो उद्देश्यनिष्ठ शिक्षण-योजना के अभिन्न अंग के रूप में सिद्ध रहती है। इस दृष्टि से देखने पर यह कहा जा सकता है कि 'परीक्षण, उद्देश्यनिष्ठ परीक्षाविधि है और परीक्षा, नियंत्रित एवं निर्देशित परिस्थिति में छात्रों द्वारा संपादित वह निरीक्षणीय क्रियाव्यवहार है जिसके आधार पर सापेक्षतया कम रूढ़ एवं नियंत्रित स्थिति में वैसा ही क्रिया-व्यवहार करने की छात्रों की सामर्थ्यक्षमता का पता लगाना संभव हो।'

इस परिभाषा के अनुसार परीक्षा (टैस्ट) संबंधी निम्नलिखित तथ्य ध्यान देने योग्य हैं :

1. परीक्षा, छात्र द्वारा संपादित क्रियाव्यवहार है।
2. यह क्रियाव्यवहार नियंत्रित एवं निर्देशित परिस्थिति में होता है।
3. इस क्रियाव्यवहार का निरीक्षण संभव है।
4. परीक्षा के उद्देश्य का संबंध छात्रों की सामर्थ्य क्षमता के साथ रहता है।
5. यह सामर्थ्य क्षमता, सापेक्षतया कम नियंत्रित स्थिति में वैसे ही क्रिया-व्यवहार की अपेक्षा रखता है जैसा परीक्षा के समय छात्र ने संपादित किया था।

यह दृष्टि परीक्षण को छात्रों की अपनी सफलता असफलता के परिणाम से संबद्ध न कर उनकी उस सामर्थ्य क्षमता के साथ जोड़ती है जिसको लक्ष्य में रखकर शिक्षण प्रक्रिया चलती है। यह मात्र योग्यता के परीक्षण (एग्जामिनेशन) को लक्ष्य में रखकर शिक्षा व्यापार को सीमित और संकुचित करने की अपेक्षा, उसे एक व्यापक एवं निश्चित आयाम देती है। अत: यद्यपि परीक्षण और मूल्यांकन में अंतर है, पर सफलता-असफलता की वृत्ति से जुड़े परीक्षण की संकल्पना से इसे अलग करने के लिए आगे यहां 'मूल्यांकन' शब्द का उपयोग किया जा रहा है। मूल्यांकन के संदर्भ में यह कहा जा सकता है कि यह उद्देश्य बाधित वह नियमित शैक्षिक

प्रक्रिया है जो छात्रों की सामर्थ्यक्षमता को उनके निरीक्षणीय क्रिया व्यवहार के सहारे इसलिए पता लगाती है कि शिक्षण प्रक्रिया अधिक प्रभावी रूप से चल सके।

अतः मूल्यांकन को आधार रूप में हम त्रिवृत्तात्मक पाते हैं जिसे निम्नांकित त्रिभुज के रूप में देखा जा सकता है :

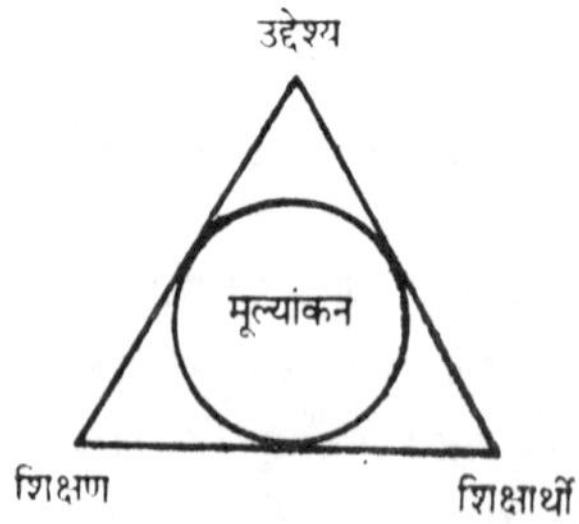

त्रिकोण के एक कोण पर उद्देश्य, दूसरे पर शिक्षण और तीसरे पर शिक्षार्थी रखा गया है। ऊपर दी गई मूल्यांकन की परिभाषा, शिक्षार्थी (की सामर्थ्यक्षमता) के संदर्भ में दी गई है। पर अगर हम उद्देश्य और शिक्षण व्यापार के संदर्भ को भी ध्यान में रखें तो ऐसे कई प्रकार के मूल्यांकन मिलेंगे जिसके मूल में मात्र शिक्षार्थी अथवा चलने वाली शिक्षण प्रक्रिया नहीं होती। उदाहरण के लिए उद्देश्य के रूप में मूल्यांकन का भी मूल्यांकन संभव है और कक्षा अध्यापन के समय चलने वाली शिक्षण प्रक्रिया के पूर्व भी छात्र एवं पाठ का मूल्यांकन शिक्षार्थी की अभिक्षमता (ऐप्टिच्यूड) और पाठ की रचनात्मक व्यवस्था जानने के निमित्त संभव है।

मूल्यांकन का मुख्य लक्ष्य उन सूचनाओं को प्राप्त करना है जिसके आधार पर पाठ्यक्रम को सुनियोजित एवं प्रभावी ढंग से चलाने के निमित्त शैक्षिक प्रक्रिया के विभिन्न संदर्भों में उचित और बुद्धिमत्तापूर्ण निर्णय लिया जा सके। शैक्षिक प्रक्रिया का अपना व्यापक संदर्भ होता है, जिसकी चर्चा अन्यत्र की जा चुकी है। यहां इतना ही कहना अलम है कि शिक्षण प्रक्रिया (लर्निंग प्रोसेस) शैक्षिक प्रक्रिया (एजूकेशनल प्रोसेस) का मूलाधार है, पर वही एकमात्र उसका अंग नहीं। यह भी ध्यान देने की बात है कि कभी-कभी ये मूल्यांकन स्वयं अपना संदर्भ ले लेते हैं। उस स्थिति में मूल्यांकन की उपलब्धि पूर्व प्रचलित मूल्यांकन में गुणात्मक सुधार लाने के कारण रूप में मानी जाती है। मूल्यांकन के प्रभाव के संदर्भ में यह भी कहा जा सकता है कि उससे प्राप्त सूचनाएं, स्वयं पाठ्यक्रम में चल रही पाठयोजना को बदलने का हेतु भी बन सकती है। शिक्षा व्यापार में कई स्तर पर और प्रगति

के संदर्भ में उसके कई चरणों पर निर्णय लेने की आवश्यकता पड़ती है। अतः शिक्षा व्यापार चक्र के विभिन्न चरणों एवं स्तरों पर मूल्यांकन की हमें आवश्यकता पड़ती है।

मूल्यांकन के प्रकार

शिक्षा व्यापार को व्यापक संदर्भ में रखकर उसके तीन निश्चित चरण माने जा सकते हैं : पाठपूर्व, पाठप्रक्रिया और पाठपश्च और तदनुरूप भाषा शिक्षण के संदर्भ में नियोजित विभिन्न प्रकार के मूल्यांकन को भी वर्गीकृत किया जाता है।

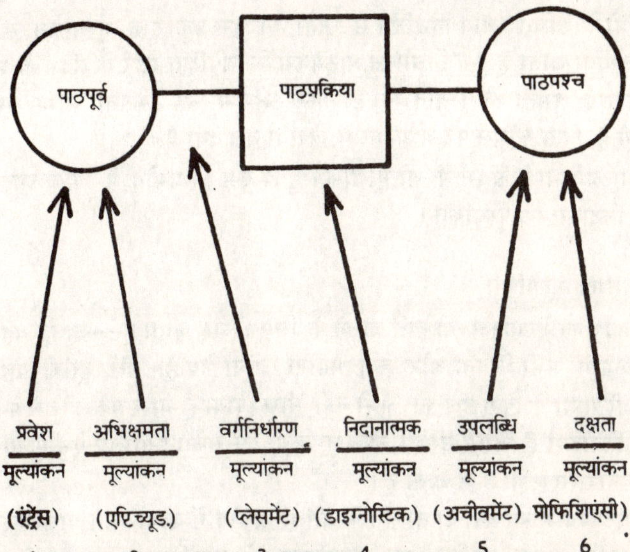

मूल्यांकन का
मूल्यांकन

ऊपर दिए गए आरेख के आधार पर यह कहा जा सकता है कि पाठपूर्व मूल्यांकन निम्नलिखित तीन प्रकार के होते हैं :

प्रवेश मूल्यांकन

इस प्रकार के मूल्यांकन का उद्देश्य यह जानना होता है कि छात्र की भाषाई क्षमता, निर्धारित पाठ्यक्रम के योग्य है या नहीं। इस प्रकार के परीक्षण के आधार पर शिक्षार्थी को एक या दूसरे पाठ्यक्रम में प्रवेश दिया जाता है।

अभिक्षमता मूल्यांकन

इस प्रकार का मूल्यांकन अन्य भाषा सीखने में छात्रों की संभाव्य सफलता का सांख्यिकीय (स्टेटिस्टिकल) सूचना देता है। वस्तुतः भाषा संप्राप्ति का एक आधार भाषा सीखने की छात्रों की अभिप्रेरणा (मोटिवेशन) भी होती है। अतः इस प्रकार का परीक्षण भाषा संबंधी छात्रों की रुझान का भी पता लगाने के काम आता है।

वर्ग (स्थान) निर्धारण मूल्यांकन

इस प्रकार के मूल्यांकन का संबंध नियोजित पाठ्यक्रम में भाषाई क्षमता के संदर्भ में छात्रों के उचित स्थान निर्धारण से रहता है। इस प्रकार के मूल्यांकन से यह पता लगाया जाता है कि निर्धारित पाठ्यक्रम के अपेक्षित स्तर के संदर्भ में छात्र की भाषाई क्षमता की स्थिति क्या है, किस क्षेत्र में वह कितना योग्य अथवा अयोग्य है, किस कौशल पर अध्यापन में कितना बल देना है।

पाठप्रक्रिया के संदर्भ में जो मूल्यांकन मुख्य रूप से प्रयोग में लाया जाता है वह है निदानात्मक मूल्यांकन।

निदानात्मक मूल्यांकन

इस प्रकार का मूल्यांकन दो बातें जानने के लिए किया जाता है—पहली, यह कि पाठ्यक्रम में अभी कितना और क्या पढ़ाया जाना शेष है, और दूसरी यह कि शिक्षार्थी भाषा के किस पक्ष को अभी नहीं सीख पाया है या उसके सीखने में उसे क्या कठिनाइयां हैं जिससे उसका उपचार किया जा सके। इसीलिए ऐसे मूल्यांकन को उपचारात्मक भी कहा जाता है।

पाठपश्च मूल्यांकन, या तो सत्र के अंत में प्रयोग में लाया जाने वाला मूल्यांकन होता है अथवा पूर्वनिर्धारित पाठयोजना की समाप्ति पर उपयोग में आने वाला। इसके दो प्रमुख भेद हैं :

उपलब्धि मूल्यांकन

इस प्रकार का मूल्यांकन यह पता लगाने के लिए निर्मित किया जाता है कि औपचारिक रूप से कक्षा में दिए गए पाठनिर्देश के संदर्भ में छात्रों की भाषाई कौशल संबंधी उपलब्धि क्या है, कक्षा में पढ़ाए गए तथ्यों के आधार पर उसने भाषाई कौशल को अधिकृत करने में कितनी सफलता प्राप्त की है। वस्तुतः इस प्रकार का मूल्यांकन अध्यापन के संदर्भ में छात्रों की अपनी उपलब्धि से संबंध रखता है।

दक्षता मूल्यांकन

इस प्रकार का मूल्यांकन छात्रों के भाषा अधिगम संबंधी संयोजित अनुभव से संबद्ध रहता है। इसमें परीक्षण का संदर्भ कक्षा में दिए गए पाठसंबंधी निर्देश नहीं होता। इसका संदर्भ शिक्षार्थी के भाषाई कौशल में दक्षता का वह अनुपात होता है जिसके माध्यम से वह दिए गए परिस्थिति विशेष में भाषा का सक्षम या अक्षम रीति से उपयोग करता है।

इधर शिक्षा को एक सतत (चलने वाली) प्रक्रिया (कंटिन्युअस प्रोसेस) के रूप में देखा जाने लगा है। उत्तीर्ण-अनुत्तीर्ण विभाजन को यह दृष्टि, राष्ट्रीय शक्तिस्रोत एवं सामाजिक उपलब्धि के अपव्यय का आधार मानती है। शिक्षा को सातत्य प्रक्रिया मानने वाले भाषा मूल्यांकन को भी निरंतर चलने वाली एक प्रक्रिया मानते हैं। सतत मूल्यांकन (कंटिन्युअस इवैल्युएशन) उपलब्धि और दक्षता मूल्यांकन को भी इसीलिए पाठपश्च मानने के बजाय पाठ-प्रक्रिया के अंतर्गत मानता है जो उसके अनुसार शिक्षण प्रक्रिया में सातत्य भाव से चलता रहता है।

रीति या पद्धति के आधार पर भाषामूल्यांकन के दो उपवर्ग बनाए जा सकते हैं : (1) एकलबद्ध (डिस्क्रीट पाइंट) मूल्यांकन, और (2) समग्रताबद्ध (इंटीग्रेटिव) मूल्यांकन।

'एकलबद्ध मूल्यांकन' भाषा के रूप और संरचना के आधार पर उसके विभिन्न कौशलों के संदर्भ में छात्रों के ज्ञान और दक्षता का मूल्यांकन करता है। यह वस्तुतः संरचनात्मक भाषाविज्ञान पर आधारित दृष्टि का परिणाम है। संरचनात्मक भाषाविज्ञान भाषा को तीन स्तर पर विश्लेष्य मानता है—(1) अभिव्यक्ति (एक्सप्रेशन) स्तर, जिसके दो उपभेद हैं : स्वनिमिक (फोनेमिक) अर्थात उच्चारण संबंधी और लेखिमिक (ग्रेफेमिक) अर्थात लेखन संबंधी, (2) रूप (फार्म) स्तर, जिसके दो उपभेद हैं : रूप विज्ञान (मार्फोलाजी) और वाक्य विन्यास (सिंटैक्स), और (3) कथ्य (कांटेंट) स्तर, जिसके दो उपभेद हैं : शब्दार्थ (लेक्सिकल) परक और वाक्यार्थपरक अथवा संरचनापरक (स्ट्रक्चरल)। इसी प्रकार भाषाई कौशल के वह चार पक्ष या प्रकार मानता है सुनना (या समझना), बोलना, पढ़ना और लिखना। एकलबद्ध मूल्यांकन भाषा के विभिन्न स्तरों के संदर्भ में छात्रों के भाषाई कौशल के किसी एक निश्चित पक्ष का परीक्षण करता है।

प्रश्नविधा के संदर्भ में मूल्यांकन को मोटे तौर पर दो उपवर्गों में विभाजित किया जा सकता है : (1) मौखिक मूल्यांकन (ओरल टैस्ट), और (2) लिखित मूल्यांकन (रिटेन टैस्ट)। पहले मौखिक मूल्यांकन को वाचन (पढ़ने) के कौशल तक ही सीमित रखा जाता था, पर अब इसका प्रसार लघु उत्तरात्मक एवं संक्षिप्त

निबंधात्मक प्रश्नों तक किया जाता है। लिखित मूल्यांकन को पहले निबंध और रचना (कंपोजीशन) संबंधी क्षमता के परीक्षण के लिए उपयोग में लाया जाता था पर अब उसे सटीक बनाने के लिए नए प्रश्नपद के रूप में स्वीकार किया जाता है।

नए प्रश्नपदों को दो वर्गों में बिभाजित करना संभव है : (1) 'अभिनिर्धारक प्रश्नपद', जो अभिनिर्धारण प्रक्रिया (आइडेंटिफिकेशन) के माध्यम से भाषाई कौशल का पता लगाता है और (2) 'अभिस्मरण प्रश्नपद', जो स्मरण (रिकलेक्शन) प्रक्रिया के आधार पर भाषाई कौशल या क्षमता का परीक्षण करता है।

इन दोनों वर्गों के मूल्यांकनपरक प्रश्नपद के कई उपवर्ग (उपप्रकार) प्रयोग में लाए जाते हैं, जिनमें निम्नलिखित मुख्य हैं :

- (क) अभिनिर्धारक प्रश्नपद
  - (1) एकविकल्पी / सत्यासत्य पद (ट्रू / फाल्स टैस्ट)
  - (2) बहुविकल्पीपद (मल्टीपुल च्वाइस टैस्ट)
  - (3) मिलानपद (मैचिंग टैस्ट)
- (ख) अभिस्मरण प्रश्नपद
  - (4) प्रत्यास्मरण संक्षिप्त पद (रिकाल टैस्ट)
  - (5) रिक्त स्थान पूर्ति पद (फिल इन दि ब्लैंक टैस्ट)

'समग्रताबद्ध मूल्यांकन' भाषा को मूलतः संप्रेषणपरक (कम्युनिकेटिव) मानता है। संप्रेषण के समर्थ उपकरण के रूप में भाषा, वास्तविक परिस्थितियों में उपयोग में लाई जाने वाली एक सावयव (आर्गेनिक) इकाई है। इस सावयव इकाई को शिक्षा के संदर्भ में प्रकार्य और प्रयोग (फंक्शन ऐंड यूसेज) के आधार पर समझना चाहिए न कि रूप (फार्म) और संरचना (स्ट्रक्चर) के आधार पर। भाषाई दक्षता पुस्तकीय ज्ञान के परिप्रेक्ष्य में भले ही भाषा के विभिन्न स्तरों से संबद्ध विभिन्न भाषाई कौशलों से संबद्ध हो पर वास्तविक और सामाजिक परिस्थिति में संप्रेषण प्रकार्य को साधने वाली भाषा एवं उसकी दक्षता को प्रयोजन सिद्धि के संदर्भ में ही जांचना अधिक तर्कसंगत है। उदाहरण के लिए अगर किसी व्यक्ति को किसी स्थितिविशेष को भाषा के माध्यम से नियंत्रित करना है (यथा : बाजार में जाकर कोई चीज खरीदने के लिए भाषा का उपयोग करना है) तो उस समय यह देखना निरर्थक है कि उस व्यक्ति को भाषा के अपेक्षित शब्दों का साठ प्रतिशत ज्ञान है, वाक्य संरचना का पच्चीस प्रतिशत उसने सीख लिया है या ध्वनिस्तर पर उसकी दक्षता चालीस प्रतिशत अंक पाने योग्य है। इसके विपरीत ऐसी स्थिति में यह

देखना सार्थक होगा कि किसी एक निश्चित सामाजिक संदर्भ में वस्तुस्थिति को नियंत्रित करने के लिए उपयोग में लाई जाने वाली भाषा में छात्र को कितनी दक्षता प्राप्त है और वह वस्तुस्थिति को नियंत्रित करने में कितना सफल या असफल है।

'समग्रताबद्ध मूल्यांकन' दृष्टि भाषिक इकाइयों को संप्रेषण इकाइयों के संदर्भ में स्वीकार करती है अतः 'एकलबद्ध मूल्यांकन' दृष्टि के विपरीत वह वाक्य को संपूर्ण और सावयय इकाई मानकर चलती है। यही कारण है कि एकलबद्ध मूल्यांकन, भाषा संबंधी एक समय में एक पाठबिंदु के परीक्षण का समर्थक है, और इसीलिए छात्र के लिए परीक्षा देते समय यह आवश्यक नहीं होता कि एकलबद्ध मूल्यांकन संबंधी प्रश्नपद का उत्तर देने के लिए वाक्य के संपूर्ण अर्थ को वह जाने ही। पर समग्रताबद्ध मूल्यांकन की यह अपेक्षा है कि छात्र वाक्य या संप्रेषण संबंधी अन्य भाषिक इकाइयों की दक्षता खंडरूप में न रखकर, सावयव रूप में रखें।

'समग्रताबद्ध मूल्यांकन', 'एकलबद्ध' से भिन्न प्रश्नपदों की अपेक्षा रखता है। इनमें दो प्रकार के परीक्षण विशेष महत्व के हैं। 'श्रुतलेख' (डिक्टेशन) परीक्षण और क्लोज परीक्षण। श्रुतलेख परीक्षण परंपरा से चली आ रही पद्धति है जिसे संरचनात्मक भाषाविज्ञान के समर्थक भाषाविद असूचनात्मक (अन-इन्फोर्मेटिव) मानते हैं। उनके मत में श्रुतलेख परीक्षण, शिक्षाशक्ति का अपव्यय है। पर अब ऐसे कई भाषावैज्ञानिक हैं जो भाषादक्षता के सर्वांग मूल्यांकन के संदर्भ में इसकी सार्थकता को स्वीकार करते हैं। हां, वह यह अवश्य मानते हैं कि श्रुतलेख परीक्षण में एक ओर पाठचयन और दूसरी ओर बोलने के वाग्वेग (भाषण गति) को सही ढंग से नियंत्रित करने की आवश्यकता बनी रहती है। उदाहरण के लिए श्रुतलेख मूल्यांकन विधि को प्रतिफलित करते समय पाठ को तीन बार पढ़ना अपेक्षित है। पहली बार उसे सामान्य वार्तालाप में प्रयुक्त होने वाले वाग्वेग के साथ, दूसरी बार, पदबंध और उपवाक्य पर आने वाले विरामस्थलों पर बल देते हुए (जिससे शिक्षार्थी विरामचिह्नों को सही ढंग से चिह्नित कर सके) और तीसरी बार, सुधार करने के निमित्त अपेक्षित समय को ध्यान में रखकर विराम देते हुए वाग्वेग के साथ।

'क्लोज मूल्यांकन' विधि का सर्वप्रथम प्रयोग 'पाठन सामग्री' (रीडिंग मैटि-रियल) की कठिनाइयों के अनुस्तरण के लिए हुआ था। पर अब इसे मूल्यांकन का एक मानक रूप माना जाने लगा है। इसमें उपयुक्त तकनीक का संबंध संदर्भ सापेक्ष रिक्त स्थानों की पूर्ति के साथ होता है। प्रश्नपद बनाते समय किसी स्वायत्त पाठ के किसी पांचवें, छठे या सातवें शब्द का लोप कर दिया जाता है और शिक्षार्थी से यह अपेक्षा की जाती है कि वह लुप्त शब्द या पाठ के संदर्भ में

उपयुक्त किसी अन्य शब्द द्वारा रिक्त स्थानों की पूर्ति करे। 'क्लोज मूल्यांकन' भाषा की समझ और उसके प्रयोग की पकड़ संबंधी शिक्षार्थी की दक्षता का परीक्षण है। इसके लिए आवश्यक है कि शिक्षार्थी दिए गए पाठ को पहले संकल्पना के धरातल पर ग्रहण करने की दक्षता रखे और फिर उस दक्षता के संदर्भ में भाषा-कौशल के व्यवहार की दक्षता का परिचय दे।

यहां इस ओर भी संकेत दे देना आवश्यक है कि 'एकलबद्ध मूल्यांकन' के संदर्भ में विकसित प्रश्नपदों के कुछ प्रकारों का प्रयोग 'समग्रताबद्ध मूल्यांकन' के लिए संभव है। उदाहरण के लिए 'समग्रताबद्ध मूल्यांकन' के लिए बहुविकल्पी प्रकार के प्रश्नपद का प्रयोग सामान्यत: किया जाता है। यह एक अन्य बात है कि प्रश्नपद प्रकार एक होते हुए भी प्रश्नपद के लिए पाठबिंदु चयन में अपनाई जाने वाली दृष्टि अपने उद्देश्य के अनुरूप भिन्न होती है।

भाषादक्षता को वाग्वेग (स्पीड) बनाम वाक्शक्ति (पावर) के भेद के रूप में देखना संभव है। अत: भाषा मूल्यांकन के भेद/प्रकार का एक आधार यह विभाजन भी बन सकता है। 'वाग्वेग दक्षता' संबंधी भाषा मूल्यांकन छात्रों की भाषण या लेखनगति संबंधी दक्षता को अपने केंद्र में रखता है। इसके विपरीत 'वाक्शक्ति दक्षता' संबंधी मूल्यांकन शिक्षार्थी के भाषा व्यवहार के गुणात्मक पक्ष (क्वालिटी) और सही ज्ञान (एक्युरेसी) को अपने ध्यान में रखता है।

ऊपर संकेतित भाषा मूल्यांकन के संदर्भ में उसके सांचे (फ्रेम) को पृष्ठ 161 पर दिये गये आरेख द्वारा समझा जा सकता है।

यहां इस ओर भी ध्यान देना आवश्यक है कि भाषा मूल्यांकन को अपने स्वयं के संदर्भ में 'सार्थकता या वैधता' (वैलिडिटी) और 'विश्वसनीयता' (रिलाइएबिलिटी) के प्रश्न के संदर्भ में अपना मूल्यांकन करना पड़ता है। वैधता का प्रश्न मूल्यांकन के उद्देश्यों के साथ जुड़ा होता है। मूल्यांकन की वैधता इस तथ्य में निहित रहती है कि क्या मूल्यांकन उस भाषाई कौशल की स्थिति या क्रिया को यथोचित रूप में उद्दीप्त या प्रेरित (स्टिमुलेट) कर पाता है कि नहीं जिसका परीक्षण उद्देश्य के रूप में स्वीकृत माना गया है। विश्वसनीयता का प्रश्न इस तथ्य के साथ जुड़ा होता है कि क्या मूल्यांकन विभिन्न अवसरों पर समरूपी परिस्थितियों में एक जैसा परिणाम देता है या नहीं।

प्रश्नपद निर्माण की पूरी प्रक्रिया के संदर्भ में विद्वानों ने निम्नलिखित चरण की ओर संकेत दिया है :

योजना (प्लानिंग) : इस चरण में परीक्षणीय पाठ बिंदुओं पर मूल्यांकन के व्यापक संदर्भ में विचार किया जाता है। यह चरण मूल्यांकन के 'क्या' और 'कैसे' पक्ष से जुड़ा होता है। इस स्तर पर यह विचार किया जाता है कि मूल्यांकन का कथ्यपक्ष क्या हो। प्रश्नोत्तर देने में छात्रों के लिए अपेक्षित समय कितना हो और प्रश्नपद

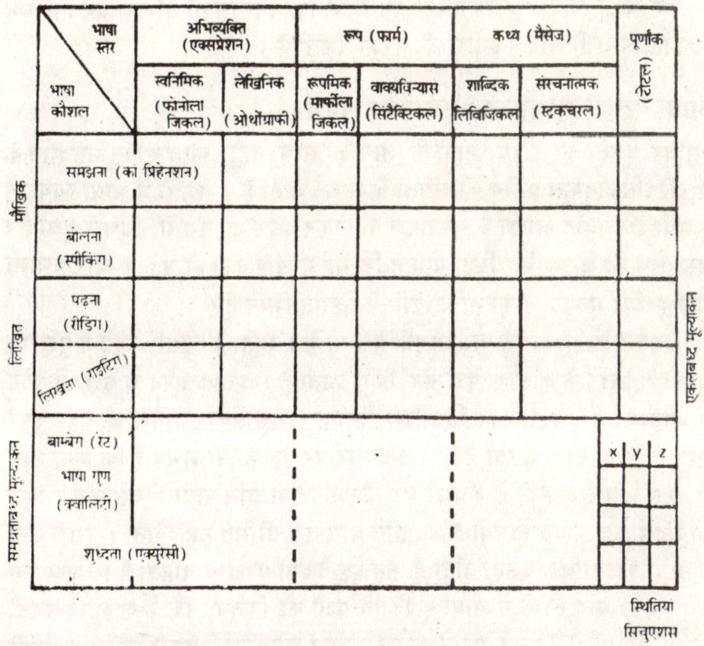

में परीक्षणीय पाठबिंदु कितने हों।

लेखन (राइटिंग) : इस चरण में प्रश्नपद के निर्देशपक्ष की निर्भ्रान्त भाषा में अभिव्यक्ति की जाती है जिससे छात्र, प्रश्नपद में अंतर्निहित समस्या को स्पष्ट रूप में बिना किसी विरोधाभास या कठिनाई के समझ सके। इसी चरण में मूल्यांकन करने वाले परीक्षकों के लिए भी निर्देश लिखा जाता है।

पाठबिंदु चयन (आइटम सलेक्शन) : इस चरण में यह विचार किया जाता है कि छात्रों के ज्ञान या दक्षता के परीक्षण के लिए कठिनाई का कौन सा स्तर स्वीकार किया जाए और कठिनाइयों के स्तर के संदर्भ में कौन-कौन से परीक्षणीय पाठबिंदु संभव हैं।

पूर्व परीक्षण (टैस्ट ट्राईआउट) : परीक्षणीय पाठबिंदुओं के चयन और उससे संबद्ध आवश्यक निर्देश लिख लिए जाने के बाद, छात्रों की दक्षता के वास्तविक उपयोग में आने के पहले यह आवश्यक हो जाता है कि छात्रों की दक्षता के स्तर के अन्य व्यक्तियों पर प्रयोग कर प्रश्नपद का परीक्षण कर लिया जाए।

मानकीकरण (स्टैंडर्डाइजेशन) : यह चरण, मूल्यांकन के आधार पर मिले छात्रों के प्राप्तांक से संबंध रखता है और यह पता लगाता है कि प्राप्तांक की सार्थकता क्या है। इस चरण का संबंध मूल्यांकन की वैधता और विश्वसनीयता से रहता है।

स्पष्ट है, भाषा मूल्यांकन के संदर्भ में प्रश्नपद निर्माण की प्रक्रिया एक निश्चित सिद्धांत, प्रणाली और तकनीक की अपेक्षा रखती है।

भाषा दक्षता मूल्यांकन : आधुनिक संदर्भ

भाषिक दक्षता का संबंध भाषा के ज्ञान के साथ नहीं होता अपितु उस ज्ञान के परिस्थिति अनुकूल प्रयोग की क्षमता के साथ रहता है। छात्रों में भाषा व्यवहार संबंधी इस प्रयोग क्षमता के मूल्यांकन को लेकर इधर नए ढंग से बिचार हुआ है। इस तथ्य की ओर संकेत दिया गया है कि यह मूल्यांकन अपने उद्देश्य और प्रणाली में उपलब्धि मूल्यांकन की मान्य विधि से नितांत भिन्न है।

उपलब्धि मूल्यांकन पाठ सामग्री तक सीमित रहता है। उसमें कक्षा में पूछे गए प्रश्नों के उत्तर के आधार पर 'ग्रेड' दिया जाता है। प्रत्येक प्रश्न के उत्तर के योग के आधार पर कुल प्राप्तांक निर्धारित होता है। इस प्रकार प्रत्येक छात्र हर दूसरे छात्र के लिए संदर्भ बनता है जिसके आधार पर यह कहना संभव है कि किस छात्र ने कक्षा में पाठ सामग्री के आधार पर कितना भाषा ज्ञान पाया। दक्षता मूल्यांकन का संदर्भ कक्षा, पाठ सामग्री और भाषा ज्ञान तक सीमित नहीं होता। उसके केन्द्र में छात्रों की भाषिक दक्षता होती है। वह यह देखना-परखना चाहता है कि अध्यापन व्यापार के बाद छात्रों में भाषा के कितने पक्षों का कितने अंश में व्यवहार संबंधी दक्षता आ पाई है। उसके मूल्यांकन का आधार व्याकरण, शब्दकोष आदि संबंधी अलग-अलग प्रश्नपद न होकर नियत कार्य (टास्क) आधारित छात्रों का भाषा व्यवहार होता है। मूल्यांकन की प्रकृति भी एकोन्मुखी न होकर व्यापक और बहुमुखी (ग्लोबल) होती है। यह माना जाता है कि भाषिक दक्षता की प्रकृति को गेस्टाल्ट सिद्धांत के आधार पर ही समझा जा सकता है। यह सिद्धांत इस ओर संकेत देता है कि भाषा व्यापार एक संपूर्ण क्रिया है जिसमें प्रयुक्त होने वाले विभिन्न घटकों (यथा, व्याकरण, उच्चारण, शब्दकोष आदि) का योग तो होता है पर भाषा व्यवहार की संपूर्ण क्रिया इस योग से तो कहीं ऊपर का बोधात्मक विधान है।

दक्षता मूल्यांकन के लिए 'इन्टरएजेन्सी लैंग्वेज राउंडरेबुल' द्वारा प्रस्तावित भाषा व्यवहार के छः घटक हैं—(1) व्याकरण, (2) वाक् प्रवाह (फ्लुएंसी), (3) उच्चारण, (4) शब्द समूह, (5) समाजभाषा पक्ष, और (6) नियत कार्य।

दक्षता के छः स्तर माने गये हैं—शून्य स्तर, उत्तर जीवन (सर्वाइवल) स्तर, मूर्त अभिव्यक्ति स्तर, अमूर्त अभिव्यक्ति स्तर, द्योतन (रिप्रजेन्टेशन) स्तर और शिक्षित मातृभाषी स्तर। प्रत्येक स्तर पर भाषा व्यवहार के विभिन्न घटक अपने ढंग से संघटित (इंटीग्रेट) होते हैं। इस संघटित स्तर व्यवस्था की संकल्पना एक उल्टे पिरामिड के रूप में की जा सकती है।

भाषा दक्षता के संघटित स्तर

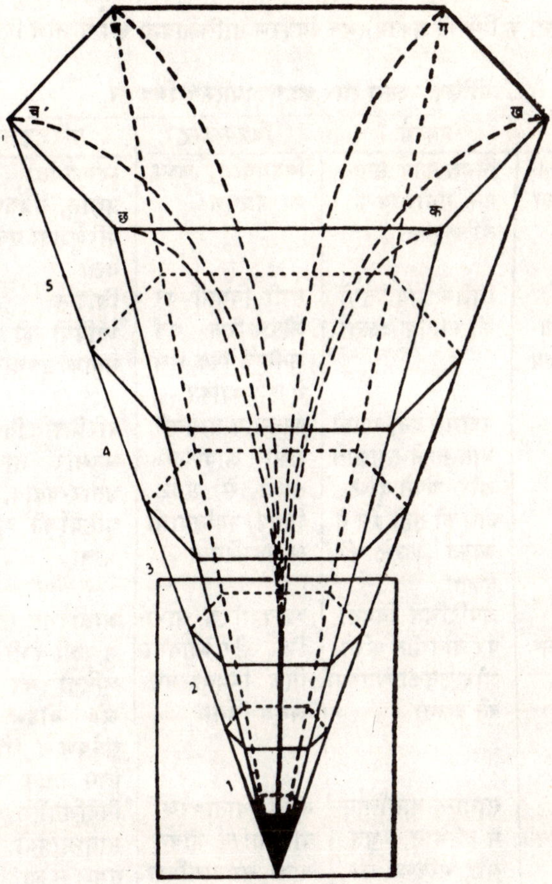

क = नियत कार्य
ख = वाक् प्रवाह
ग = शब्द समूह
घ = व्याकरण
च = उच्चारण
छ = समाजभाषा वैज्ञानिक

स्तर—0. = शून्य,—1. उत्तरजीवी,
—2. मूर्त अभिव्यक्ति,—3. अमूर्त अभिकरण,
—4. द्योतन,—5. शिक्षित मातृभाषी

दक्षता तीन अंगों की समाप्ति के रूप में देखी जा सकती है। ये अंग हैं—प्रकार्य/प्रयोजन (फंक्शन), विषय-वस्तु (टापिक) और परिशुद्धता (एकुरेसी)। मौखिक दक्षता के त्रिअंगी प्रकार्यात्मक विवरण तालिकाबद्ध रूप में नीचे दिया जा रहा है।

मौखिक दक्षता स्तर का प्रकार्यात्मक विवरण

स्तर	प्रकार्य	विषय-वस्तु	परिशुद्धता
मौखिक अभिव्यक्ति का स्तर	नियत कार्य संपापन, मनोभाव की अभिव्यक्ति	विषयवस्तु, कथ्य का संप्रेषण	स्वीकार्यता की प्रकृति, संप्रेषण की परिशुद्धता एवं गुणवत्ता
स्तर—5 शिक्षित मातृभाषी समतुल्य स्तर	विशेष प्रयुक्तियों की भाषिक दक्षता	सभी विषयों पर औपचारिक एवं अनौपचारिक शैली में अभिव्यक्ति	शिक्षित मातृभाषियों की तरह मानक उच्चारण
स्तर—4 द्योतन स्तर	परामर्श देने, अपनी बात कहने-समझाने और अपने दृष्टिकोण को सही ढंग से व्यक्त करने की दक्षता	व्यवसाय सम्बन्धी सभी आवश्यकताओं से संबद्ध विषय, पर्यायवाची अभिव्यक्तियां	परिस्थिति विशेष के अनुसार तान में उतार-चढ़ाव, त्रुटियों की न्यूनतम मात्रा
स्तर—3 अमूर्त अभिव्यक्ति स्तर	अपरिचित विषयों पर बातचीत करने और उनकी व्याख्या की दक्षता	व्यावहारिक, सामाजिक और व्यावसायिक विषयों पर अमूर्त चिंतन	आधारभूत संरचना में कभी-कभी ऐसी त्रुटियों का होना जो बोधन या संप्रेषण में श्रोता के लिए बाधक न हों
स्तर—2 मूर्त अभिव्यक्ति स्तर	सामान्य वार्तालाप में वर्तमान, भूत और भविष्य की घटनाओं के विवरण देने की क्षमता	अपने वातावरण, पारिवारिक जीवन यात्रा, समसामयिक घटनाओं के मूर्त रूप	विदेशियों से असंबद्ध मातृभाषियों की समझ में आने योग्य कभी-कभी संप्रेषण में भ्रामकता
स्तर—1 उत्तरजीवी स्तर	प्रश्न करने और उत्तर देने तथा संक्षिप्त वार्तालाप की दक्षता	सामान्य जीवन के सामान्य प्रसंगों पर औपचारिक वार्तालाप	विदेशियों से संबद्ध मातृभाषियों की समझ
स्तर—0 शून्य स्तर	प्रयोजन हीनता, किसी भी प्रयोजनपरक अभिव्यक्ति में अक्षम	विषयहीन	अबोधगम्य संप्रेषण

दक्षता मूल्यांकन की यह विधि ध्रुवीय (पोलर) भेद का निषेध करती है और इसीलिए मूल्यांकन के आधार को द्विआधारी (बाइनरी) नहीं मानती। आधार को एक क्षेत्र के रूप में देखने के कारण उसकी प्रकृति को परासमापी माना जा सकता है। उदाहरण के लिए छात्रों की उच्चारण दक्षता में कितना विदेशीपन है या मातृभाषियों के उच्चारण के वह कितना निकट है, इसका आकलन निम्नलिखित रूप में संभव है—

विदेशी उच्चारण दक्षता मातृभाषित

भाषा व्यवहार में दक्षता स्तरों की संकल्पना की प्रकृति भी ऐसी ही है। पर स्तरों का निर्धारण भाषा प्रयोग की बहुआयामी क्षमता की एक ओर अपेक्षा रखता है और दूसरी तरफ भाषा प्रकार्य, वार्तालाप की विषयवस्तु और भाषा की परिशुद्धता की आकांक्षा रखता है। शून्य स्तर की दक्षता में भाषा व्यवहार प्रयोजनहीन और विषयहीन होता है। छात्र जब उत्तरजीवी (सर्वाइवल) स्तर की भाषा दक्षता प्राप्त करता है, तब वह संक्षिप्त ढंग से वार्तालाप में एक ओर सक्षम होता है और दूसरी तरफ जीवन के सामान्य प्रसंगों पर अपनी बात कहने में समर्थ होता है। दक्षता स्तर का सर्वोत्तम स्तर उसे विदेशी भाषा के प्रयोग में उस भाषा के शिक्षित मातृभाषियों के समतुल्य दक्षता की अपेक्षा रखता है।

तकनीकी उपकरण और भाषा प्रयोगशाला

भाषा शिक्षण के संदर्भ में दृश्य-श्रव्य सामग्री का अपना महत्त्व रहा है। ब्लैकबोर्ड, चार्ट, फ्लैश कार्ड, स्लाइड आदि का प्रयोग सामान्यतः भाषा का प्रत्येक शिक्षक करता देखा जा सकता है। पर ग्रामोफोन, टेपरेकर्डर, फिल्म प्रोजेक्टर के आविष्कार के साथ भाषा शिक्षण को स्वाश्रित (ओटोमैटिक) बनाने की दिशा में कई कदम उठाए गए। पहले से चले आते दृश्य-श्रव्य उपकरण—यथा : ब्लैकबोर्ड, चार्ट, टेपरेकर्डर, ग्रामोफोन आदि शिक्षक के लिए मात्र उपकरण थे जिनके सहारे वह शिक्षण को और भी प्रभावकारी बनाता था। शिक्षक और छात्र के बीच फिर भी सीधा संपर्क बना रहता था। लेकिन जैसे-जैसे यांत्रिक उपकरणों में तकनीकी सुधार होता गया और वह भाषा प्रयोगशाला के रूप में विकसित होकर शिक्षण-केंद्रों में स्थापित हो गया, वह शिक्षण प्रक्रिया का मूलाधार बन गया। रेडियो और दूरदर्शन ने शिक्षक और छात्रों के सीधे संपर्क के बीच एक गहरी खाई खोद दी और अपने में स्वायत्त शिक्षण सामग्री के निर्माण और कार्यान्वियन की दिशा में 'कंप्यूटर' ने सहायता की।

भाषा शिक्षण को स्वाश्रित बनाने की दिशा में जो प्रयत्न देखने में आते हैं उन्हें शिक्षक-शिक्षार्थी के संपर्क के संदर्भ में देखा जा सकता है। इस दृष्टि से उसके विकास के निम्नलिखित चरण माने जाते हैं :

चरण—1 : सामान्य, प्रत्यक्ष और सक्रिय संबंध

उपकरण : ब्लैकबोर्ड, चार्ट, फ्लैश, कार्ड, ग्रामोफोन, स्लाइड आदि।

अभिविन्यास (ओरिएंटेशन) : शिक्षण सामग्री के उपकरण के रूप में शिक्षक इनका उपयोग करता है। शिक्षक और शिक्षार्थी के बीच सामान्य, प्रत्यक्ष और सक्रिय संबंध के बीच यह कभी अवरोधक उपकरण के रूप में नहीं आया।

चरण—2 : आंशिक, अप्रत्यक्ष और सक्रिय संबंध

उपकरण : भाषा प्रयोगशाला

अभिविन्यास : भाषा प्रयोगशाला के उपयोग ने शिक्षक और शिक्षार्थी के सीधे

और सक्रिय संबंध को अंशतः ढीला करते हुए शिक्षण को स्वाश्रित बनाने की संभावना को उभारा। अपने प्रयोग की पूर्वस्थिति में भाषा प्रयोगशाला ने भाषा-शिक्षक के कुछ कार्यों को अपनी सीमा में समेटा (यथा : सांचा-अभ्यास, श्रवण आदि) फिर अपने प्रसारण (ब्राडकास्ट) टाइप प्रविधि के सहारे उसने भाषा शिक्षण को सामूहिक बनाया (अर्थात एक विशेष छात्रवर्ग के लिए एक मानक पाठ की योजना को यथार्थ रूप दिया), और अंततः अपने पुस्तकालयीय (लाइब्रेरी) टाइप प्रविधि के आकार पर व्यक्तिसापेक्ष स्वयंशिक्षक (सेल्फ इंस्ट्रक्शन) के निर्माण की ओर वह प्रवृत्त हुआ।

चरण—3 : आंशिक, अप्रत्यक्ष और निष्क्रिय संबंध

उपकरण : रेडियो, टेलिविजन

अभिविन्यास : संचार माध्यम के निष्क्रिय उपकरणों का सहारा लेते हुए सामूहिक शिक्षण, जिसमें शिक्षार्थी का शिक्षक के साथ व्यक्ति रूप में प्रत्यक्ष संबंध न होकर रेडियो और दूरदर्शन के सहारे अप्रत्यक्ष संबंध बनता है। यह भाषा शिक्षण को संलाप के आधार पर नहीं वरन एकालाप के सहारे कार्यान्वित करने की विधि है।

चरण—4 : शिक्षक तटस्थ शिक्षण

उपकरण : कंप्यूटर

अभिविन्यास : स्वाश्रित शिक्षण विधि का वह रूप जिसमें पाठों को अनुस्तरित और नियोजित कर इस रूप में तैयार किया जाता है जिससे वह पूर्ण रूप से 'स्वयं-शिक्षक' का काम कर सके। एक बार भाषा शिक्षण की पूरी सामग्री का निर्माण हो जाने के बाद उसे 'कंप्यूटर' अपने 'प्रोग्राम' द्वारा शिक्षार्थी के लिए उपलब्ध कराता है।

विदेशों में भाषा प्रयोगशाला भाषा शिक्षण के क्षेत्र में अपना महत्त्वपूर्ण स्थान बना चुकी है। यह शिक्षण योजना की आधुनिकता और प्रतिष्ठा का सूचक भी बन गई है। पर उपयोगिता और व्यवहार के संदर्भ में आज दो विरोधी दृष्टियां देखने को मिलती हैं : एक दृष्टि भाषा प्रयोगशाला को भाषा शिक्षण के केंद्र में रखती है और शिक्षक का उस पर आधारित मान उसका सहायक स्वीकार करती है और दूसरी दृष्टि शिक्षक को भाषा शिक्षण के केंद्र में रखती है और भाषा प्रयोगशाला को शिक्षण की एक सहायक सामग्री के रूप में देखती है। इन दो दृष्टियों को क्रमशः 'प्रयोगशाला केंद्रित अभिविन्यास' और 'शिक्षक केंद्रित अभिविन्यास' कहा जा सकता है।

प्रयोगशाला केंद्रित अभिविन्यास : जो व्यक्ति भाषा शिक्षण में भाषा प्रयोगशाला

को केंद्र में स्वीकार करते हैं, उनकी शिक्षा प्रणाली में निम्नलिखित तथ्य द्रष्टव्य हैं :

(i) पाठ अपने में पूर्ण और स्वाश्रित होते हैं।

(ii) पाठ व्याख्या के लिए शिक्षक की आवश्यकता नहीं होती। शिक्षक मात्र प्रयोगशाला संचालन का तकनीकी सहायक बन जाता है।

(iii) शिक्षण अभ्यासोन्मुखी होता है। व्यक्ति को भाषाव्यवहार के अभ्यास करने का अवसर उनकी इच्छा के अनुसार मिलता है।

(iv) मौखिक पुनरावृत्ति अभ्यास को भाषादक्षता का प्रमुख आधार बनाया जाता है।

(v) भाषादक्षता के मान्य स्तर को ध्यान में रखकर पाठसामग्री और पाठ-निर्देश का मानकीकृत रूप मिलता है। इसलिए सभी शिक्षार्थी एक ही पाठ, एक ही प्रकार के सांचा अभ्यास और एक ही आवाज को सुनते हैं।

प्रयोगशाला केंद्रित अभिविन्यस्त शिक्षण विधि की अपनी अनेक सीमाएं हैं जिनके कारण आज बहुत ही सीमित संदर्भों में इसका उपयोग किया जाता है। इसकी सीमाओं के संदर्भ में आगे दिए गए तथ्य ध्यान देने योग्य हैं। पहला, यह शिक्षण को यांत्रिक बनाता है। यांत्रिकता के कारण यह भाषा सीखने के प्रति अरुचि उत्पन्न करता है। दूसरा, शिक्षार्थी मशीन से न तो प्रश्न पूछ सकता है और न अपनी शंकाओं का निराकरण ही पा सकता है। तीसरा, यह शिक्षण और शैक्षिक सामग्री के मानक रूप को समरूपी भाव से सामने लाता है और भाषा की लचीली संभावना को सही ढंग से अपना नहीं पाता। चौथा, यह शिक्षार्थी की मानसिक बनावट और भाषिक क्षमता के अनुरूप अपनी शिक्षण सामग्री में समुचित विकल्प पैदा नहीं कर सकता। पांचवां, इसकी पूरी प्रणाली अपने में जटिल और व्यय सापेक्ष होती है। छठा, अत्यंत परिश्रम और व्यय से निर्मित सामग्री कुछ ही समय में पुरानी पड़ जाती है।

शिक्षक केंद्रित अभिविन्यास : इसमें भी भाषा प्रयोगशाला का उपयोग होता है। पर इस संदर्भ में प्रयोगशाला कक्षा का मात्र विस्तार मानी जाती है और शिक्षक की सहायक। इससे प्रेरित शिक्षण विधि में शिक्षक को ही केंद्र में स्वीकार किया जाता है और इस बात पर बल दिया जाता है कि शिक्षक और शिक्षार्थी के बीच के प्रत्यक्ष और सीधे संबंध के बीच प्रयोगशाला बाधा न बने। अतः भाषा प्रयोगशाला के लिए निर्मित पाठ सामग्री अपने में पूर्ण पाठ नहीं होते। वे शिक्षक द्वारा कक्षा में दिए गए मूल पाठों के मात्र पूरक पाठ होते हैं।

भाषा प्रयोगशाला की निम्नलिखित उपादेयता मानी जा सकती है। प्रथम, सांचा अभ्यास की यांत्रिक प्रक्रिया से वह शिक्षक को मुक्ति दिलाती है। दूसरे, कक्षा में धीमी गति से चल रहे शिक्षार्थियों को भाषा अभ्यास के लिए (अन्य छात्रों

के अध्ययन में बिना बाधा डाले) वह उचित अवसर देती है। तीसरे, प्रत्येक शिक्षार्थी को अलग-अलग सुधारने के लिए शिक्षक को ऐसा अवसर देती है जिससे अन्य शिक्षार्थियों का समय नष्ट न हो। चौथे, बिना प्रशिक्षित शिक्षक की संख्या बढ़ाए हुए वह कक्षा को कई स्तरों पर विभिन्न वर्गों में विभाजित कर सकती है। पांचवें, वह शिक्षार्थी को सत्र के विभिन्न चरणों में प्रवेश की सुविधा प्रदान कर सकती है। छठे, वह शिक्षार्थी को अपनी प्रगति का स्वयं आकलन करने और शिक्षण को नियंत्रित करने का अवसर देती है।

भाषा प्रयोगशाला : परिभाषा

भाषा प्रयोगशाला वस्तुतः एक विशेष कक्ष है जो ध्वनियंत्रों से युक्त होता है और जहां शिक्षार्थी भाषा को अभ्यास के सहारे सीखते हैं। अतः एक ऐसे कमरे को भी भाषा प्रयोगशाला की परिभाषा के भीतर समेटा जा सकता है जिसमें मात्र एक टेपरेकर्डर हो, जिसके सहारे शिक्षार्थी भाषा अभ्यास करते हों। वस्तुतः यह कक्षा का विस्तार है जहां छात्र, कक्षा अध्ययन से अतिरिक्त समय में जाकर टेप किए गए पाठों का श्रवण और अनुकरण कर भाषा को व्यवहार के स्तर पर सीखते हैं।

भाषा प्रयोगशाला : प्रकार

भाषा प्रयोगशाला एक ओर श्रव्य (आडिओ) और दृश्य-श्रव्य (आडिओ-विजुअल) प्रकार की हो सकती है तथा दूसरी ओर श्रव्य निष्क्रिय (आडिओ पैस्सिव) और श्रव्य सक्रिय (आडिओ एक्टिव) प्रकार की। श्रव्य प्रकार की भाषा प्रयोगशाला में टेपरेकर्डर, ग्रामोफोन, भाषाटेप, डिस्क आदि यंत्र होते हैं जबकि दृश्य-श्रव्य प्रकार की प्रयोगशाला में सभी श्रव्य उपकरणों के साथ-साथ प्रोजेक्टर, फिल्म, स्लाइड, फिल्म स्ट्रिप आदि उपकरण भी होते हैं। श्रव्य प्रयोगशाला में बल 'सुनने' के पक्ष पर होता है जबकि श्रव्य-दृश्य प्रयोगशाला में फिल्म और फिल्म स्ट्रिप पर आधारित मौखिक अभ्यास पर।

इसी प्रकार श्रव्य निष्क्रिय प्रयोगशाला में मात्र सुनने की सुविधा रहती है। उन्हें मात्र श्रवण कक्ष भी कहा जा सकता है जहां एक ओर 'लाउड स्पीकर' होता है और दूसरी ओर शिक्षार्थी के लिए 'इयरफोन'। शिक्षार्थी जिस प्रकार पुस्तकालय से पुस्तक लेता, पढ़ता और लौटा देता है उसी प्रकार यहां वह 'पाठांकित' टेप या डिस्क लेता, सुनता और उसे लौटा देता है। श्रव्य सक्रिय टाइप की प्रयोगशाला में श्रवण की सुविधा के साथ-साथ शिक्षार्थी के लिए उनके 'अनुकरण' और दिए गए पाठ को स्वयं दुहराकर उच्चारण करने के अभ्यास की भी सुविधा रहती है। इस प्रकार की प्रयोगशाला में शिक्षार्थी के लिए टेपरेकर्डर लगे रहते हैं जिनकी सहायता से उनके प्रत्युत्तर रेकार्ड किए जा सकते हैं। शिक्षक बाद में

इन रेकर्डों को सुनकर छात्रों की अशुद्धियों का पता लगा सकता है।

संचालन और कार्यप्रणाली की दृष्टि से भाषा प्रयोगशाला के तीन प्रकार देखे जा सकते हैं—केंद्र संचालित, व्यक्ति संचालित और उभय संचालित। केंद्र संचालित 'भाषा प्रयोगशाला' में पाठों के प्रसारण का 'एक' स्रोत होता है। इसी स्रोत से टेपांकित पाठ प्रसारित किए जाते हैं जिन्हें हर शिक्षार्थी अपने 'इअरफोन' द्वारा सुन सकता है। यहां इस प्रकार की व्यवस्था की जाती है कि केंद्र में रखे टेपरेकर्डर या माइक्रोफोन के साथ, प्रत्येक शिक्षार्थी के 'इअरफोन' का तार द्वारा संबंध जुड़ा रहे। इस प्रकार की भाषा प्रयोगशाला एक ही स्तर के कई विद्यार्थियों के एक साथ पाठ अभ्यास के लिए सहायक होती है। 'व्यक्ति संचालित भाषा प्रयोगशाला' में केंद्र में रखे टेपरेकर्डर या माइक्रोफोन के साथ शिक्षार्थी के इअरफोन को तार द्वारा जोड़ा नहीं जाता। यहां शिक्षार्थी के अपने 'बूथ' को स्वतंत्र रखा जाता है। इस बूथ में दुहरे ट्रैक वाले टेपरेकर्डर, इअरफोन और माइक्रोफोन की सुविधा रहती है। अतः इसमें टेपांकित पाठों को सुनने की सुविधा रहती है और साथ ही शिक्षार्थी के प्रत्युत्तर को टेपांकित करने की भी। इस प्रकार की प्रयोगशाला में पाठ को वाक्य-प्रति वाक्य सुनने और ड्रिल के रूप में उच्चारण करने की सुविधा रहती है। यहां व्यक्तिगत स्तर पर शिक्षार्थी अपनी सुविधा और स्तर के अनुरूप सांचा अभ्यास कर सकता है। 'उभय संचालित भाषा प्रयोगशाला' में केंद्र संचालित और व्यक्ति संचालित दोनों ही प्रकार की सुविधाएं एक साथ देने की व्यवस्था रहती है। वस्तुतः टेपांकित करने और प्लेबैक की सुविधा के साथ ही साथ यह केंद्र संचालित ऐसी भाषा प्रयोगशाला है जिसके प्रत्येक 'बूथ' को इस तरह बनाया और जोड़ा जाता है कि आवश्यकता पड़ने पर विकल्पवत वह कभी केंद्र संचालित रूप में काम कर सके और कभी व्यक्ति संचालित रूप में।

भाषा प्रयोगशाला का मानक रूप

भाषा प्रयोगशाला का अब मानकीकरण किया जा चुका है। इसमें 8 से 32 बूथ तक सहज रूप से बनाए जा सकते हैं। 16 बूथ वाली भाषा प्रयोगशाला की योजना पृष्ठ 171 पर दिए गए चित्र द्वारा दिखलाई गई है।

बूथ को चार पंक्तियों में चार-चार की संख्या में रखा जाता है। प्रत्येक बूथ के लिए सामान्यतः 3×6 फीट का स्थान दिया जाता है। उसकी ऊंचाई इस प्रकार रखी जाती है कि 'संचालन केंद्रक' (कंट्रोल यूनिट) पर बैठे अध्यापक को शिक्षार्थी देख भी सके और उसकी वैयक्तिक स्वतंत्रता भी बनी रह सके। बूथ की दिशा इस तरह रखी जाती है कि उसका प्रयोग करने वाला शिक्षार्थी अध्यापक को देख सके। संचालन केंद्रक एक प्लेटफार्म पर बैठाया जाता है जिसकी ऊंचाई लगभग 20 इंच रखी जाती है। यह ऊंचा इसलिए रखा जाता है कि अध्यापक,

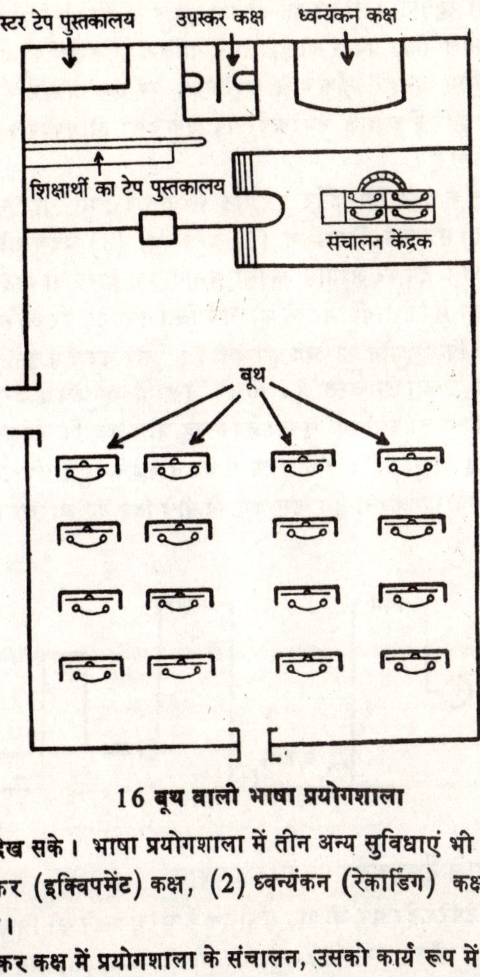

16 बूथ वाली भाषा प्रयोगशाला

छात्रों को देख सके। भाषा प्रयोगशाला में तीन अन्य सुविधाएं भी रखी जाती हैं : (1) उपस्कर (इक्विपमेंट) कक्ष, (2) ध्वन्यंकन (रेकार्डिंग) कक्ष और (3) टेप पुस्तकालय।

उपस्कर कक्ष में प्रयोगशाला के संचालन, उसको कार्य रूप में ठीक कर रखने से संबंधित मशीन और औजार आदि रखे जाते हैं। ध्वन्यंकन कक्ष में 'मास्टर टेप' तैयार किए जाते हैं। यह कक्ष पूर्ण रूप से ध्वनिरोधी (साउंडप्रूफ) होता है। इसमें वे सभी यंत्र होते हैं जिससे 'टेप' करना संभव होता है। टेप पुस्तकालय दो स्थानों पर होता है : एक 'मास्टर टेप' के लिए और दूसरा छात्रों के अपने अभ्यास से संबंधित टेप के लिए।

शिक्षण योजना

भाषा प्रयोगशाला में जो पाठ अभ्यास के लिए बनाए जाते हैं उनके पीछे अब एक

विशेष योजना रहती है। लेकिन यह योजना इस बात पर भी निर्भर करती है कि भाषा प्रयोगशाला किस प्रकार की है, उसके यांत्रिक उपकरणों की प्रकृति क्या है। उदाहरण के लिए इकहरे ट्रैक वाले टेपरेकर्डर पर एक प्रकार की पाठयोजना रहती है और दुहरे ट्रैक वाले टेपरेकर्डर पर एक दूसरे ही प्रकार की पाठयोजना बनाई जा सकती है।

इकहरे ट्रैक वाले टेपरेकर्डर पर पाठ अभ्यास के लिए चार चरण देखे जा सकते हैं : (1) प्रचालन और श्रवण, (2) अनुकरण, (3) श्रवण और (4) जांच और पुनरावृत्ति। टेप पर अभ्यास के लिए बनाए गए वाक्य दो बार अंकित होते हैं। पहले चरण में शिक्षार्थी मशीन को प्रचालित कर टेप पर अंकित वाक्य को सुनता है और फिर मशीन को बंद कर देता है। दूसरे चरण में सुने हुए वाक्य का अनुकरणात्मक उच्चारण करता है। तीसरे चरण में वह टेपरेकर्डर पर दुबारा अंकित उसी वाक्य को इसलिए सुनता है कि वह जांच सके कि उसका अनुकरणात्मक वाक्य शुद्ध था या नहीं। चौथे चरण में वह वाक्य के शुद्ध रूप की पुनरावृत्ति रूप में फिर उच्चारण करता है। इस क्रम को नीचे दिए गए आरेख द्वारा समझा जा सकता है :

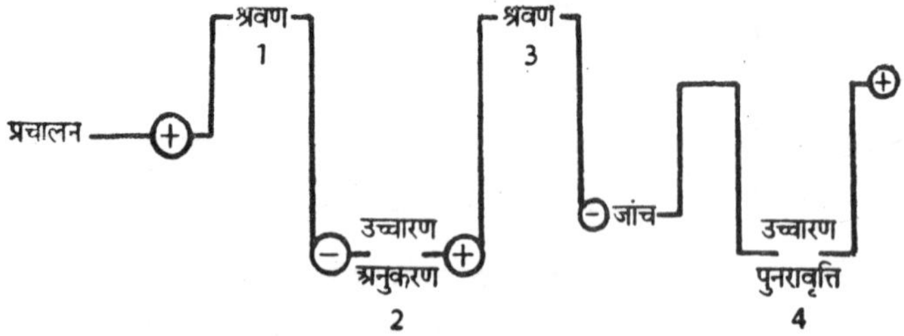

इकहरे ट्रैक वाले टेपरेकर्डर पर पाठ अभ्यास

दुहरे ट्रैक वाले टेपरेकर्डर पर जो पाठ संचालन के चरण देखने को मिलते हैं, वे ये हैं : (1) प्रचालन और श्रवण, (2) अनुकरण और टेपांकन, (3) श्रवण और जांच और (4) पुनरावृत्ति और टेपांकन। ऐसे टेपरेकर्डर के साथ लाभ यह होता है कि शिक्षार्थी को एक ट्रैक पर पहले से ही टेपांकित आधारवाक्य मिल जाता है और दूसरे ट्रैक पर वह अनुकरणात्मक और पुनरावृत्तिपरक अपने उच्चारणात्मक वाक्यों को टेपांकित कर स्वयं फिर से उसे सुन और जांच सकता है। इस क्रम को पृष्ठ 173 : पर दिए गए आरेख द्वारा समझा जा सकता है।

दुहरे ट्रैक वाले टेपरेकर्डर पर पाठ अभ्यास

भाषा प्रयोगशाला में बताए गए पाठ ध्वनि शिक्षण, व्याकरणिक सांचे, सांचा

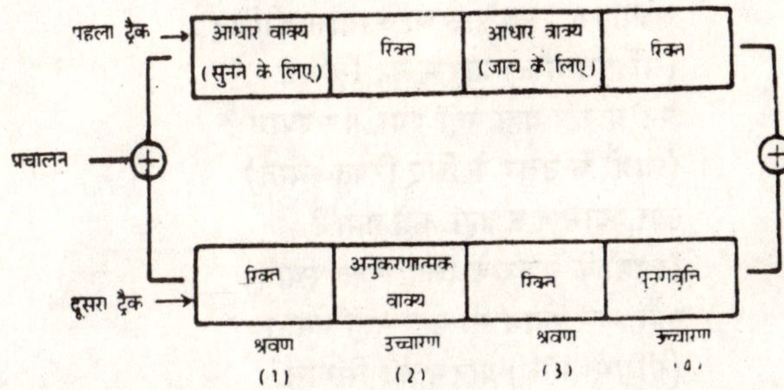

अभ्यास, शब्दावली शिक्षण आदि से संबद्ध हो सकते हैं। ये पाठ को सुनने, बोलने, पढ़ने और लिखने आदि सभी भाषिक कौशलों में शिक्षार्थी की दक्षता में योग दे सकते हैं।

टेपांकित पाठ

भाषा प्रयोगशाला के लिए बनाए गए पाठ का उपयोग छात्र बार-बार करता है। इन पाठों को तैयार करने के समय काफी सावधानी बरतनी पड़ती है। इसके निम्नलिखित चार घटक देखे जा सकते हैं—(1) पहचान संकेत, (2) छात्रों के लिए निर्देश, (3) पाठ का मानक रूप और (4) पाठाभ्यास। पाठ के मानक रूप में सामान्यतः दो व्यक्तियों की आवाज होती है जिसमें से एक आवाज, अध्यापक की भूमिका का निर्वाह करती है। नीचे टेपांकित पाठ की योजना उदाहरण द्वारा समझाई गई है :

(मौन तोड़ने के लिए ध्वनिसंकेत या रूढ़ वाक्य)

पहचान संकेत : हिंदी वार्तालाप : संख्या 5
(संक्षिप्त मौन)

निर्देश : अध्यापक : नियंत्रित वार्तालाप। मानक रूप।
ध्यान से सुनिए
(संक्षिप्त मौन)

मानक रूप : अध्यापक : मोहन आज नहीं आया, पर राम ?
दूसरी आवाज : क्या राम आज नहीं आया ?
अध्यापक : नहीं, आज राम भी नहीं आया।
(संक्षिप्त मौन)
अध्यापक : शीला कल वहां नहीं गई, पर रीता ?
दूसरी आवाज : क्या रीता कल वहां नहीं गई ?
अध्यापक : नहीं, कल रीता भी वहां नहीं गई।

अभ्यास : अध्यापक : अब पाठ का अभ्यास कीजिए।
(संक्षिप्त मौन) प्रारंभ का सिग्नल
मनोज कल वहां नहीं गया, पर श्याम ?
(छात्रों के उत्तर के लिए रिक्त स्थान)
क्या श्याम कल वहां नहीं गया ?
(छात्रों के उत्तर के लिए रिक्त स्थान)
नहीं, कल श्याम भी वहां नहीं गया।
(संक्षिप्त मौन) प्रारंभ का सिग्नल
सीता परसों स्कूल नहीं गई, पर बिंदु ?
(छात्रों के उत्तर के लिए रिक्त स्थान)
क्या बिंदु परसों स्कूल नहीं गई ?
(छात्रों के उत्तर के लिए रिक्त स्थान)
नहीं, परसों बिंदु भी स्कूल नहीं गई।

कंप्यूटर साधित भाषा शिक्षण

भाषा प्रयोगशाला में कंप्यूटर एक नई उपलब्धि है। वैसे तो इस यंत्र का मशीनी अनुवाद, कृत्रिम वाक् संश्लेषण, पाठ विश्लेषण, कोश निर्माण विज्ञान आदि कई क्षेत्रों में सार्थक उपयोग हो रहा है पर भाषा शिक्षण में इधर तेजी से इसका उपयोग बढ़ा है। नई भाषा सीखने के उत्सुक छात्र इसकी सहायता से प्रभावी रूप में और कम समय में इसके माध्यम से भाषा सीख सकते हैं, क्योंकि इसके माध्यम से उसे तत्काल सूचनाओं की प्रतिप्राप्ति (फीडबैक) होती है, त्रुटियों की विस्तृत जानकारी संभव है, उनकी भाषा दक्षता संबंधी सूचना उपलब्ध हो सकती है और इन सब सूचनाओं के आधार पर छात्र-विशेष के आवश्यकतानुसार पाठ निर्देश और पाठ अभ्यास मिल सकते हैं।

कंप्यूटर व्यवस्थापन : दो प्रकार

कंप्यूटर को दो ढंग से व्यवस्थापित (इंस्टाल) किया जा सकता है—

(1) **'स्टार' अथवा 'केंद्रीय व्यवस्थापन'** : इसमें मुख्य फ्रेम का एक शक्तिशाली कंप्यूटर होता है जिसके साथ कई सौ 'टर्मिनल' जुड़े होते हैं। ये टर्मिनल केन्द्रीय कंप्यूटर से काफी दूर भी हो सकते हैं। एक केन्द्रीय व्यवस्था कई स्कूली टर्मिनल को नियंत्रित कर सकती है। मूल्य के रूप में यह काफी महंगी व्यवस्था है।

(2) **विशिष्ट माइक्रोकंप्यूटरों का व्यवस्थापन** : इसमें एक स्कूली कक्षा में कई माइक्रोकंप्यूटर स्थापित किए जा सकते हैं जिसको विभिन्न छात्र अलग-अलग स्तर पर प्रयोग कर सकते हैं। प्रत्येक मशीन दूसरे से अलग होती है। यह अत्यंत

सुविधापूर्ण व्यवस्था है, पर इसकी कई सीमाएं हैं, जैसे : (1) पाठ के रूप में कई डिस्क को तैयार करना (जिससे एक साथ कई छात्र उसको प्रयोग में ला सकें); (2) डिस्क के रखरखाव पर आने वाला व्यय; और (3) डिस्क पुस्तकालय की योजना आदि।

कंप्यूटर व्यवस्था की अर्हताएं

भाषा प्रयोगशाला के लिए जिस प्रकार के कंप्यूटर की आवश्यकता होती है, उसकी निम्नलिखत अहर्ताएं मुख्य हैं :

(1) **संमृद्ध कंप्यूटर स्मृतिकोश (मेमोरी)** : अच्छे भाषिक पाठ के लिए एक संवृद्ध स्मृतिकोश की आवश्यकता होती है। प्रतिप्राप्ति के कई स्तर, त्रुटि विश्लेषण में अच्छे ढंग से समर्थ और व्याकरणिक विवरण के एक अच्छे विधान के साथ बीस वाक्यों वाले अभ्यास के लिए हमें 30 लाख सूचना-अंश (बिट्स ऑव इनफार्मेशन) चाहिए। (कंप्यूटर की तकनीकी शब्दावली में कहें तो इसके लिए 375 किलोबाइट की अपेक्षा रहती है।)

(2) **गति की तीव्रता** : कंप्यूटर साधित भाषा पाठ के लिए यह आवश्यक है कि छात्रों के लिए गए प्रत्युत्तर की स्वीकृति, उचित प्रतिप्राप्ति, नए प्रश्नों के चुनाव आदि में कंप्यूटर कई क्षण न लगाए। कंप्यूटर के काम करने की गति (स्पीड) का सम्बन्ध उसकी संसाधन-शक्ति के साथ होता है। यह इस बात पर निर्भर करता है कि कंप्यूटर के आन्तरिक स्मृतिकोश की क्षमता कितनी है और भाषा पाठ स्मृतिकोश की कितनी क्षमता की अपेक्षा रखता है।

(3) **कंप्यूटर भाषा की सक्षमता** : कंप्यूटर भाषा वह भाषा होती है जिसके सहारे प्रोग्रामर मशीन से बात करता है। इस भाषा को इतना सक्षम होना चाहिए कि वह छात्रों के प्रत्युत्तर का भाषिक विश्लेषण कर सके, यथा वह शब्द से उसके उपसर्ग और प्रत्यय निकाल सके, सही शब्द-क्रम की पहचान कर सके, कोशीय त्रुटियों को वर्तनी की अशुद्धियों से अलग कर सके, आदि।

(4) **सहज कुंजीपटल** : टाइपराइटर की भांति इसके कुंजीपटल में अक्षरों और मात्राओं की एक सही, वैज्ञानिक और प्रभावी व्यवस्था होनी चाहिए और अंकों में 0 से 9 तक की सुविधा। प्रकार्यात्मक कुंजी (जो सम्पादन में प्रयुक्त होती है या प्रतिप्राप्ति के लिए उपयोग में लाई जाती हैं) की अपनी अलग और स्पष्ट उप-व्यवस्था अपेक्षित है।

(5) **दिग्दर्शन फलक की सुविधा** : बाह्य उपकरणों को सक्रिय करने की कंप्यूटर में ऐसी क्षमता होनी चाहिए जिससे स्लाइड का चुनाव हो सके, टेप-रेकर्डर और वीडियो टेप का संचालन संभव हो सके।

पाठ सामग्री व्यवस्था

कंप्यूटर क्रमादेशन (प्रोग्राम) के सुचारु रूप से संचालन के लिए तीन प्रकार की सामग्री की आवश्यकता होती है : (1) यंत्र सामग्री (हार्डवेअर)—कंप्यूटर का भौतिक यंत्र, (2) प्रक्रिया सामग्री (साफ्टवेअर) समादेश (कमांड) की वह व्यवस्था जिसे कंप्यूटर विशेष समझ सके तथा (3) पाठ सामग्री (कोर्सवेअर) : निर्दिष्ट पाठों की वह व्यवस्था जिसका प्रयोग कंप्यूटर विशेष में संभव हो।

एक प्रभावी कंप्यूटर के लिए यह आवश्यक है कि उसकी यंत्र सामग्री शक्ति सम्पन्न हो, उसकी प्रक्रिया सामग्री उन सभी समादेशों को पूरा करने की क्षमता रखती हो जिसकी आवश्यकता पाठ प्रस्तुतिकरण में होती है और पाठ सामग्री की प्रकृति ऐसी व्यवस्थित हो कि निर्देशों और पाठयोजना के क्रमिक संचालन के साथ छात्रों की त्रुटियों का सही विश्लेषण और समाधान संभव हो सके।

इस बात पर बल देने की आवश्यकता है कि कंप्यूटर साधित भाषा शिक्षण अध्यापन में छात्रों की सहायता देने के लिए है। वह मात्र एक साधन है, साध्य नहीं। दूसरा तथ्य यह भी है कि किसी भी कंप्यूटर समादेश में अभी इतनी क्षमता नहीं कि वह छात्रों के सर्जनात्मक भाषिक प्रयोग या काव्यात्मक लिखित अभिव्यक्तियों का विश्लेषण कर सके, छात्रों की मौखिक अभिव्यक्ति के सही आकलन में समर्थ हो या मुक्त ढंग से मौखिक वार्तालाप कर सके। पर इन सीमाओं के उपरान्त भी कंप्यूटर भाषा शिक्षण के लिए कई रूप में एक उपयोगी यंत्र सिद्ध हो रहा है।

खंड चार

मातृभाषा और अन्य भाषा शिक्षण

मातृभाषा शिक्षण : संदर्भ और स्वरूप

भाषा समाज और व्यक्ति के लिए शक्ति का एक अक्षय स्रोत है। वह एक ओर सामाजिक संस्था (इंस्टीट्यूशन) के निर्वाह का सर्वाधिक महत्त्वपूर्ण उपकरण है तो दूसरी तरफ व्यक्तित्व निर्माण का सर्वाधिक सार्थक साधन। वह एक ओर व्यक्ति की अपनी अस्मिता (आइडेंटिटी) ढूंढ़ने और पहचानने में सहायक है तो दूसरी ओर उसके समाजीकरण (सोशलाइजेशन) का माध्यम। एक स्तर पर वह संप्रेषण संभावना की प्रतीकबद्ध व्यवस्था है तो दूसरे स्तर पर कल्पनात्मक जीवन की सर्जनात्मक संभावना। इसी प्रकार हम यह भी कह सकते हैं कि भाषा एक ओर संवेदनात्मक बोध (अनुभवजन्य बोध) का उपकरण है अर्थात ज्ञान को अनुभवसिद्ध करने में सहायक है तो दूसरी ओर वह बोधात्मक संवेदना (बोधजन्य अनुभूति) का साधन अर्थात अनुभूतियों एवं संवेदनाओं को बोध के स्तर पर ग्रहण करने का माध्यम भी है। मातृभाषा के रूप में भाषाशिक्षा का क्षेत्र इन सभी प्रकार्यों के संदर्भ में भाषा को साधने का क्षेत्र है।

मातृभाषा के महत्व पर चर्चा करते हुए यूनेस्को द्वारा आयोजित संगोष्ठी में भाग लेने वाले विद्वान इस तथ्य पर एकमत थे कि मातृभाषा आज भी व्यक्ति के लिए अपने समाज और संस्कृति के भीतर अपना स्थान ढूंढ़ने और पाने का मुख्य साधन है, और साथ ही वह उसके बौद्धिक व्यापार का आधार भी है। इस दृष्टिकोण के आधार पर यह कहा जा सकता है कि मातृभाषा कोई अमूर्त संकल्पना नहीं, अपितु वह एक सामाजिक यथार्थ है। दूसरे, मातृभाषा व्यक्ति के समाजीकरण का माध्यम है। और तीसरे, मातृभाषा व्यक्ति की बौद्धिक चेतना का अवलंब है। शिक्षा के संदर्भ में जोड़कर देखा जाए तो मातृभाषा सामान्यतः 'साक्षरता' (लिट्रेसी) का आधार बनती है। अतः साक्षरता न केवल किसी भाषा पर आधारित होती है वरन उस भाषा पर आधारित होती है जिसमें व्यक्ति सहज और स्वाभाविक रूप में बोलने की दक्षता रखता है। साक्षरता के संदर्भ में यह भी कहा जा सकता है कि सामान्य रूप से उसे भाषा के माध्यम रूप के परिवर्तन के

संदर्भ में ही देखा गया है अर्थात भाषा में 'बोलने और सुनने' की दक्षता को उसके 'पढ़ने और लिखने' के कौशल रूप के विस्तार को ही साक्षरता का मुख्य लक्ष्य माना गया है। पर शिक्षा की यह दृष्टि अधूरी है। यह ठीक है कि लेखन और लिखित अभिव्यक्ति का प्रयोग, साक्षरता का वह उपकरण बनता है जो मातृभाषा के विविध प्रसंगों के भीतर फैलकर आगे शिक्षा का माध्यम भी बनता है पर जैसा आज माना जाने लगा है आधुनिक शिक्षा के संदर्भ में साक्षरता के भीतर अन्य प्रकार्य क्षेत्र को भी समेटना आवश्यक है; यथा : विभिन्न प्रयोजनों के निमित्त अभिव्यक्ति की क्षमता प्राप्त करना, किसी अभिव्यक्ति को बौद्धिक और अपने व्यवसाय संबंधी आवश्यकताओं के निमित्त मौखिक और लिखित दोनों ही स्तर पर सार्थक बनाना, सूचना, आनंद और व्यक्तित्व निर्माण के लिए पढ़ने की क्षमता पैदा करना, जो भी बोला या लिखा जाता हो उसके मूलस्वर को बोधात्मक एवं संवेदनात्मक स्तर पर ग्रहण करने की शक्ति पैदा करना आदि।

शिक्षा के ही संदर्भ में यह कहा जा सकता है कि भाषा एक ओर स्वयं अपना साध्य बनती है और दूसरी ओर वह अन्य विषयों के लिए माध्यम भी। माध्यम रूप में यह शैक्षिक भाषा का रूप ग्रहण करती है। चाहे हम जीवशास्त्र पढ़ें या भूगर्भशास्त्र अथवा भूगोल पढ़ें या इतिहास, हर विषय के साथ उसकी माध्मम भाषा जुड़ी होती है। अतः विषय को समझने का मतलब है पहले विषय को व्यक्त करने वाली उसकी माध्यम भाषा को समझना। भाषा अपने अमूर्त रूप में एक लचीली संभावना है जो विभिन्न वास्तविक स्थितियों में विभिन्न रूप में प्रतिफलित और मूर्तमान होती है। इसीलिए भाषा अमूर्त रूप में एक ओर समरूपी होते हुए भी अपने व्यक्त रूप में विभिन्न और विषमरूपी हो जाती है। हम पाते हैं कि वैज्ञानिक विषयों को व्यक्त करने की एक भाषा शैली है तो समाजशास्त्र से संबद्ध ज्ञानवार्ता की उससे भिन्न दूसरी भाषा शैली और साहित्य को समझने और अनुभव करने के लिए एक तीसरी भाषा शैली। भाषाभेद की इस संकल्पना को उचित संदर्भ देने के लिए 'प्रयुक्ति' (रजिस्टर) की संकल्पना लाई गई है। प्रयुक्ति की संकल्पना का आधार ही यही है कि विभिन्न स्थितियों में भाषा का रूप, उसके व्यवहार के संदर्भ में बदल जाता है। विभिन्न प्रयोगगत संदर्भों में विभिन्न व्यवहृत भाषा ही भाषाप्रयुक्ति है।

प्रयुक्ति की संकल्पना को निम्नलिखित तीन संदर्भों में विभाजित करना संभव है :

वार्ता क्षेत्र (फील्ड आफ डिस्कोर्स) : प्रयुक्ति का वह विषय क्षेत्र, जिसमें विषय की अपनी प्रकृति एवं सिद्धांत के अनुरूप भाषा रूप परिवर्तित होते हैं यथा, तकनीकी एवं अतकनीकी भाषा।

वार्ता प्रकार (मोड आफ डिस्कोर्स) : प्रयुक्ति का वह माध्यम क्षेत्र, जिसमें माध्यम (मौखिक/लिखित) की अपनी प्रकृति एवं आवश्यकता के अनुरूप भाषा रूप

परिवर्तित होते हैं।

मौखिक या लिखित भाषारूप को यहां व्यापक संदर्भ में देखने की आवश्यकता है। मौखिक रूप बोलचाल के उस रूप से संबद्ध होता है जो तात्कालिक परिस्थिति में वक्ता और श्रोता के सीधे संपर्क की स्थिति में उत्तेजना-अनुक्रिया (स्टिमुलस ऐंड रिसोर्स) का परिणाम होता है अर्थात जहां भाषा की गत्यात्मकता द्विमुखी (बाइ-डाइरेक्शनल) होती है। लिखित भाषा गत्यात्मक होकर भी अपनी मूल प्रकृति में एकोन्मुखी होती है क्योंकि तत्काल अनुक्रिया न होने के कारण यहां भाषा तात्कालिक उत्तेजना-अनुक्रिया का स्वाभाविक परिणाम नहीं होती। अतः रेडियो पर पढ़ी गई सूचना, मौखिक न होकर मूलरूप में लिखित भाषा का उदाहरण ही माना जाएगा।

वार्ता शैली (स्टाइल आफ डिस्कोर्स) : प्रयुक्ति का वह शैली क्षेत्र, जिसमें भाषा-व्यवहार में भाग लेने वाले व्यक्तियों के परस्पर संबंधों की प्रकृति के अनुरूप भाषा रूप परिवर्तित होते हैं, यथा : औपचारिक और अनौपचारिक भाषा शैली।

आज की आधुनिक दृष्टि शिक्षा को परंपरित मूल्यों और संस्कृति का मात्र संवाहक नहीं मानती और न ही उसे बोध के स्तर पर सिद्ध क्षमता के रूप में ही देखती है। वह यह मानती है कि इसके साथ शिक्षा 'वर्तमान' को समझने और पकड़ने की शक्ति भी है, व्यक्ति के चतुर्दिक वातावरण की समझ और सामाजिक परिस्थितियों को परिवर्तित करने की दक्षता भी है। वह व्यक्तित्व के सांस्कृतिक पक्षों को साधने का माध्यम ही नहीं, उसकी जीवनदृष्टि और उसके अनुरूप व्यवहार में परिवर्तन लाने का सक्रिय उपकरण भी है। शिक्षा के इस परिवर्तित दृष्टिभेद और बदलते संदर्भ में भाषा के भी दो रूप और उन दोनों से संबद्ध दो-दो प्रयोजनात्मक लक्ष्य देखे जा सकते हैं; यथा :

1. ज्ञानरूप (लैंग्वेज आफ नालेज) : भाषा का ज्ञानरूप व्यक्ति की बोधात्मक क्षमता से सम्बद्ध रहता है। इसके दो प्रकार संभव हैं :

(अ) स्वयंसिद्ध रूप : भाषा की अपनी संरचनात्मक प्रकृति के रूप में सिद्ध यह वह रूप है जहां ज्ञान भाषा की अपनी प्रवृत्ति का प्रकाशक होता है; उदाहरण, मातृभाषा का व्याकरण, उसका भाषावैज्ञानिक विवरण।

(आ) विषयमाध्यम रूप : यह भाषा का वह रूप है जहां भाषा अपने से इतर ज्ञान के माध्यम रूप में सिद्ध रहती है, अर्थात वह रूप जो शैक्षिक भाषा के रूप में भाषेतर विषयों की प्रकृति का प्रकाशक बनता है।

2. शक्ति रूप (लैंग्वेज आफ पावर) : भाषा का शक्तिरूप व्यक्ति की क्रियात्मक दक्षता से संबद्ध रहता है। इसके दो प्रकार संभव हैं :

(अ) व्यक्तित्वसाधक रूप : भाषाप्रयोक्ता की जीवन और सांस्कृतिक दृष्टि के निर्माण का वह क्रियात्मक रूप जो व्यक्ति के व्यवहार में परिवर्तन लाने का

उपकरण बनता है।

(आ) परिस्थितिसाधक रूप : भाषाप्रयोक्ता की सामाजिक वस्तुनिष्ठ परिस्थितियों के परिवर्तन एवं नियंत्रण का क्रियात्मक रूप जिसके सहारे व्यक्ति, बाह्य जीवन का साधक और नियामक बनता है।

स्पष्ट है कि जब तक व्यक्ति भाषा के ज्ञान और शक्ति दोनों ही रूपों को साध नहीं लेता, शिक्षा के संदर्भ में भाषा योग्यता पूरी नहीं मानी जा सकती। शिक्षा-नियोजन के परिप्रेक्ष्य में भी यह कहा जा सकता है कि मातृभाषा शिक्षण को अगर यथार्थपरक और सार्थक बनाना है तो उसे बहुआयामी बनाना होगा। यह भी ध्यातव्य है कि शिक्षा के केंद्र में भाषाप्रयोक्ता और उसके समाजीकरण की प्रक्रिया होती है और इन दोनों के पीछे की शक्ति के मूल में भाषा काम करती है। अतः शिक्षा का प्रारंभ ही, पहले भाषा का प्रारंभ माना जा सकता है। जहां भाषा साथ देना छोड़ देती है वहां शिक्षा का आधार ही भरभरा उठता है। अधूरी भाषा या भाषा की खंडित दक्षता ज्ञान को भी अपूर्ण एवं अधूरा बना देती है। ज्ञान को जब तक व्यक्ति भाषा के सहारे अनुभव जगत में ले जाकर बोधात्मक स्वरूप (काग्निटिव एक्सपीरिएंस) नहीं दे लेता, वह उसकी चेतना के ऊपरी सतह पर ही तैरता रह जाता है। इस स्थिति में ज्ञान न तो व्यक्ति के 'स्व' से संयुक्त हो पाता है और न ही वह शक्तिरूप में कार्य करने की दक्षता का कारण ही बन पाता है।

यह भी ध्यान देने की बात है कि यद्यपि समाज, शिक्षा और व्यक्ति एक दूसरे से संबद्ध इकाइयां हैं पर इकाइयां होने के नाते वे भिन्न रूप में मातृभाषा से अपनी अपेक्षाएं रखते हैं। यह संभव है कि बालक जिस भाषा के सहारे अपने चारों ओर फैले वातावरण को नियंत्रित करता है अर्थात जिसके सहारे अपने को वह जीता है स्कूली शिक्षा उससे नितांत भिन्न भाषारूप की अपेक्षा रखती हो। यह संभव है कि स्कूल की अध्यापन प्रक्रिया में प्रयुक्त होने वाली भाषा से नितांत भिन्न भाषा बालक के पास हो। यह भी संभव है कि बालक अपने पारिवारिक जीवन के बीच समाजीकरण की जिस प्रक्रिया से गुजर कर आया हो, उसकी प्रकृति स्कूल में अपेक्षित समाजीकरण की प्रक्रिया से इस अर्थ में मेल न खाती हो कि वे दो भिन्न सामाजिक 'संसार' की सृष्टि करती हों, उनके अनुभवों को दो भिन्न रूपों में संयोजित करने की ओर प्रयत्शील हों। चूंकि अनुभवों को संयोजित और गठित करने का काम भाषा के माध्यम से होता है, इसलिए यह स्वाभाविक है कि जिस भाषा के सहारे बच्चा अपने सामाजिक परिवेश के संदर्भ में अपने अनुभवों को संयोजित करता हो, वह स्कूली शिक्षा में प्रयुक्त किए जाने वाले भाषा रूप से भिन्न हो। स्वाभाविक है कि जिन बच्चों की अपने अनुभवों को संयोजित करने वाली भाषा जितनी ही शैक्षिक भाषा के अनुरूप होगी, शिक्षा उसके लिए उतनी ही सहज और सरल हो जाएगी और जिन बालकों की अनुभव सिद्ध भाषा, जितनी

ही उससे भिन्न होगी, शिक्षा की माध्यम भाषा की उसकी पकड़ उतनी ही कमजोर होगी और उतनी ही ज्ञानसंवर्द्धन की प्रक्रिया में कठिनाइयों का सामना उसे करना पड़ेगा।

विद्वानों का एक वर्ग तो यहां तक कहता है कि निम्नवर्ग के परिवारों में रहकर पलने वाले बच्चे सांस्कृतिक स्तर पर हीन इसलिए होते हैं कि उनके जीवन का वातावरण अधूरा और खंडित होता है और परिणामतः उनकी भाषा भी उसी अनुपात में शिक्षा के संदर्भ में अपूर्ण और अर्थशून्य होती है। इसी रूप में गंदे और सीमित वातावरण में रह कर पलने वाले नीग्रो बच्चे की भाषा का विश्लेशण किया गया है। ऐसे विद्वानों के अनुसार, नीग्रो बच्चों के पास भाषा को बहुमुखी क्षेत्रों में प्रयुक्त करने के लिए न तो उपयुक्त संदर्भ होते हैं और न ही अपने व्यक्तित्व को पूर्णता देने के लिए समृद्ध भाषा। अतः वे न तो पूरा सही वाक्य बोल सकने में समर्थ होते हैं और न ही वे सामान्य वस्तु की जातिवाचक संकल्पना को ही पकड़ने में सक्षम होते हैं। विचार को तार्किक स्तर पर कार्य-कारण के संबंधों के साथ भाषा में आबद्ध करने की शक्ति भी उनमें क्षीण होती है।

इस विषय पर विवाद संभव है कि निम्नवर्ग के परिवार में रहकर पलने वाले बच्चों की भाषा अपने प्रयोजन को साधने में समर्थ एवं सशक्त उसी रूप में होती है या नहीं जैसी कि मध्यमवर्ग के परिवार में रहकर पलने वाले बच्चों की भाषा; पर इसमें संदेह नहीं कि इन दोनों भाषारूपों में पर्याप्त अंतर होता है। बर्नस्टीन के शब्दों में यह कहा जा सकता है कि निम्नवर्ग के बच्चे 'सीमित' (रेस्ट्रिक्टेड) कोड का प्रयोग करते हैं और मध्यवर्ग के बच्चे 'विस्तृत' (इलैबोरेट) कोड का। सीमित कोड के भाषाप्रयोक्ता की भाषा सामान्यतः सरल होती है, उनकी वर्णनात्मक क्षमता स्थूल वस्तुओं तक सीमित होती है, और वाक्यों में तर्कपरक संबद्धता या तो होती ही नहीं या अत्यंत विरल और सीधी होती है। वह मूलतः भावात्मक संबंधों के आधार पर क्रिया या व्यापार को समझने के प्रयत्न का परिणाम होती है। इसके विपरीत व्यापक कोड के भाषाप्रयोक्ता की भाषा हर दृष्टि से अधिक अमूर्त, लचीली और संभावनापरक होती है। व्यापक कोड में तार्किकता का स्तर ऊंचा होता है और वह दुरूह और जटिल संबंधों को भी व्यक्त करने में सक्षम होता है।

इसमें संदेह नहीं कि शिक्षा की जो अवधारणा संप्रति मान्य और प्रचलित है उसमें अपेक्षित भाषा, विस्तृत कोड प्रकृति की है। स्वाभाविक है कि ऐसा शिक्षातंत्र, मध्यवर्ग की संस्कृति का न केवल संवाहक बन जाता है अपितु ज्ञान तत्त्व को संप्रेषणीय बनाने के लिए उस भाषारूप का सहारा लेता है जो मध्यवर्ग के बच्चों के अनुकूल रहता है। निम्नवर्ग के बच्चों की शैक्षिक असफलता का मुख्य कारण इस संदर्भ में भाषा की असफलता बन जाती है। वे छात्र, जो स्कूली शिक्षा में बावजूद

अपनी प्रतिभा और व्यक्तिगत क्षमता के असफल हो जाते हैं, स्वयं असफल नहीं होते वरन कहा जा सकता है कि उनकी भाषा उन्हें असफल करा देती है। मातृ-भाषा शिक्षण का एक प्रमुख उद्देश्य, बच्चे की भाषा को या तो उस स्तर तक पहुंचाना या उन गुणों से संयुक्त करना है जो मान्य शैक्षिक भाषा का स्तर या गुण है या शैक्षिक भाषा को पहले उन बच्चों की भाषा के स्तर पर उतार कर सिद्ध करना है जिनको शिक्षा देना लक्ष्य है और फिर शिक्षा के दौरान उनमें भाषा के उन रूपों का विकास करते हुए पढ़ाना है जो विषयवस्तु को समझने और उन्हें अनुभवसिद्ध कर अभिव्यक्त करने में सहायक हों।

जब यह कहा जाता है कि शिक्षा की असफलता प्रमुखतः भाषा की असफलता है तब इसका यह अर्थ कदापि नहीं होता कि अगर भाषा को बालक सिद्ध कर ले, तो वह पूरी तरह शिक्षा को भी साध लेगा अथवा भाषा के अतिरिक्त ऐसे तत्त्व होते ही नहीं जो शिक्षा को प्रभावित करते हों। शिक्षा और भाषा के संबंधों को शिक्षा के संदर्भ में सफलता-असफलता से जोड़ने का अर्थ केवल इतना है कि शिक्षा की असफलता का पहला और मुख्य कारण बालक की भाषा है जिसके सहारे वह एक ओर कल्पना की उड़ान भरता है तो दूसरी ओर अपनी जिज्ञासा को शांत करता है, जिसके सहारे एक ओर वह संकल्पना (कांसेप्ट) का निर्माण करता है तो दूसरी ओर अपने विचार को दूसरों तक संप्रेषित करता है। यह भाषा ही है जिसके सहारे वह एक ओर अपनी इच्छाओं को व्यक्त कर दूसरों को प्रभावित करता है तो दूसरी ओर अन्य व्यक्तियों की इच्छाओं एवं आदेशों के अनुसार अपने को बदलता है। भाषा, और विशेषकर मातृभाषा, बालक के जीवन को बाहर और भीतर से इस प्रकार बांधे रहती है कि जब तक बालक इन विभिन्न भाषा प्रयोगों को अधिकृत नहीं कर लेता, वह न तो अपने व्यक्तित्व का पूर्ण विकास ही कर सकता है और न ही विषयवस्तु का अधिगम ही। अतः शिक्षा की असफलता के कारणों का अगर पता लगाना हो तो उसे भाषाक्षमता और उसके प्रयोग की दक्षता के भीतर पहले ढूंढ़ना होगा और बाद में अन्यत्र।

भाषा के इस संदर्भ में शिक्षा के ऊपर ध्यान दें तो पहली आवश्यकता यह होती है कि शिक्षा बालक के भाषिक अनुभव को अपने ध्यान में रखे क्योंकि शिक्षा का मुख्य क्षेत्र शिक्षार्थी का अनुभवजगत होता है। इस अनुभवजगत को व्यवस्थित, पुनर्गठित और संवृद्ध कर ज्ञानात्मक, भावात्मक और मूल्यांकनात्मक वृत्ति से संयुक्त करना ही शैक्षिक संप्राप्ति है। यह बिना भाषा के इसलिए संभव नहीं क्योंकि इन तीनों वृत्तियों के पीछे भाषा काम करती है। पर जैसा पहले कहा जा चुका है भाषा कोई अमूर्त अथवा वायवी संकल्पना नहीं। वह एक ओर व्यक्ति के अपने संदर्भ से जुड़ी होती है तो दूसरी ओर समाज और उसके मूल्यों से। अतः

मातृभाषा को जब शिक्षा के संदर्भ से जोड़ने की बात की जाती है तब उसे व्यक्ति और समाज से भी जोड़ कर देखने की आवश्यकता पड़ती है। मातृभाषा पर पड़ने वाले इस त्रिमुखी दबाव को त्रिभुज के सहारे व्यक्त किया जा सकता है :

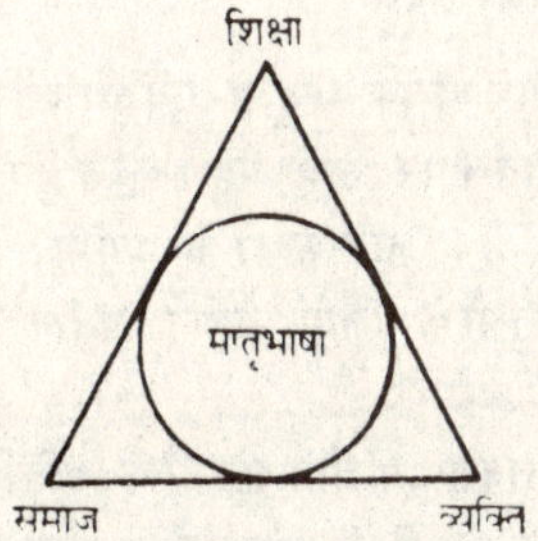

यहां यह तथ्य भी ध्यान देने योग्य है कि व्यक्ति स्कूल की औपचारिक (फार्मल) शिक्षा के अतिरिक्त अपने दैनिक जीवन में अनौपचारिक (इन्फार्मल) स्तर पर भी शिक्षा प्राप्त करता चलता है। अनौपचारिक स्तर पर पाई जाने वाली शिक्षा में संस्थान (इंस्टीट्यूशन) के रूप में सिद्ध समाज ही शिक्षक होता है। अतः स्कूल में आने के पूर्व ही बच्चा विभिन्न संदर्भों में अपने अनुभवों को संयोजित करने की ओर प्रवृत्त रहता है। ये विभिन्न संदर्भ बच्चों के छोटे-छोटे पर महत्त्वपूर्ण अनुभव संसार की सृष्टि करने में सहायक होते हैं। इन विभिन्न अनुभव संसार से संबद्ध विभिन्न भाषा प्रकार्य होते हैं। अतः अनौपचारिक शिक्षा के आधार पर मातृभाषा के विभिन्न प्रकार्य, विभिन्न संदर्भ से परिचालित होते हैं। अनौपचारिक स्तर पर बच्चों के समाजीकरण की प्रक्रिया के ऐसे तीन निम्नलिखित प्रमुख संदर्भ देखे जा सकते हैं :

अंतःक्रियात्मक (इंटर-ऐक्शनल) संदर्भ

इस संदर्भ में बालक भाषाप्रयोग को वक्ता और श्रोता के संबंधों के आधार पर सीखता है। यह वह संदर्भ है जो वस्तुतः भाषा को सामाजिक शैलीभेद से युक्त करता है। इसके आधार पर बालक तू, तुम, आप के भेद को जानता है, आज्ञा और अनुरोध में विभेद करता है।

नियामक (रेगुलेटिव) संदर्भ

यह संदर्भ प्रभुता (अथारिटी) का है जिसके सहारे बालक को क्या करना चाहिए और क्या नहीं, समाज यह मूल्य रूप में उसे सिखाता है। इसी के सहारे नैतिक स्तर के मूल्य को वह अनुभव संसार में आत्मसात करता है और साधारण और

आज्ञार्थक वाक्यों के भेद को ग्रहण करता है। इसके सहारे वह अपने सहयोगी या अपने से छोटे बच्चों के व्यवहार को नियंत्रित करता है और अपने से बड़ों द्वारा अपने व्यवहार को मोड़ता और परिवर्तित करता है।

प्रतिरूपात्मक (रिप्रेजेंटेशनल) संदर्भ

इस संदर्भ के आधार पर बालक वस्तुओं एवं व्यक्तियों के वस्तुवादी रूप को सीखता है और बोध के धरातल पर उन्हें ग्रहण करते हुए भाषा के संकेतार्थ पक्ष पर अधिकार प्राप्त करता है। ज्ञात शब्दों के प्रयोग के नए संदर्भ और नए संदर्भ में आने वाली नई वस्तुओं के लिए भाषिक प्रतीक को सिद्ध करने का यही क्षेत्र है।

सामाजिक संस्थान से संबद्ध इन तीन संदर्भों के अतिरिक्त वैयक्तिक स्तर पर भी बालक निम्नलिखित तीन संदर्भों में अनौपचारिक स्तर पर शिक्षा के नए आयाम से अपने को संयुक्त करता है :

जिज्ञासात्मक संदर्भ

बालक की एक प्रमुख मानसिक वृत्ति जिज्ञासापरक होती है। वह हमेशा यह जानने का प्रयत्न करता है कि 'यह क्यों ?' 'वह कैसे ?' क्यों और कैसे से संबद्ध अनुभव-संसार को वह अन्वेषणात्मक बनाता है।

कल्पनात्मक संदर्भ

बालक वस्तुओं को भाषा के प्रतिरूपात्मक संदर्भ में ग्रहण ही नहीं करता अपितु वह अपने मानसिक धरातल पर वस्तुओं के सृजन की ओर प्रवृत्त भी होता है। वह ज्ञात भाषा के सहारे एक नए अनुभवसंसार की कल्पनात्मक सृष्टि कर उसी में कुछ क्षण जीने का प्रयत्न भी करता है। यह प्रवृत्ति उसके अनुभवसंसार को कल्पनात्मक आधार देती है।

संवेदनात्मक संदर्भ

बालक का मन न केवल कोमल होता है वरन वह वस्तुओं को अनुभूति के धरातल पर ग्रहण करने की क्षमता से संयुक्त भी होता है। वस्तुएं उसके मानसरोवर में अनुभूतियों की लघु लहरियों को जन्म देने का कारण बनती हैं। इन संवेदनात्मक अनुभूतियों को बोध के धरातल पर ग्रहण करने के लिए वह भाषा का विशिष्ट प्रयोग करता है। लय, तुक और अन्यान्य ध्वनिसंयोगों के सहारे बनी भाषा का प्रयोग बालक इसी संवेदनात्मक संदर्भ में करता है।

बालक सामाजिक संस्थान और वैयक्तिक आवश्यकताओं के इन विभिन्न संदर्भों

में अपने अनुभव के छोटे-छोटे विभिन्न संसार बनाता है। ये संसार उसके अनुभव को संयोजित और गठित करते हैं। ये छोटे-छोटे अनुभवसंसार भाषा को न केवल भिन्न-भिन्न संदर्भों से जोड़ते हैं वरन भाषा के भिन्न-भिन्न प्रयोगों एवं नियमों से भाषा को समृद्ध भी करते हैं। विभिन्न प्रयोजनों के संदर्भ में यह कहा जा सकता है कि अंतःक्रियात्मक संदर्भ, बालक के 'मैं' को 'हम दोनों' में बदलता है, नियामक संदर्भ, 'मुझे आज्ञा मिली है कि—' या 'तुमको आदेश देता हूं कि—' प्रयोग को सिखाता है और प्रतिरूपात्मक संदर्भ, 'इसका यह अर्थ है कि—' का ज्ञान दिलाता है। इसी प्रकार 'मुझे यह जानना है कि—', 'मान लो कि—' और 'ऐसा लगता है कि—' ऐसे प्रश्नों को क्रमशः जिज्ञासात्मक, कल्पनात्मक और संवेदनात्मक संदर्भ प्रेरित करता है।

बालक जब स्कूल के औपचारिक वातावरण में शिक्षा के लिए पहले पहल प्रवेश करता है तब वह अपने अनुभव के छोटे-छोटे विभिन्न संसारों के साथ आता है। स्कूल में आने के पहले उसके पास अनुभव पर आधारित भाषिक क्षमता रहती है जो इन विभिन्न अनुभव संसार की सर्जक भी होती है और उसका प्रतिफल भी। पर स्कूली शिक्षा की औपचारिक प्रवृत्ति भाषा के निम्नलिखित संदर्भों की उससे मांग करती है :

पाठात्मक (टेक्स्चुअल) संदर्भ

पाठात्मक संदर्भ की पहली मांग, भाषा के मौखिक अभिव्यक्ति माध्यम को लेखन माध्यम में बदलने की होती है। बालक को पहले साक्षर बनाने की आवश्यकता है। साक्षरता का अर्थ ही है पढ़ने और लिखने के कौशल की उसमें दक्षता पैदा करना।

पाठात्मक संदर्भ की दूसरी मांग प्रोक्ति (डिस्कोर्स) को इकाई मानकर उसे लिखित आधार देना है। व्याकरण की इकाई अगर वाक्य होती है तो पाठ (टेक्स्ट) की प्रोक्ति। प्रोक्ति के लिखित संदर्भ को रचना (कंपोजीशन) के आधार पर सिद्ध करने की आवश्यकता शिक्षा में हमेशा बनी रहती है।

मानकीकरण (स्टैंडर्डाइजेशन) का संदर्भ

स्थान, काल और अनुभव क्षेत्र की विभिन्नता के संदर्भ में भाषा में वैविध्य और विकल्पन का आना स्वाभाविक है पर शिक्षा के परिप्रेक्ष्य में उसको स्थिरता देने की आवश्यकता बनी रहती है। एक ओर भाषा का लिखित पक्ष, मौखिक पक्ष की तुलना में अधिक स्थिर होता है और दूसरी तरफ भाषा का व्यापक (इलैबोरेट) कोड, उसके सीमित कोड की तुलना में अधिक अमूर्त और जातिपरक होने के कारण अधिक संगत एवं सुसंबद्ध होता है। अतः मानकीकरण का संदर्भ भाषा के

लिखित पक्ष और व्यापक कोड के पक्ष में भाषा में एकरूपता लाता है।

भाषेतर विषय (मीडियम) संदर्भ

अनौपचारिक शिक्षा में भाषा विषय का अभिन्न अंग होती है। उसे उसके कार्य-व्यापार से अलग नहीं किया जा सकता। पर औपचारिक शिक्षा, विषय को भाषा से अलग करने का आग्रह इस रूप में करती है कि भाषा अन्य ज्ञानक्षेत्रों (भूगोल, इतिहास, भौतिकशास्त्र आदि) के लिए मात्र माध्यम रूप बन जाती है।

निरूपात्मक भाषा (मेटालिंगुअल) संदर्भ

भाषेतर विषय अपने विश्लेषणगम्य अनुसंधान के लिए सिद्धांत संदर्भित भाषा की अपेक्षा रखते हैं। इसीलिए हर विषय क्षेत्र पारिभाषिक शब्दावली एवं अपने क्षेत्र के अनुरूप अभिव्यक्ति शैली की अपेक्षा रखता है। अतः शिक्षा में निरूपक भाषा की आवश्यकता हमेशा बनी रहती है।

तार्किक भाषा (लाजिकल) संदर्भ

अनौपचारिक शिक्षा स्वसंवेद्य होती है। बालक अपने दैनिक जीवन में जो कुछ सीखता है वह उसके अनुभव एवं अनुभूति के सीधे संपर्क में होता है। औपचारिक शिक्षा, विषय को न केवल पूर्वा-पर संबंधों पर आधारित कर बालक तक संप्रेषित करती है वरन उसे संवेदनतटस्थ कर वस्तुवादी बनाती हैं।

स्पष्ट है, औपचारिक शिक्षा अपनी आंतरिक आवश्यकता के परिप्रेक्ष्य में जिस भाषिक क्षमता और दक्षता का विकास करना चाहती है उसके संदर्भ में बालक की अपनी भाषिक क्षमता और दक्षता से भिन्न होते हैं। औपचारिक शिक्षा अगर विषय केंद्रित (सब्जेक्ट आरिएंटेड) हो जाए, तब यह विभिन्नता तीखे रूप में आती है। शिक्षण में औपचारिक संदर्भों पर बल देने के कारण बालक के अपने अनुभव और संवेदना के आधार पर निर्मित भाषिक संसार की न केवल उपेक्षा की जाने लगती है वरन उसे मानकच्युत और अप्रासंगिक कहकर अवमूल्यित भी कर दिया जाता है। इस संदर्भ में शिक्षा की दृष्टि (नियम) निर्देशात्मक (प्रेस्क्रिप्टिव) हो जाती है। ऐसे शिक्षण तंत्र में मातृभाषा शिक्षण का आधार भी निर्देशात्मक होकर भाषा के औपचारिक संदर्भों की ओर झुक जाता है। परंपरित व्याकरण इन्हीं औपचारिक संदर्भों से बांधकर ऐसे कई जीवंत भाषा प्रयोगों को मानकच्युत या भाषा का स्खलित रूप कहकर 'अशुद्ध' बताता है जो अपने अनौपचारिक मौखिक संदर्भ में सामान्यतः बोले और समझे जाते हैं।

भाषा के मानक (स्टैंडर्ड) रूप को 'शुद्ध' और उससे विचलित प्रयोगों को 'अशुद्ध' कहने की निर्देशात्मक प्रवृत्ति के संदर्भ में एक-दो तथ्य उल्लेखनीय हैं।

पहला तथ्य तो यही है कि मानक और मानकच्युत प्रयोग की संकल्पना भाषा की अपनी आंतरिक प्रवृत्ति से संबद्ध नहीं होती। वह भाषा का प्रश्न न होकर भाषा-प्रयोक्ता के भाषासंबंधी दृष्टिकोण का प्रश्न है। व्यक्ति का भाषासंबंधी दृष्टिकोण वस्तुतः समाज के स्तर पर सिद्ध भाषा की संस्थानगत (इंस्टीट्यूशनल) प्रकृति से संबद्ध होता है। अतः 'मुझ को रोटी खाना है' ~ 'मुझ को रोटी खानी है', 'होएगा' ~ 'होगा', 'बेचवा दिया' ~ 'बिकवा दिया' आदि में किसी एक को मानक और दूसरे को मानकच्युत कहना, प्रयोक्ता के भाषासंबंधी दृष्टिकोण पर आधारित है न कि भाषा की अपनी आंतरिक संरचना पर। दूसरा तथ्य यह भी है कि जिस मानक रूप की संकल्पना शिक्षा के संदर्भ में की जाती है वह भाषा के लिखित पक्ष के संदर्भ में प्रायः निर्धारित की जाती है। पर भाषाप्रयोग का मौखिक संदर्भ भी उतना ही यथार्थ होता है जितना लिखित प्रयोग। पर निर्देशात्मक शिक्षा लिखित पक्ष के संदर्भ में मान्य भापा के मानक रूप को भाषा के हर आयाम पर स्थापित करने की ओर उद्यत होती है। इस संदर्भ में यह कहा जा सकता है कि औपचारिक शिक्षा बालक से जिस भाषिक दक्षता की अपेक्षा करती है वह उसकी उस अधिकृत भाषिक दक्षता के विरोध में आने लगती है जिसे बालक स्कूल में आने के पहले साधे हुए रहता है या जिसे उसके दैनिक क्रियाव्यापार में साधने के लिए सामाजिक आवश्यकताएं मांग करती हैं। इस विरोध के बीच का संघर्ष, न केवल तनाव का कारण बनता है वरन बालक के व्यक्तित्व निर्माण का अवरोधक तत्व भी बन जाता है।

मातृभाषा शिक्षण को उसके उद्देश्य और दृष्टिकोण के संदर्भ में निम्नलिखित वर्गों में विभाजित किया जा सकता है :

1. निर्देशात्मक (प्रेस्क्रिप्टिव)
2. विवरणात्मक (डिस्क्रिप्टिव)
3. सर्जनात्मक (क्रिएटिव)

मातृभाषा शिक्षण का 'निर्देशात्मक दृष्टिकोण' भाषा को मानक और मानकच्युत प्रयोग के आधार पर 'शुद्ध', 'अशुद्ध' के मूल्यों के साथ पढाने का समर्थक है। वह 'क्या सही है' और 'क्या गलत है' के आधार पर भाषाप्रयोगों को देखता है। वह बालकों की भाषिक क्षमता को उसकी आंतरिक आवश्यकताओं के संदर्भ में न देखकर भाषेतर विषयों की तर्कगत व्याख्या के लिए नियोजित और नियंत्रित करना चाहता है। वह भाषा में स्थायित्व का पक्षधर है, अतः भाषा को नियमों में बांधकर समरूपी बनाने का अनुमोदक है। यह भी कहा जा सकता है कि जिस प्रकार निर्देशात्मक व्याकरण, मध्यवर्ग के शिक्षित व्यक्तियों के लिखित भाषा-प्रयोग को मान्य स्वीकार करता है उसी प्रकार मातृभाषा शिक्षण का निर्देशात्मक

दृष्टिकोण, संस्थान (इंस्टीट्यूशन) के रूप में शिक्षित मध्यवर्ग की चिंतनधारा का पोषक है।

'निर्देशात्मक दृष्टिकोण' की निम्नलिखित सीमाओं की ओर संकेत देना संभव है :

1. यह भाषा के लिखित प्रयोगों पर अत्यधिक आग्रह रखने के कारण उसके मौखिक रूप की उपेक्षा करता है।

2. साहित्यिक शैली पर ध्यान केंद्रित करने के कारण भाषा के विभिन्न प्रयुक्ति (रजिस्टर) भेदों की यह उपेक्षा करता है।

3. भाषा के ज्ञानरूप को अपना एकमात्र लक्ष्य बनाने के कारण भाषा के शक्तिरूप की यह अवहेलना करता है।

4. भाषा के मानक रूप को निर्धारित करने और उसको समरूपी मानने के कारण वह स्थान, काल और प्रयुक्ति भेदों के कारण स्वाभाविक रूप में उत्पन्न होने वाले भाषाविभेद की सत्ता से ही इनकार करता है।

5. यह शिक्षार्थी (बालक) के बहुआयामी अनुभवजगत (उसके विभिन्न भाषिक संसार) की सर्जनात्मक शक्ति का विकास नहीं करता।

मातृभाषा शिक्षण का 'विवरणात्मक दृष्टिकोण' भाषा को भाषा एवं उसके प्रयोगों के संदर्भ में पढ़ाने का समर्थक है। वह शिक्षार्थी को यह दिखाने का प्रयत्न करता है कि वस्तुतः भाषा विभिन्न परिस्थितियों में किस प्रकार कार्य करती है। वह भाषा में मानक भाषा की संकल्पना के संदर्भ में परिवर्तन का समर्थक नहीं और न ही मूल्यों के संदर्भ में भाषाप्रयोगों को 'शुद्ध' या 'अशुद्ध' वर्गों में विभाजित करने का ही पक्षधर है। इस दृष्टिकोण के अनुसार, मातृभाषी जिस भी भाषा-प्रयोग को व्यवहार में लाते हैं वे 'सही' होते हैं। इस दृष्टिकोण के अनुसार मातृ-भाषियों के भाषाव्यवहार के पीछे एक आचरणगत व्यवस्था काम करती है। इस व्यवस्था की पुष्टि ही भाषा शिक्षण है। जुबान या लेखनी के फिसल जाने, हिचक या अज्ञान के कारण अथवा अन्य शारीरिक एवं मानसिक विकार के फलस्वरूप भाषा में होने वाले व्यवहारगत भाषादोषों को निकाल देने के बाद भाषा की कोई त्रुटि मातृभाषा-भाषियों के प्रयोग में नहीं होती। अतः इस दृष्टिकोण के अनुसार मातृभाषा शिक्षण का प्रयोजन भाषा को कौशलरूप में पढ़ाना है।

भाषाप्रयोग दक्षता भाषा को वक्ता और श्रोता के बीच सामाजिक व्यापार के रूप में देखती है। साथ ही भाषाप्रयोग को वह देश, काल, पात्र, विषयवस्तु आदि संदर्भों के साथ देखने के कारण भाषाभेद की यथार्थता को स्वीकार करती है। उपयुक्त अवसर पर उपयुक्त भाषारूप का चुनाव भाषाप्रयोग के औचित्य से संबंध रखता है जिसकी प्रकृति मूल्यात्मक होने के बजाय विवरणात्मक होती है। मातृ-भाषा शिक्षण के विवरणात्मक दृष्टिकोण पर आधारित इस भाषाप्रयोग के

औचित्य के प्रति बालकों को सजग और सचेत बनाना अपेक्षित है।

यह दृष्टिकोण यह मानता है कि भाषाभेद हर भाषा की नियति है। इसलिए व्यवहारक्षेत्र और प्रयोजनसिद्धि के आधार पर उसमें भेद होना आवश्यक है। उदाहरण के लिए हिंदी का एक रूप बोलचाल के स्तर पर देखा जा सकता है तो दूसरा उसके लिखित स्तर पर। व्यवहारक्षेत्र के संदर्भ में तकनीकी हिंदी, कार्यालयी हिंदी, साहित्यिक हिंदी आदि भाषाभेद भी मिलते हैं। वस्तुतः हिंदी की व्याकरणिक व्यवस्था अमूर्तरूप में इनकी एक ही है पर प्रयोगगत संदर्भों में वह विभिन्न रूप में प्रतिफलित होती है। प्रयोगगत संदर्भों से बाधित वास्तविक भाषा-व्यापार में बालक को दक्ष बनाना ही मातृभाषा शिक्षण है।

भाषादक्षता के दो आयाम संभव हैं : (1) सक्रिय अर्थात उत्पादन परक (प्रोडक्टिव), (2) अनुभवात्मक अर्थात् बोधपरक (रिसेप्टिव)। किसी दिए गए वाक्य या पाठ को सुन या पढ़कर समझ लेना एक चीज है और उसे व्यक्त करने की दक्षता (बोलना या लिखना) दूसरी चीज। इस दृष्टिकोण के अनुसार मातृभाषा शिक्षण का उद्देश्य या तो भाषादक्षता के क्षेत्र का विस्तार होता है अर्थात जिस भाषा भेद की जानकारी शिक्षार्थी को न हो उसमें भाषाई कौशल का विकास करना या तत्संबंधी बोधपरक क्षमता का सक्रिय (उत्पादनपरक) दक्षता में परिवर्तन करना मातृभाषा शिक्षण का अभिप्रेत होता है।

मातृभाषा शिक्षण के इस दृष्टिकोण के अनुसार यह आवश्यक है कि शिक्षार्थी के उद्देश्य के अनुरूप भाषाभेद और तत्संबंधी कौशलों की पहले विवरणात्मक स्तर पर निर्धारित किया जाए और फिर उसे समान क्रोड (कामन कोर) में पाए जाने वाले भाषिक नियमों के विस्तार के रूप में सामने रखा जाए।

इस दृष्टिकोण की प्रमुख सीमा यह है कि यह शिक्षार्थी के अपने अनुभव संसार के सर्जनात्मक पक्ष पर ध्यान केंद्रित न कर भाषा को उसके व्यावहारिक पक्ष के साथ जोड़कर पढ़ाने का अनुमोदन करता है। भाषा को अनुभव एवं अनुभूति के धरातल पर ग्रहण न करने के कारण यह शिक्षण को संवेदनात्मक बनाने में असमर्थ है। यही नहीं यह बालक की वैयक्तिक आवश्यकताओं—जिज्ञासात्मक और कल्पनात्मक वृत्ति की उपेक्षा करता है। इसी प्रकार औपचारिक वातावरण में शिक्षा जिस भापिक उपकरण की अपेक्षा रखती है—उसके प्रति भी यह मातृभाषा शिक्षण को न तो प्रवृत्त करता है और न उत्साहित।

मातृभाषा शिक्षण का 'सर्जनात्मक दृष्टिकोण' भाषा को शिक्षार्थी (बालक) केंद्रित कर पढ़ाने का समर्थक है। इसके अनुसार मातृभाषा शिक्षण का उद्देश्य न तो विषयकेंद्रित होता है और न ही उसका लक्ष्य होता है लक्ष्यहीन भाषाकौशल का विकास। मातृभाषा शिक्षण शिक्षार्थी के वास्तविक अनुभव को भाषा के माध्यम से प्रभावित करते हुए उसका समाजीकरण करता है। अतः आवश्यकता केवल

भाषा के माध्यम से बालक के बौद्धिक विकास करने की नहीं होती, अपितु सामाजिक एवं भावात्मक स्तर पर उसके व्यक्तित्व को विकसित करने की भी होती है। इसके लिए यह आवश्यक है कि मातृभाषा शिक्षण, उन सभी संदर्भों को अपने केंद्र में रखे, जिनके आधार पर बालक का समाजीकरण, अनौपचारिक स्तर पर (स्कूल के बाहर) स्वयं समाज एक संस्थान के रूप में करता है। अर्थात मातृभाषा शिक्षण भाषा को उन अनुभवों की सिद्धि के लिए करना चाहिए, जो बालक की आवश्यकता, लक्ष्य और रुचि से संबद्ध हों। इसके साथ अनुभवों का चयन करते समय यह भी ध्यान रखना आवश्यक है कि वे बालक के मानसिक विकास के स्तर के अनुरूप हों। यह दृष्टिकोण मातृभाषा शिक्षण को बालक के सर्वांगीण रूप से व्यक्तित्व विकास के साथ जोड़ने के पक्ष में है। यही नहीं यह दृष्टिकोण मातृभाषा शिक्षण को बालक की आत्मतुष्टि के साधन के रूप में भी देखना चाहता है। आत्मतुष्टि का अनुभव बालक तभी कर पाता है जब वह मातृभाषा शिक्षण को वैयक्तिक स्तर पर अपने जीवन के लिए सार्थक पाता है। इसके लिए यह आवश्यक है कि मातृभाषा शिक्षण औपचारिक शैक्षिक संदर्भ के अतिरिक्त भाषा-प्रयोग के सामाजिक और वैयक्तिक संदर्भ—अर्थात अंतःक्रियात्मक, नियामक, प्रतिरूपात्मक (सामाजिक संदर्भ), जिज्ञासात्मक, कल्पनात्मक, संवेदनात्मक (वैयक्तिक संदर्भ) —को भी ध्यान में रखकर पाठयोजना बनाए। जब तक मातृभाषा शिक्षण भाषा-प्रयोग के इन विभिन्न संदर्भों के आधार पर निर्मित होने वाले बालकों के छोटे-छोटे अनुभवसंसार को समृद्ध और विकसित करने में सहायक न होगा, बालक उसकी सार्थकता से न तो आश्वस्त हो पाएगा और न ही शिक्षण से भावात्मक स्तर पर अपने को जोड़ पाएगा। यहां यह भी ध्यान देने की बात है कि भाषा शिक्षण में अभिप्रेरणा (मोटिवेशन) का एक महत्त्वपूर्ण स्थान होता है। अगर मातृभाषा अधिगम की ओर बच्चों को अभिप्रेरित करना है, तो उन्हें भावात्मक स्तर पर बिना बांधे शिक्षा की ओर प्रवृत्त नहीं किया जा सकता।

मातृभाषा शिक्षण का सर्जनात्मक दृष्टिकोण मातृभाषा के प्रयोग और उससे प्राप्त अनुभव के विस्तार का समर्थक है। अर्थात अनुभव के धरातल पर भाषिक क्षमता के विकास से संबद्ध वह ऐसे शिक्षण का अनुमोदक है जो शिक्षार्थी के अनुभव को सक्रिय और संवर्धित करता है। यह दृष्टिकोण पूर्वानुभव के सहारे अनुभव को प्रभावित और विकसित करने के निमित्त भाषिक क्षमता पैदा करने को सार्थक शिक्षण मानता है। परंपरित रीति से मातृभाषा शिक्षण व्यवहार के एक या दूसरे क्षेत्र में शिक्षार्थी के भीतर भले ही कुछेक कौशलों का विकास क्यों न कर ले, पर मूलतः विषयकेंद्रित होने के कारण वह बालकों के अपने सार्थक अनुभव क्षेत्र में या तो विकार पैदा कर देता था अथवा उसके स्वाभाविक विकास के रास्ते में रुकावट बन जाता था। पर आधुनिक मान्यतानुसार वही अनुभव शैक्षिक दृष्टि से सार्थक

माना जा सकता है जो आगे आने वाले अनुभव को न तो अवरुद्ध करता है और न ही विकृत।

भाषा शिक्षण के सर्जनात्मक दृष्टिकोण की कुछ निम्नलिखित मान्यताएं द्रष्टव्य हैं :

1. मातृभाषा शिक्षण का केंद्रक (लोकस) शिक्षार्थी और उसका अनुभवजगत होता है।

2. अनुभवजगत के विस्तार और विकास के साथ ही मातृभाषा की क्षमता का विस्तार और विभिन्न कौशलों का विकास स्वाभाविक प्रक्रिया के रूप में संभव है।

3. मातृभाषा के स्कूली औपचारिक शिक्षण के साथ-साथ अनौपचारिक स्तर पर वैयक्तिक और सामाजिक संदर्भों में भी उसका शिक्षण चलता रहता है; अतः औपचारिक शिक्षण से प्राप्त अनुभव को शिक्षार्थी के वैयक्तिक और सामाजिक संदर्भों में प्राप्त अनुभव को विकसित करने में सहायक होना चाहिए न कि उसका विरोधी।

4. मातृभाषा शिक्षण के औपचारिक संदर्भ को भाषा के मात्र ज्ञानरूप तक सीमित नहीं कर देना चाहिए अपितु भाषा के शक्तिरूप तक उसका प्रसार करना अपेक्षित है। शक्तिरूप में व्यक्तित्व और परिस्थिति दोनों ही के साधक रूप में भाषा को अपनाने की आवश्यकता है।

5. मातृभाता को जीवंत भाषा के रूप में पढ़ाना चाहिए न कि मृत भाषा के। जीवंत भाषा के रूप में मातृभाषा, मानकीकरण (स्टैंडर्डाइजेशन), अवभाषीकरण (वर्नाक्युलराइजेशन) और आधुनिकीकरण (माडर्नाइजेशन)—तीनों ही प्रक्रियाओं से स्पंदित रहती है। अतः मातृभाषा शिक्षण का सर्जनात्मक दृष्टिकोण इन तीनों प्रक्रियाओं पर ध्यान देता है।

6. विभिन्न परिस्थितियों के उपयुक्त भाषाशैली के रूप में स्वीकार करते हुए भाषाभेद की यथार्थता को मातृभाषा शिक्षण में स्वीकार करना चाहिए और उसे प्रयुक्ति (रजिस्टर) या सीमित (रेस्ट्रिक्टेड) कोड के व्यावहारिक प्रयोग के रूप में पढ़ाना चाहिए।

7. मातृभाषा शिक्षण को साहित्य को समझाने और अनुभव करने की दक्षता पैदा करनी चाहिए। इस दक्षता का आधार भाषिक होना चाहिए, अतः उसे 'साहित्य में भाषा', 'साहित्यिक भाषा' और 'साहित्यपरक भाषा' का अंतर भी सामने रखना चाहिए। साहित्य में भाषा, भाषा की संपूर्ण संभावना है जिसका कोई भी साहित्यकार उपयोग कर सकता है; साहित्यिक भाषा, अनुभव और अनुभूति के संदर्भ में भाषा का सर्जनात्मक प्रयोग है जिसे तथ्यपरक भाषा के विरोध में परिभाषित करना संभव है; और साहित्यपरक भाषा, भाषा के वे रूढ़िवादी तत्त्व हैं

जिन्हें उस भाषा के साहित्य का इतिहास पूर्वनिर्धारित मूल्य के साथ 'वर्तमान' को देता है, यथा : काव्यरूढ़ियां, निर्धारित छंद विधान आदि।

मातृभाषा शिक्षण के संदर्भ में अंत में यह कह देना अनुचित न होगा कि इसका क्षेत्र जितना ही व्यापक और बहुआयामी है और शिक्षा के अन्य उद्देश्यों की प्राप्ति में जितनी ही इसकी सार्थकता और महत्त्व है, उतना ही यह क्षेत्र उपेक्षित और अविकसित है।

द्विभाषिकता और अन्य भाषा शिक्षण

अन्य भाषा शिक्षण शिक्षार्थी को अनिवार्यतः द्विभाषिक (बाइलिंगुअल) बनाता है। मातृभाषा की क्षमता और उसमें व्यावहारिक दक्षता सामान्य रूप से सभी व्यक्ति रखते हैं पर उससे भिन्न किसी दूसरी भाषा में क्षमता और दक्षता, व्यक्ति अपनी वैयक्तिक और सामाजिक आवश्यकताओं के कारण प्राप्त करता है। भाषा शिक्षण को उद्देश्यपरक बनाने के कारण शिक्षार्थी की अपनी वैयक्तिक और सामाजिक आवश्यकताओं पर बल देने का इधर आग्रह बढ़ता जा रहा है। अतः अन्य भाषा शिक्षण के संदर्भ में यह देखने का प्रयास किया जाने लगा है कि कौन सी आवश्यकता, किस प्रकार के द्विभाषिक शिक्षार्थी पैदा करती है और द्विभाषिक शिक्षार्थी की प्रकृति के अनुसार किस प्रकार की भाषा शिक्षण विधि सर्वाधिक उपयुक्त होगी।

इसके पूर्व कि हम द्विभाषिक शिक्षार्थी की आवश्यकताओं के संदर्भ में अन्य भाषा शिक्षण की प्रकृति और प्रकार्य को देखें यह देख लेना आवश्यक है कि द्विभाषिक या द्विभाषिकता से हमारा तात्पर्य क्या है? पहले यह माना गया था कि द्विभाषिक वह व्यक्ति कहलाएगा जो मातृभाषावत दो भाषाओं में अपनी दक्षता रखता है। द्विभाषिकता के लिए यह कहा गया कि यह वह स्थितिविशेष है जो कुछेक व्यक्तियों के बाल्यकाल में समान रूप से दो भाषाओं को एक साथ सीखने से उत्पन्न होती है और जिसके परिणामस्वरूप व्यक्ति आगे चलकर एक ही कथन को दो भिन्न भाषाओं में समान-सहज भाव से अभिव्यक्त कर सकने की क्षमता रखता है। ये दोनों ही तथ्य आज गलत सिद्ध हो चुके हैं। दो भाषाओं में समान और पूर्ण दक्षता की बात को अब शंकालु भाव से देखा जाने लगा है। यह माना जाने लगा है कि द्विभाषिकता के विभिन्न प्रकार हैं और द्विभाषिक व्यक्ति की भाषाई क्षमता विभिन्न संदर्भों में विभिन्न अनुपात में सिद्ध रह सकती है।

यहां इस तथ्य पर भी ध्यान देना आवश्यक है कि द्विभाषिकता एक भाषिक स्थिति है जबकि द्विभाषिक, भाषाप्रयोक्ता। ऐसा संभव है कि स्थिति तो द्विभाषिकता की हो पर उस स्थिति में रहने वाले भाषाप्रयोक्ता द्विभाषिक न हों। उदाहरण के लिए यह संभव है कि किसी भी राष्ट्र को संवैधानिक दृष्टि से

द्विभाषिक कहा जाए पर उस राष्ट्र के व्यक्ति केवल अपनी मातृभाषा ही जानते हों। उदाहरण के लिए राजभाषा के स्तर पर स्विट्जरलैंड बहुभाषा-भाषी है पर इससे यह निष्कर्ष निकालना कि उस देश का हर व्यक्ति बहुभाषिक है, गलत होगा। इसी प्रकार भारत में संघ की राजभाषा के रूप में दो भाषाएं स्वीकृत हैं : हिंदी और अंगरेजी, पर व्यक्ति और समाज के स्तर पर ऐसे वर्ग देखने को मिलते हैं जो न हिंदी जानते हैं और न ही अंगरेजी। अतः द्विभाषिकता को दो मुख्य वर्गों में विभाजित किया जा सकता है : (1) स्थितिसापेक्ष, और (2) प्रयोक्तासापेक्ष। स्थितिसापेक्ष द्विभाषिकता, राष्ट्र के स्तर पर देखी जा सकती है जिसमें प्रयोक्ता को द्विभाषिक होना अनिवार्य नहीं होता। इसके विपरीत प्रयोक्तासापेक्ष द्विभाषिकता में व्यक्ति दो भाषाओं में पूर्ण अथवा आंशिक दक्षता रखता है।

प्रयोक्तासापेक्ष द्विभाषिकता के कई आयाम देखे जा सकते हैं जिनमें तीन मुख्य हैं : शिक्षा, सामाजिकता और अभिप्रेरणा (मोटिवेशन)। शिक्षा के आयाम पर द्विभाषिकता को दो वर्गों में विभाजित किया जा सकता है (1) शिक्षानिरपेक्ष 'सामान्य द्विभाषिकता' और (2) शिक्षासापेक्ष 'संभ्रांत द्विभाषिकता'। 'सामान्य द्विभाषिकता', जनजीवन की अपनी दैनिक आवश्यकताओं से उद्भूत संप्रेषणावस्था का परिणाम होती है जिसे दो भिन्न मातृभाषा-भाषी 'अवभाषा' (वर्नाक्युलर) के स्तर पर अपनाते देखे जातें हैं। इसमें अन्य भाषा की प्रवृत्ति सामान्यतः 'पिजिन' (अवमिश्रित) भाषा के रूप में ढलने की ओर होती है। इस टाइप की द्विभाषिकता का जनक सामाजिक आवश्यकता का वह स्तर होता है जो न किसी औपचारिक भाषा शिक्षण की अपेक्षा रखता है और न ही किसी लिखित साहित्यिक मानदंड की। यही कारण है कि भारत जैसे अशिक्षित देश की भाषाव्यवस्था में भी द्विभाषिकता की जड़ें बहुत गहराई तक जमी हैं। हिंदी के संदर्भ में यह कहा जा सकता है कि जब बंगाली मातृभाषी दूसरी भाषा के रूप में 'कलकतिया हिंदी' या मराठी मातृभाषी 'बंबइया हिंदी' अपनाते हैं, तब इस दूसरी भाषा के प्रयोक्ता उसे किसी औपचारिक संदर्भ में नहीं सीखते। इस प्रकार की द्विभाषिकता के लिए सामान्य जीवन के अनौपचारिक संदर्भ ही पाठशाला का काम करते हैं और संप्रेषण की आवश्यकताएं ही शिक्षक का काम करती हैं। इसके विपरीत संभ्रांत टाइप की द्विभाषिकता शिक्षासापेक्ष होती है। यह औपचारिक स्तर पर अन्य भाषा के शिक्षण से उद्भूत होती है। इस प्रकार की द्विभाषिकता में अन्य भाषा का मानक रूप साध्य होता है। संपर्कभाषा (लिंगुआ-फ्रैंका) के रूप में अन्य भाषा को यहां भी स्वीकार किया जा सकता है पर इसका झुकाव 'अवमिश्रित' भाषा को जन्म देने की ओर नहीं होता। इसके सीखने वाले शिक्षित अथवा अर्धशिक्षित व्यक्तियों का वह समूह होता है जो भाषा अवमिश्रण प्रक्रिया को प्रायः हेय दृष्टि से देखता है। उदाहरण के लिए यदि सामान्य टाइप की द्विभाषिकता को हम 'बाजारू' हिंदी के

नाम से पुकारते हैं तो संभ्रांत टाइप की द्विभाषिकता को हम अखिल भारतीय स्तर पर सुनियोजित ढंग से प्रतिष्ठित की जाने वाली प्रतिष्ठा प्राप्त 'राजभाषा' के रूप में विकसित करने की ओर प्रवृत्त होते हैं। यह ध्यान देने की बात है कि शिक्षा-निरपेक्ष सामान्य द्विभाषिकता की स्थिति में प्रयोक्ता अन्य भाषा के व्यवहार को बोलने और सुनने के स्तर तक ही सामान्यतः सीमित रखता है पर शिक्षानिरपेक्ष संभ्रांत द्विभाषिकता की स्थिति में वह अन्य भाषा की दक्षता को लिखने और पढ़ने के स्तर पर भी ले जा सकता है।

सामाजिकता के आयाम पर द्विभाषिकता को दो वर्गों में विभाजित किया जा सकता है : (1) 'व्यक्तिपरक द्विभाषिकता', और (2) 'समुदायपरक द्विभाषिकता'। 'व्यक्तिपरक द्विभाषिकता' में प्रयोक्ता अपनी वैयक्तिक आवश्यकताओं के कारण अन्य भाषा को स्वीकार करता है। इस वर्ग के प्रयोक्ता किसी सामाजिक दबाव अथवा संप्रेषणव्यवस्था की अपनी मांग के कारण दूसरी भाषा सीखने की ओर प्रवृत्त नहीं होते। उदाहरण के लिए अगर हिंदी मातृभाषी रूसी, जर्मनी, फ्रेंच, ग्रीक आदि भाषाओं के सीखने की ओर प्रवृत्त होता है तब उसकी इस प्रवृत्ति को उसके समाज की संप्रेषणव्यवस्था की मांग का परिणाम नहीं कहा जा सकता। इसके विपरीत समुदायपरक द्विभाषिकता में प्रयोक्ता मातृभाषेतर भाषा को अपने समाज की व्यापक संप्रेषणव्यवस्था की एक महत्त्वपूर्ण कड़ी के रूप में सीखता है। इस वर्ग का प्रयोक्ता अन्य भाषा को एक सामाजिक दबाव के परिणामस्वरूप अपनाता पाया जाता है। वस्तुतः समुदायपरक द्विभाषिकता के संदर्भ में अपनाई जाने वाली अन्य भाषा, प्रयोक्ता के भाषाई समाज के भाषिक कोष (वर्बल रेपर्टायर) की एक भाषा होती है। उदाहरण के लिए हिंदी मातृभाषी, जब अंग्रेजी भाषा को सीखने की ओर प्रवृत्त होता है तब वह केवल अपनी वैयक्तिक रुचि के कारण ही ऐसा नहीं करता। उच्च शिक्षा, तकनीकी ज्ञान, वैज्ञानिक विषयों पर ज्ञानवार्ता आदि सामाजिक संदर्भों की यह मांग है कि हिंदीभाषी समाज के प्रयोक्ता अंग्रेजी भाषा में भी पर्याप्त दक्षता रखें।

प्रयोक्ता की अभिप्रेरणा (मोटिवेशन) के आयाम पर द्विभाषिकों को दो वर्गों में विभाजित करना संभव है : (1) 'उपकरणवादी द्विभाषिक', और (2) 'समग्रतावादी द्विभाषिक'। 'उपकरणवादी द्विभाषिक' अन्य भाषा के सीखने के लक्ष्य को उपयोगिता के आधार पर स्वीकार करते हैं। उदाहरण के लिए, अगर प्रयोक्ता अपने पेशे को सुचारु रूप से संपन्न करने के निमित्त किसी अन्य भाषा को सीखना स्वीकार करता है, तब अभिप्रेरणा की प्रकृति को उपकरणवादी कहा जा सकता है। इसी प्रकार अगर अहिंदीभाषी भारतीय, हिंदी को 'राजभाषा' के रूप में ग्रहण करना चाहता है अथवा हिंदीभाषी भारतीय अंग्रेजी को तकनीकी ज्ञान के लिए अपनाता है तब उसकी अभिप्रेरणा को उपकरणवादी कहा जाएगा। इसके

विपरीत समग्रतावादी द्विभाषिक, अन्य भाषा को किसी दूसरे भाषाई समुदाय के बारे में अधिक ज्ञान प्राप्त करने के निमित्त सीखता है जिससे वह अपनी सामाजिक अस्मिता (आइडेंटिटी) उस भाषाई समाज से जोड़ सके और सांस्कृतिक धरातल पर उस समाज की सदस्यता प्राप्त कर सके। ऐसी अभिप्रेरणा से युक्त भारतीय प्रयोक्ता अंग्रेजी भाषा को उपकरण रूप में ग्रहण न कर 'अंग्रेज' जैसा दिखने और स्वीकार किए जाने के लिए अपनाता है। स्पष्ट है कि उपकरणवादी द्विभाषिक अन्य भाषा को भाषाव्यवहार के सीमित और निर्धारित क्षेत्र की भाषा के रूप में सीखने की ओर प्रवृत्त होता है जबकि समग्रतावादी द्विभाषिक अन्य भाषा को भाषाव्यवहार के संदर्भ में सर्वव्यापी बनाने की ओर प्रयुक्त होता है।

प्रयोक्तासापेक्ष द्विभाषिकता को उसके गुणात्मक (क्वालिटेटिव) और परिमाणात्मक (क्वांटिटेटिव) धरातल पर भी देखा जा सकता है। गुणात्मक धरातल द्विभाषिकों की प्रकृति से संबंध रखता है और यह बताता है कि अन्य भाषा के रूप में सीखी जाने वाली भाषा को प्रयोक्ता किस रूप में ग्रहण किए हुए है। परिमाणात्मक धरातल द्विभाषिकों के अन्य भाषा संबंधी ज्ञान और दक्षता के अनुपात को नापता है और यह बताता है कि अन्य भाषा के रूप में सीखी जाने वाली भाषा में द्विभाषिकों की योग्यता कितनी है।

गुणात्मक धरातल के तीन संदर्भ दिखलाई पड़ते हैं: (1) 'प्रकार्य', (2) 'दक्षता' और (3) 'स्थिरता'। प्रकार्य के संदर्भ में दो प्रकार के द्विभाषिक दिखलाई पड़ते हैं : (1) 'समानाधिकृत' (को-आर्डिनेट) द्विभाषिक, और (2) 'सामासिक' (कंपाउंड) द्विभाषिक। आज इस विभाजन की सार्थकता पर प्रश्नचिह्न लगाए जा रहे हैं और मानसिक व्यापार के रूप में कुछ प्रयोगों के आधार पर इसे असिद्ध करने का प्रयत्न भी हुआ है। पर द्विभाषिकों की अधिगम प्रकृति को समझने एवं भाषा शिक्षण की दृष्टि को पकड़ने में यह विभाजन सहायक माना गया है। समानाधिकृत द्विभाषिक, दो भाषाओं को स्वतंत्र रूप से प्रयोग में लाते हैं और इनके व्यवहार में दोनों भाषाएं दो भिन्न प्रकार की संस्कृतियों एवं जीवनदृष्टि की अभिव्यक्ति का साधन बनती हैं। दो भिन्न इकाइयों के रूप में भाषाओं की सत्ता स्वीकार करने के कारण ऐसे द्विभाषिक एक दूसरी भाषा के लिए अनुवाद प्रक्रिया का सहारा नहीं लेते। इस वर्ग के प्रयोक्ता द्विभाषिकता की उस स्थिति को स्वीकार करते हैं जहां द्विभाषिकता दो भिन्न संस्कृतियों को समझने के लिए ही आवश्यक नहीं होती वरन दो भिन्न संस्कृतियों की रक्षा और निर्वाह (मेंटेनेंस) का साधन बनती है। इसके विपरीत 'सामासिक द्विभाषिक', एक ही संस्कृति की अभिव्यक्ति के दो विकल्पवत माध्यम के रूप में दो भाषाओं की सत्ता को स्वीकार करते हैं। ऐसे द्विभाषिक अन्य भाषा को सीखने के लिए मातृभाषा से अनुवाद प्रक्रिया का सहारा लेते हैं। स्वाभाविक है कि इस स्थिति में दोनों भाषाएं

एक दूसरे के संपर्क में आने से प्रभावित होंगी और बदलेंगी।

दक्षता के संदर्भ में द्विभाषिकों के दो वर्ग देखे जा सकते हैं : (1) 'सक्रिय' (ऐक्टिव), और (2) 'निष्क्रिय' (पेस्सिव)। दक्षता का संबंध भाषाकौशल से है जो भाषाव्यवहार के परिप्रेक्ष्य में चार माने गए हैं : बोलना, सुनना, लिखना और पढ़ना। इन चार कौशलों में दो वक्ता (लेखक) सापेक्ष हैं, यथा : बोलना और लिखना; और दो श्रोता (पाठक) सापेक्ष, यथा : सुनना और पढ़ना। वैसे तो वक्ता और श्रोता दोनों ही अपने व्यवहार क्षेत्र में सक्रिय होते हैं पर सामान्यत: यह मान लिया गया है कि वक्ता (लेखक) सापेक्ष भाषाई कौशल, संप्रेष्य अथवा कथ्य के संदर्भ में उत्पादक (प्रोडक्टिव) हैं जबकि श्रोता (पाठक) सापेक्ष भाषाई कौशल ग्रहणशील (रिसेप्टिव)। अन्य भाषा में उत्पादक शक्ति से युक्त द्विभाषिकों के वर्ग को 'सक्रिय' कहा गया है जबकि मात्र ग्रहणशील शक्ति संयुक्त द्विभाषिकों के वर्ग को 'निष्क्रिय'। यह विभाजन इसलिए महत्त्वपूर्ण है कि आमतौर पर द्विभाषिकता की ऐसी स्थिति दिखाई देती है जहां प्रयोक्ता बात सुनकर समझ लेने की दक्षता तो रखता है पर उसमें एक भी वाक्य स्वाभाविक ढंग से बोल नहीं पाता, या अन्य भाषा में लिखे पाठ को पढ़कर उसके अर्थ का पता तो लगा लेता है पर एक भी सही वाक्य नहीं लिख पाता।

स्थिरता के संदर्भ में द्विभाषिकों को दो वर्गों में विभाजित करना संभव है : (1) 'स्थिर' (स्टेबिल) द्विभाषिक, और (2) 'अस्थिर' (अन्स्टेबिल) द्विभाषिक। जैसे पहले संकेत दिया जा चुका है प्रयोक्ता अन्य भाषा को किन्हीं निश्चित उद्देश्यों से सीखता है। अगर ये उद्देश्य अपने में सीमित और भाषाव्यवहार के अस्थायी संदर्भों को लेकर हैं तब संदर्भों के हट जाने पर अन्य भाषा की आवश्यकता भी हट जाती है। ऐसी स्थिति में द्विभाषिक धीरे-धीरे अन्य भाषा में दक्षता खो बैठता है। पर्यटकों के उपयोग तक सीमित अन्य भाषा को सीखकर बने द्विभाषिक ऐसे ही वर्ग में आते हैं। ऐसे सीमित उद्देश्यों और अस्थायी संदर्भ में उत्पन्न होने वाली द्विभाषिकता की प्रकृति को 'अस्थिर' कहा गया है। इसके विपरीत 'स्थिर' द्विभाषिक वे हैं जिनका अन्य भाषा की दक्षता के निर्वाह का आधार स्थायी होता है। समुदायपरक द्विभाषिकता की स्थिति में द्विभाषिकों की प्रकृति सामान्यत: 'स्थिर' होती है।

परिमाणात्मक धरातल पर प्रयोक्तासापेक्ष द्विभाषिकता के अध्ययन की अनेक समस्याएं हैं। यह ध्यान देने की बात है कि द्विभाषिकों की अन्य भाषा में दक्षता का मापांकन एक अविच्छिन्न संतत रेखा पर करना संभव है जिसके एक छोर पर तो समतुल्य विभाषिक (एंबि-लिंगुअल) हैं और दूसरे पर अन्य भाषा के मात्र कुछेक शब्दों एवं वाक्यों को समझने की दक्षता रखने वाले प्रारंभिक (इंसिपिएंट) द्विभाषिक। इन दो छोरों के बीच में विभिन्न अनुपात में सापेक्षिक दक्षता रखने

वाले द्विभाषिकों का एक पूरा वर्ग है। दूसरी कठिनाई मापांकन के आधार को लेकर देखी जा सकती है। वस्तुतः दक्षता के मापांकन के लिए भाषाई कौशल के किस पक्ष को लिया जाए; बोलने, सुनने, लिखने और पढ़ने— इन चार कौशलों में किसी एक या दो को आधार बनाया जाए या सभी को? वस्तुतः इन विभिन्न भाषाई कौशलों के संदर्भ में द्विभाषिकों की क्षमता का स्तर भिन्न-भिन्न मिलता है। तीसरी कठिनाई भाषाई स्तर के संदर्भ में है। अन्य भाषा के प्रयोग की दक्षता का संबंध उस भाषा के विभिन्न स्तरों (स्वनिमिक, शाब्दिक, व्याकरणिक) पर प्राप्त ज्ञान और उसके प्रयोग से भी हो सकता है। ऐसा संभव है कि एक प्रयोक्ता को अन्य भाषा के शब्द अधिक याद हों और दूसरे को उसकी तुलना में व्याकरणिक संरचना का ज्ञान अधिक हो।

इन कठिनाइयों को ध्यान में रखते हुए परिमाणात्मक धरातल पर द्विभाषिकों की क्षमता को मोटे तौर पर तीन श्रेणियों में विभाजित किया जा सकता है : 'पूर्ण' (फुल), 'आंशिक' (पार्शियल) और प्रारंभिक (इंसिपिएंट)। वे द्विभाषिक पूर्ण माने जाएंगे जो अन्य भाषा में मातृभाषावत अथवा लगभग मातृभाषा जैसी दक्षता रखते हों। अतः पूर्ण द्विभाषिकों को समतुल्य द्विभाषिक भी कहा जाता है। आंशिक द्विभाषिक अन्य भाषा के सीमित व्यवहारक्षेत्र में सीमित दक्षता रखते हैं। प्रारंभिक द्विभाषिक वे भाषाप्रयोक्ता हैं जो बोलने के स्तर पर भाषा व्यवहार की दक्षता नहीं रखते पर समझने के स्तर पर अन्य भाषा में थोड़ी-बहुत दक्षता रखते हैं।

द्विभाषिकता और द्विभाषिकों के विभिन्न वर्गों एवं उपवर्गों को पृष्ठ 201 पर दी गई तालिका के रूप में देखा जा सकता है।

अन्य भाषा निष्प्रयोजन नहीं सीखी जाती। वैसे पूरी शिक्षा को ही उद्देश्यपरक बनाना अत्यंत आवश्यक है पर अन्य भाषा शिक्षण के संदर्भ में यह बात अधिक महत्त्वपूर्ण है। अतः भाषा शिक्षण के नियोजन के लिए यह आवश्यक है कि अन्य भाषा के रूप में कोई भाषा किन प्रयोजनों को साधती है—यह जान लिया जाए। द्विभाषिकता और द्विभाषिकों की प्रकृति, अन्य भाषा में उनकी दक्षता का परिणाम भाषा शिक्षण में विभिन्न भाषिक कौशलों पर सापेक्षिक दृष्टि से दिए गए बल, आदि से संबंधित प्रश्नों का सीधा संबंध इन प्रायोजनों के साथ जुड़ा हुआ है। अतः द्विभाषिकता की अपनी प्रकृति और द्विभाषिकों की अन्य भाषा में दक्षता के परिणाम आदि की चर्चा के पहले यह जान लेना आवश्यक है कि अन्य भाषा किन प्रयोजनों को साधती है। यहां इस तथ्य पर भी ध्यान देना आवश्यक है कि कोई भी भाषा, अपनी संरचना और संभावना में संप्रेषणव्यापार के किसी भी प्रयोजन अथवा प्रकार्य को साधने में सक्षम होती है। अतः अन्य भाषा के जो भी प्रयोजन हैं उसके 'प्रकार्य' को मातृभाषा के संदर्भ में ही देखना अधिक उचित होगा। इस दृष्टि से अन्य भाषा के निम्नलिखित चार प्रकार देखे जा सकते हैं।

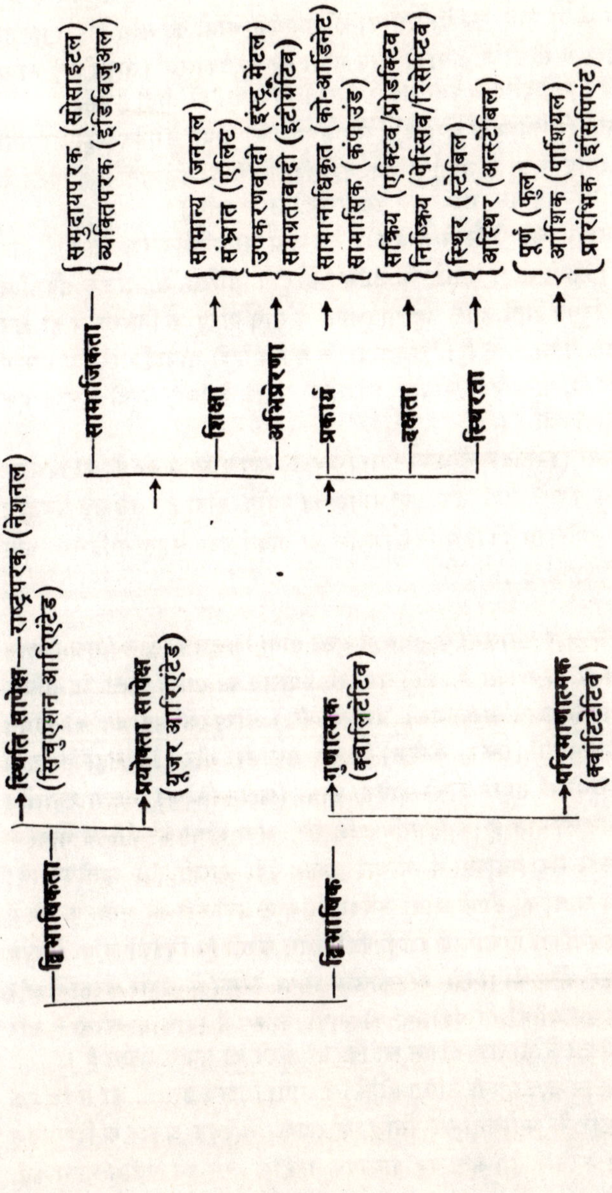

द्विभाषिकता
स्थिति सापेक्ष — राष्ट्रपरक (नेशनल)
(सिचुएशन आरिएंटेड)
प्रयोक्ता सापेक्ष
(यूजर आरिएंटेड)
सामाजिकता
समुदायपरक (सोसाइटल)
व्यक्तिपरक (इंडिविजुअल)
शिक्षा
सामान्य (जनरल)
संभ्रांत (एलिट)
अभिप्रेरणा
उपकरणवादी (इंस्ट्रूमेंटल)
समग्रतावादी (इंटीग्रेटिव)
द्विभाषिक
गुणात्मक
(क्वालिटेटिव)
प्रकार्य
सामानाधिकृत (को-आर्डिनेट)
सामासिक (कंपाउंड)
दक्षता
सक्रिय (एक्टिव/प्रोडक्टिव)
निष्क्रिय (पेसिव/रिसेप्टिव)
स्थिरता
स्थिर (स्टेबिल)
अस्थिर (अनस्टेबिल)
परिमाणात्मक
(क्वांटिटेटिव)
पूर्ण (फुल)
आंशिक (पार्शियल)
प्रारंभिक (इंसिपिएंट)

सहायक भाषा (आग्ज़िलियरी लैंग्वेज) : जब अन्य भाषा सामाजिक स्तर पर संप्रेषण के लिए व्यवहार में न लाई जाए और उसे केवल ज्ञान के माध्यम के रूप में स्वीकार किया जाए, तब ऐसी भाषा को सहायक भाषा की संज्ञा दी जा सकती है। इस दृष्टि से सीखी जाने वाली अन्य भाषा को 'पुस्तकालय' (लाइब्रेरी) भाषा भी कहते हैं। इसी दृष्टि से क्लासिक भाषाओं की शिक्षा दी जाती है।

संपूरक भाषा (सप्लीमेंटरी लैंग्वेज) : जब अन्य भाषा अत्यंत सीमित और अस्थायी संदर्भों में प्रयोग में लाई जाती है तब वह संपूरक भाषा कहलाती है। पर्यटन के उद्देश्य से सीखी गई अन्य भाषा इस वर्ग में रखी जा सकती है।

परिपूरक भाषा (कांप्लीमेंटरी लैंग्वेज) : जब अन्य भाषाविशेष (अर्थात कोई और भाषा नहीं) किसी भाषा समाज के सीमित परंतु निर्धारित सामाजिक संदर्भों में इस प्रकार प्रयुक्त होती है कि वह मातृभाषा के साथ परिपूरक वितरण में हो, तब उसे परिपूरक भाषा कहते हैं। 'राजभाषा' के रूप में हिंदी भाषाई भारतीय समाज के लिए अंग्रेजी, या अहिंदी भाषाई भारतीय समाज के लिए 'हिंदी' इसका एक उदाहरण हो सकता है।

समतुल्य भाषा (इक्वेटिव लैंग्वेज) : अन्य भाषा, अपने प्रयोग संदर्भ का विस्तार जब वहां तक कर ले जहां तक मातृभाषा का प्रयोग होता है, तब उसे समतुल्य भाषा कहा जा सकता है। द्विभाषिक शिक्षण का आदर्श लक्ष्य समतुल्य द्विभाषिकता की सिद्धि में रहता है।

अन्य भाषा के चार प्रयोजनों के संदर्भ में अन्य भाषा शिक्षण की तीन प्रमुख शिक्षण प्रणालियां देखी जा सकती हैं : (1) समतुल्य प्रयोजन को साधने वाली 'द्विभाषिक शिक्षण' (बाइ-लिंगुअल एजूकेशन) प्रणाली, (2) परिपूरक प्रयोजन को साधने वाली 'द्वितीय भाषा' (सेकंड लैंग्वेज) शिक्षण प्रणाली और (3) सहायक तथा संपूरक प्रयोजनों को साधने वाली 'विदेशी भाषा' (फारेन लैंग्वेज) शिक्षण प्रणाली। यहां ध्यान देने की बात है कि द्विभाषिक शिक्षण, अन्य भाषा को शैक्षिक भाषा के रूप में स्वीकार कर प्रयोक्ता में भाषाई दक्षता पैदा करती है। द्वितीय भाषा शिक्षण, अन्य भाषा को संपर्क भाषा अथवा विशिष्ट प्रयोजनों की भाषा के रूप में स्वीकार कर प्रयोक्ता में भाषाई दक्षता का विकास करती है। विदेशी भाषा शिक्षण का एक प्रकार अन्य भाषा को पुस्तकालीय भाषा के रूप में ग्रहण करता है और दूसरा प्रकार उसे यत्किंचित प्रयोजनों की भाषा के रूप में स्वीकार करता है और तदनुरूप प्रयोक्ता में भाषाई कौशल का विकास करने का प्रयत्न करता है।

यहां यह स्पष्ट कर देना उचित होगा कि भाषा शिक्षण प्रणाली का संबंध एक निश्चित प्रकार के प्रयोजनों की सिद्धि और एक निश्चित प्रकार के द्विभाषिक प्रयोक्ता पैदा करने से है। अतः यह आवश्यक नहीं कि जिसे हम द्वितीय भाषा कहें, वह अनिवार्यतः स्वदेशी या स्वजातीय भाषा ही हो अथवा जिस भाषा में दक्षता

विदेशी भाषा शिक्षण प्रणाली से पैदा की जाती है वह अनिवार्य रूप में विजातीय ही हो। वस्तुतः द्वितीय भाषा या विदेशी भाषा अथवा उनसे संबद्ध शिक्षण प्रणाली की संकल्पना का आधार भाषाप्रकार्य (फंक्शन) होता है। अत: परिपूरक अथवा सहायक प्रकार्य को साधने वाली भाषा स्वजातीय भी हो सकती है और विजातीय भी। उदाहरण के लिए, भारत में राजभाषा के रूप में हिंदी और अंग्रेजी के शिक्षण की स्थिति को ही लें। अहिंदी भाषी भारतीयों द्वारा प्रशासनिक प्रयोजनों के लिए अपनाई जाने वाली संघ की प्रमुख राजभाषा के रूप में हिंदी तो 'स्वजातीय' है पर संघ की सहयोगी राजभाषा 'अंग्रेजी' हिंदीभाषी अथवा अहिंदी भाषी भारतीयों के लिए विजातीय है। स्वजातीय हिंदी और विजातीय अंग्रेजी दोनों ही भारतवासियों के लिए संपर्क भाषा का कार्य करती हैं, दोनों ही समुदायपरक द्विभाषिकता को जन्म देती हैं; और दोनों ही मातृभाषा के संदर्भ में परिपूरक प्रयोजनों को साधती हैं : अतः दोनों ही द्वितीय भाषा के रूप में मान्य हैं। इन दोनों का शिक्षण, अपने व्यापक संदर्भ में संप्रति द्वितीय भाषा शिक्षण के अंतर्गत आएगा।

इसी प्रकार ज्ञानसंवर्धन के लिए अपनाई जाने वाली 'सहायक' भाषा भारतीय प्रयोक्ताओं के लिए संस्कृत भाषा भी हो सकती है जो 'स्वजातीय' है और ग्रीक या जर्मन भाषा भी जो उनके लिए विजातीय है। पर अगर पुस्तकालीय भाषा के रूप में इन दोनों की शिक्षण व्यवस्था करनी है तो दोनों की ही शिक्षा अपने व्यापक संदर्भ में विदेशी भाषा शिक्षण विधि के अनुरूप होगी।

लक्ष्य भाषा के रूप में स्वजातीय और विजातीय भाषाएं प्रयोक्ता के उसको देखने के दृष्टिकोण, अभिप्रेरणा और भाषा के सामाजिक तथा सांस्कृतिक मूल्य संबंधी चेतना को निश्चय ही प्रभावित करेंगे, अतः यह उचित है कि हम द्वितीय और विदेशी भाषा शिक्षण के दो उपवर्ग बनाएं—स्वजातीय द्वितीय और विदेशी भाषा शिक्षण तथा विजातीय द्वितीय और विदेशी भाषा शिक्षण। यथा :

शिक्षण ↓	स्वजातीय	विजातीय ←भाषा
द्वितीय भाषा	संपर्क भाषा$_1$ हिंदी	संपर्क भाषा$_2$ अंगरेजी
विदेशी भाषा	पुस्तकालीय भाषा$_1$ संस्कृत	पुस्तकालीय भाषा$_2$ ग्रीक/जर्मन

विशिष्ट प्रयोजनों एवं प्रकार्य के संदर्भ में भाषा शिक्षण प्रणाली विभिन्न प्रकार के द्विभाषिक पैदा करती है जिसको आगे तालिका के रूप में दिखाया गया है।

अन्य भाषा
(अदर टंग)

प्रयोजन :	समतुल्य (इक्वेटिव)	परिपूरक (कांप्लीमेंटरी)	सहायक (आग्सिलियरी	संपूरक (सप्लीमेंटरी)
प्रकार्य :	शैक्षिक भाषा	संपर्क अथवा विशिष्ट प्रयोजनों की भाषा (द्वितीय भाषा)	पुस्तकालीय भाषा	विदेशी भाषा
शिक्षण प्रणाली :	द्विभाषिक शिक्षण	द्वितीय भाषा का शिक्षण	विदेशी भाषा का शिक्षण	
द्विभाषिकता :	पूर्ण, स्थिर, सक्रिय और समानाधिकृत	आंशिक, स्थिर सक्रिय और सामासिक	आंशिक, अस्थिर और निष्क्रिय	आंशिक, अस्थिर और सक्रिय

अन्य भाषा शिक्षण प्रयोक्ता को द्विभाषिक बनाता है। पर जिस उद्देश्य एवं प्रकार्य को ध्यान में रखकर भाषा शिक्षण प्रणाली में भेद किया जाता है, वह द्विभाषिकों की प्रकृति में भी अंतर लाने में समर्थ है। 'समतुल्य' प्रयोजन को साधने वाला द्विभाषिक शिक्षण, पूर्ण, स्थिर, सक्रिय और समानाधिकृत टाइप के द्विभाषिक पैदा करता है। 'परिपूरक' प्रयोजनों से प्रेरित द्वितीय भाषा शिक्षण भाषा प्रयोक्ता को आंशिक, स्थिर, सक्रिय और सामासिक टाइप का द्विभाषिक बनाता है। 'सहायक' प्रयोजनों और 'पुस्तकालीय भाषा' के रूप में लक्ष्यभाषा को स्वीकार कर विदेशी भाषा शिक्षण जिस प्रकार के द्विभाषिकों को जन्म देता है उसकी प्रकृति आंशिक, अस्थिर और निष्क्रिय होती है। इसके विपरीत यत्किंचित प्रयोजनों के लिए 'संपूरक' भाषा के रूप में जब विदेशी भाषा शिक्षण किसी भाषा को लक्ष्य भाषा स्वीकार करता है तब भाषा प्रयोक्ता, आंशिक, अस्थिर और सक्रिय टाइप का द्विभाषिक बनता है।

खंड पांच

संदर्भ ग्रंथ सूची और पारिभाषिक शब्दावली

संदर्भ ग्रंथ सूची

हिन्दी

कुमार, राजेश : 1989, **त्रुटियां विशेषण और सुधार**, दिल्ली : अनुभव प्रकाशन

गुप्त, मनोरमा : 1984, **भाषा अधिगम**, आगरा : केन्द्रीय हिन्दी संस्थान

तिवारी, भोलानाथ एवं भाटिया, कैलाशचन्द्र : 1980, **हिन्दी भाषा शिक्षण**, दिल्ली : लिपि प्रकाशन,

पांडेय, रामकमल : 1985, **त्रुटि विश्लेषण : सिद्धांत और व्यवहार**, आगरा : केन्द्रीय हिन्दी संस्थान

बंसल, सोमदत्त : 1983, **मानक हिन्दी और बांगरू का व्यतिरेकी विश्लेषण**, चण्डीगढ़ : हरियाणा साहित्य अकादमी

भाटिया, सुमन : 1983, **बालक में भाषा विकास**, आगरा : केन्द्रीय हिन्दी संस्थान

रोहरा, सतीश कुमार एवं सिंह, सूरजभान (सं०) : 1988, **हिन्दी शिक्षण : अन्तर्राष्ट्रीय परिप्रेक्ष्य**, आगरा : केन्द्रीय हिन्दी संस्थान

रेड्डी, विजय राघव : 1986, **व्यतिरेकी भाषाविज्ञान**, आगरा : विनोद पुस्तक मन्दिर

वर्मा, ब्रजेश्वर (सं०) : 1969, **भाषाशिक्षण तथा भाषाविज्ञान**, आगरा : केन्द्रीय हिन्दी संस्थान

वर्मा, शिवेन्द्र किशोर : 1973, **भाषाविज्ञान की अधुनातन प्रवृत्तियाँ और हिन्दी भाषा शिक्षण**, आगरा : केन्द्रीय हिन्दी संस्थान

शास्त्री, सीताराम एवं शर्मा, वशिनी : 1986, **मनोभाषा विकास**, आगरा : केन्द्रीय हिन्दी संस्थान

श्रीवास्तव, राजेन्द्र प्रसाद : 1979, **हिन्दी शिक्षण**, दिल्ली : मकमिलन

श्रीवास्तव, रवीन्द्रनाथ एवं भसीन, शारदा : 1983, **प्रयोजनमूलक हिन्दी व्याकरण**, आगरा : केन्द्रीय हिन्दी संस्थान

सिंह, अमरबहादुर (सं०) : 1983, **अन्य भाषा शिक्षण के कुछ पक्ष**, आगरा : केन्द्रीय हिन्दी संस्थान

सिंहल, ऊषा : 1977, **हिन्दी शिक्षण**, दिल्ली : सौरभ प्रकाशन

अंग्रेजी

Agard, B. F. and H. B. Dunkel 1948. *An investigation of second language teaching*. Boston : Ginn.

Allen, H. B. (ed) 1958). *Readings in applied English linguistics*, New York ; Appleton-Century crafts.

Allen, J. P. B. and S. Pit Corder (eds) *The Edinburgh Course in applied linguistics*, vol 1 (1973), vol 2 (1975), vol 3 (1976), vol 4 (1977). London : OUP.

Altman, H. B. (ed.) 1977 *Individualizing the foreign language class room*. Rowley, MA : Newbury House.

Arnold, F. 1981. College English : A silent-way approach. Nora : Dawn Press.

Asher, J. 1977. *Learning another language through actions*. Los Gatos CA : SKY Oaks

Beebe. L (ed). 1988. *Issues in second language acquisition : Multiple perspectives*. London : Longman

Beretier, C and M. Seardamalia. 1987. *Psychology of written composition*. Hillsdale, N. J : Eribaum.

Billows, F. L. 1961. *The techniques of language teaching*. London : Longman.

Brooks, N. 1960. *Language and language learning*. New York : Harcourt, Brace.

Brosnan, D. et al. 1984. *Reading in context*. Adelaide : National Curriculum Research Centre.

Brown, H. D. 1980. *Principles of language learning and teaching*. Englewood, cliffs, N. J : Prentice-Hall.

Brumfit, C. 1980. *Problems and principles in English teaching*. Oxford : Pergamon Press.

————1984. *Communicative methodology in language teaching : the role of fluency and accuracy*. Cambridge : Cambridge University Press.

Brumfit, C. and K. Johnson (eds) 1979. *The communicative approach to language teaching* : Oxford University Press.

Carrel, P, et al (eds) 1988. *Interactive approach to second language reading* : Cambridge : Cambridge University Press.

Carrol, J. B. 1966. *Individual differences in foreign language learning*. New York : University school of education.

Cashdan, A. (ed.) 1986. *Literacy, teaching and learning language skills*, Oxford : Blackwell.

Chandrashekhar, A. 1965. *A new approach to language teaching*. Delhi : Linguistic club of Delhi.

Chomsky, N. 1959. *Review of B. F. Skinner : Verbal Behaviour*. Language 35. 26-58.

———1965. *Aspects of the theory of syntax*. Cambridge : MIT Press.

———1972. *Language and mind*. New York : Harcourt Brace.

———1981. *Lectures on government and binding*. Dordrecht : Foris.

Clark, H. and E. Clark. 1977. *The psychology of language*. New York : Harcourt Brace. Jovanovich.

Cook, V. J. 1977. *Cognitive processes in second language learning*. IRAL 15. 1-20.

———1985. Chomsky's Universal grammar and second language learning. *Applied Linguistics* 6. 2-18.

———1988. *Chomsky's universal grammar*. Oxford : Basil Blackwell.

Corder, S. P. 1967. *The significance of learners errors*. IRAL 4. 161-70.

———1971. *Idiosyncratic dialects and error analysis*. IRAL 9 147-60

———1973. *Introducing applied linguistics*. Penguin

———1981. *Error analysis and interlanguage*. Oxford : OUP

Curran, C. A. 1972. *Community learning : a whole-person model for education*, New York : Grune and Stratton.

———1976. *Counseling-learning in second languages*. Illinois : Apple River Press.

Dale, E. 1954. *Audio-Visual methods in teaching*. New York : Holt, Rinehart and Winston.

De Beaugrande, R. 1981. *Design criteria for process models of reading*. Reading Research Quartery 41 : 881-88

De Pietro, R. J. (ed.) 1982. *Linguistics and the professions*. Norwood, N. J. : Ablex.

Dulay, H. and M Burt 1973. *should we teach children syntax ?* Language Learning 23, 245-58

———and S. Krashen 1982. *Language Two*. Oxford : OUP

Ellis, R. 1984. *Classroom second language development*. Oxford : Pergamon Press.

———1985. *Understanding second language acquisition*. Oxford : OUP

Erickson, F. 1982. *The counsellar as gatekeeper*. New York : Academic Press.

Faerch, C. and G. Kasper (eds.) 1983. *Strategies in interlanguage communication*. London : Longman

Felix, S. 1980. *Second language development*. Tubingen : Gunter Nan.

Ferguson, C. 1959. Diglossia. word 15 325-40

Fries, C. C. 1957. *The structure of English*, Longman.

———and R. Lado. 1957. *English sentence patterns*. University of Michigan Press

Gategno, C. 1972. *Teaching foreign languages in schools : the silent way*. (2nd ed,) New York : Educational solutions.

———1976. *The common sense of teaching foreign language*. New York : Educational solutions.

Goodman, K. 1976. *Psycholinguistic Universals in the reading process*. Journal of typographic research 4 103-110.

Greg, K. R. 1984. *Krashen's monitor and Ocean razor*. Applied Linguistics 5. 79-101.

Grellet, F, 1981. *Developing reading skills*. Cambridge : Cambridge University Press.

Gumperz, J. J. 1984. *Communicative competence revisited*. Berkley; University of California.

Habermas, J. 1970. *On communicative competence*. Inquiry 13. 360-75

Halliday, M A. 1978. *Language as a social semiotic*. London : Edward Arnold

———P. D. Strevens, A Mc Intosh. 1964. *The linguistic sciences and language teaching*, Longman.

James, C. J. 1985. *Foreign language proficiency in the classroom and beyond*. Illinois : National Textbook Company.

Johnson, K. 1982. *Communicative syllabus : design and methodology*. Oxford : Pergamon.

———and D. Porter (eds.) 1983. *Perspectives in communicative language teaching*. Oxford Pergamon.

Kachru, B. (ed.) 1982. *The other tongue : English across cultures*. Oxford : Pergamon,

Keith, George and M. Glover 1987. *Primary language learning with microcomputers*. London : Croom Helm.

Klein, w. 1986. *Second language acquisition*. Cambridge : University Press.

Krashen, S. 1976. *Formal and informal linguistic environments in language learning and language acquisition*. TESOL quarterly 10. 157-68.

———1981 *Second language acquisition and second language learning*. Oxford Pergamon.

———1987. *Principles and practice in second language acquistion* Englewood cliffs : Prentice-Hall.

———and T. Terrel. 1983. *The natural approach : language acquisition in the classroom*. Oxford : Pergamon

Lado, R. 1957. *Linguistic across cultures*. Ann Arbor ; University of Michigan Press.

———1961. *Language testing*. London : Longman

Lado, R. 1964. *Language teaching : A scientific approach*. New York ; Mc Gram Hill

———and Charles C. Fries. 1958. *English pattern practice*. Ann Arbor : university of Michigan Press.

Lambert, W. E. 1967. *A Social psychology of bilingualism. Journal of Social Issues* 23. 93-109.

——— and G. R. Tucker. 1972 *Bilingual education of children : The st. Lambert experiment*. Rowley, MA : Newbury House.

Lester, M. (ed) 1970. *Readings in applied transformational grammar*. New York : Holt, Rinehart and Winston.

Lazanov, G. 1978. *Suggestology and outline of suggestpedy*. New York : Gardon & Breech

Mackey, W. F. 1965. *Language teaching analysis*. London : Longman.

———1972. *Bilingual education in a binational school*. Rowley : Newbury House.

Mckay, S. L. 1985. *Teaching grammar : form, function and technique*. New York : Pergamon Press.

Morrow, K. 1977. *Techniques of evaluation for a national syllabus*. London : Royal Society of Arts.

Munby, J 1978. *Communicative syllabus design*. Cambridge ; University Prtess.

Nemser, W. 1971. *Approximative systems of foreign language learner*. IRAL 9. 115-23.

Nunan, D. 1985. *Language teaching course design : trends and issues*. Adelaide : National curriculum Resonne centre.

———1989. *Designing task for the communicative classroom*, Cambridge : University Press.

Oller, J. W. 1979. *Language tests at schaol*, London : Longman.

———(ed.) 1983. *Issues in language testing research*. Rowley : Newbury House.

Pattanayak. D. P, 1981. *Multilingualism and mother tongue education*. Delhi : OUP.

Pattison, P. 1987. *Developing communication skills. Cambridge* ; Cambridge University Press.

Perfetti, C. A. 1985. *Reading ability*. London : Oxford University Press.

Pratt, M. L. 1977. *Toward a speech act theory of literary discourse*. Bloomington : Indiana University Press.

Preston, Bennis R. 1989. *Sociolinguistics and second language acquisition*. New York : Basil Blackwell.

Quirk, R. and J. Svartvik. 1966. *Investigating linguistic acceptability*. Mouton.

———, et al. 1972. *A grammar of contemporary English*. London : Longman.

Richards, J. C. (ed.) 1974. *Error analysis* London. Longman.

———1980. *Conversation*. TESOL quarterly 14 413-32.

———and T. S. Rodgers 1986. *Approaches and methods in language teaching*. Cambridge : University Press.

Riverse, W. M. 1964. *The psychologist and the foreign language teacher*. Chicago : University Press.

———1968. *Teaching foreign language skill*. Chicago : University Press.

Robinetta, B. W. and J. Schachter (ed.) 1983. *Second language learning : contrastive analysis, error analysis, and related matters*. Ann Arbor : University of Michigon.

Roulet, E. 1972. Linguistic theory, *linguistic description and language teaching*. London : Longman.

Rutherford, W. E. (ed,) 1984, *Language Universals and second language acquisition*. Amsterdom : John Benjamins.

Scarella, R, C. and S. D. Krashen (eds.) 1980. *Research in second language acquisition Rowley* MA : Newbury House.

Schumann, J. H. 1975. *Affective factors and the problem of age in second language acquisition*. Language learning 2 209-35.

Schumann, J. H. 1978. *The pidginization process*. Rowley MA, Newbury House.

Selinker, L. 1972. *Interlanguage*. IRAL 10 201-31

———and D. Douglas 1985. *Wrestling with context in interlanguage theory*. Applied Linguistic 6 190-204

Shuy, R. W. (ed.) 1977. *Linguistic theory : what can it say about reading ?* Delaware : International Reading Association.

Singleton, D. M. and D. G. Little (eds.) 1984. *Language learning in formal and informal contexts*. Dublin : IRAAL

Skinner, B. F. 1957. *Verbal behavior*. New York : Āppleton-century crafts.

Srivastava, R. N. 1977. *Language teaching in a bi-or plurilinunal and multicultural environment*. Paris : UNESCO

———1989. Literacy. *Annual Review of Applied Linguistics*. 10. 81-102

———et al 1978. *Evaluating communicability in village selting*. Delhi : UNICEF

———and Gupta, R. S. 1990. *Dimensions of applied linguistics*, Mysore : CIIL.

Stack, E. 1969. *Language laboratory and modern language teaching*. New York : Oxford University Press.

Stern, H. 1983. *Fundamental concepts of language teaching*. Oxford : OUP.

Syngle, B. D. 1981. *Second language (English) acquisition*. Delhi : University of Delhi.

Tarone, E. 1979. *Interlanguage as Chameleon*. Language learning 29. 181-91

———1982. *Systematicity and attention in interlanguage*. Language learning 32. 69-84.

———1983. *On the variability of interlanguage systems*. Applied Linguistics 4. 142-63.

Thomas, J. *Cross-cultural pragmatic failure*. Applied Linguistics 4. 91-112.

Titone, R. 1970. *Foreign language teaching today*. Florence : Valmaritiona.

Tsang, W. 1987. *Text modifications in ESL reading comprehension*. Honolulu : University of Hawai (ms.)

Turner, J. D. 1968. *Programming for the language laboratory*, London : University Press,

Widdowson, H, 1975, *The significance of simplification-Studies in Second Language Acquisition University of Indiana Linguistic club*. 1, 11-21,

———1983, *Learning purpose and language use*. Oxford OUP,

———1984, *Explorations in applied linguistics*, Oxford ; OUP,

Wilkins, D, 1976, *National syllabuses*. Oxford ; OUP,

Williams, F, 1976, *Explorations of the linguistic attitudes of teachers*, Rowley, MA ; Newbury House

Wode, H, 1981, *Learning a second language*, Tubingen ; Gunter Narr,

पारिभाषिक शब्दावली

अंत:क्रियात्मक	Interactional
अंतरण	Transfer
अंतर्जात	Innate
अंतर भाषा	Interlanguage
अंतर्विनिमेयता	Interchangeability
अंतर्वैयक्तिक	Interpersonal
अंतिम घटक	Ultimate constituent
अन्वेषणात्मक	Heuristic
अक्ष	Axis
अगोचर	Covert
अति अभ्यासीकरण	Over-practice
अति सामान्यीकरण	Over-generalization
अधिक्रम	Hierarohy
अधिगम	Learning
अधिगम्यता	Learnability
अधिभाषा/निरुपक भाषा	Metalanguage
अधीनता	Dependency
अन्य भाषा	Other tongue
अनुकरण	Imitation/mimicking
अनुकरणात्मक विधि	Mimicry-memorization method
अनुक्त	Tacit
अनुकूलन	Adaptation
अनुकूलतम	Optimal
अनुक्रम	Sequence/Succession
अनुक्रमवर्ग	Sequence class

अनुक्रिया	Response
अनुभववाद	Empricism
अनुभववादी	Empricist
अनुभावात्मक	Empirical
अनुप्रयुक्त/अनुप्रयोगात्मक	Applied
अनुवाद विधि	Translation method
अनुस्तरण	Gradation
अनौपचारिक	Casual/Informal
अप्रतिबन्धित	Unconditional
अभिक्षमता	Aptitude
अभिनिर्धारक प्रश्नपद	Identification test
अभिनिर्धारण प्रक्रिया	Identification process
अभिप्रेरणा	Motivation
अभिरचना	Pattern
अभिरचना अभ्यास	Pattern practice
अभिरचना द्विपक्षता	Duality of pattern
अभिलक्षण	Feature
अभिकल्प अभिलक्ष	Design feature
अभिव्यक्ति	Signified/expression
अभिव्यक्तिकरण	Production
अभिव्यक्तिपरक	Expressive
अभिविन्यास	Orientation
अभ्यास	Exercise/practice
अभ्यास सिद्धान्त विधि	Practice theory method
अमूर्त	Abstract
अर्जन	Aquisition
अवभाषा	Vernacular
अवभाषीकरण	Vernacularization
अवमिश्रित भाषा	Pidgin
अवशेष	Trace
अविच्छिन्नतावाद	Continuous theory
असहज	Unnatural
अस्मिता	Identity
अस्थिर	Unstable

अस्थिर द्विभाषिक	Unstable bilingual
आगत	Input
आगमनात्मक	Inductive
आत्मसात्करण	Assimilation
आदत निर्माण	Habit formation
आदरार्थ परक	Honorific
आधार	Base
आधारभूत भाषा	Base-language
आधारभूत शब्दावली	Basic vocabulary
आधुनिकीकरण	Modernization
आभ्यंतर संरचना	Deep structure
आरोपित अधिरचना	Super structure
इकाई	Unit
इकाई-विधि	Unit-method
उच्चारित	Articulated
उच्चारण	Articulation
उच्चारण-यंत्र	Speech mechanism
— रीति	Manner of articulation
— स्थान	Point of articulation
उत्तरजीवी	Survival
उत्तेजन मुक्त	Stimulus free
उत्पादक/उत्पादनपरक	Productive
उद्दीपन	Stimulus
उद्दीपन अनुक्रिया	Stimulus response
उपकरण	Instrument
उपकरणवादी	Instrumental
उपकरण बोधक	Instrumentative
उपचारात्मक	Remedial
उपलब्धि मूल्यांकन	Achievement evaluation
उपव्यवस्था	Sub-system
उपस्कर	Equipment
ऊर्ध्वस्तरीय	Vertical
एकलबद्ध (प्रश्नपद)	Discrete-point (test)
एकालाप	Monologue

एकिम	Moneme
एकविकल्पी/सत्यासत्य (प्रश्न पद)	True/false (test)
औपचारिक	Formal
कठिनाइयों का अधिक्रम	Hierarchy of difficulties
कथ्य	Message/Signified/Sense/ Content
कल्पनात्मक	Imaginative
क्रमादेश	Programme
क्रमादेशी अधिगम	Programmed learning
कारक	Case
कारक चिह्न	Case form
काव्यपरक	Aesthetic
कुंजी	Key
कुंजी पटल	Key board
केंद्रक	Locus
केंद्र संचालित (प्रयोगशाला)	Centrally controlled (laboratory)
कोटि	Category
कोटि निर्धारण	Categorization
कोड	Code
कोड निर्धारण	Code selection
— विभेदीकरण	—Differentiation
— विस्तार	—Expansion
— स्थैर्य	—Stability
कोडीकरण	Encoding
कोश	Lexicon
कौशल	Skill
क्लोज परीक्षण	Close test
क्षमता	Competence
क्षेत्रीय	Regional
क्षेत्रीय शैली	Regional Style
खंड	Segment
खंडीकरण	Segmentation
गत्यात्मक	Dynamic

गति	Speed
गलती	Mistake
गुच्छ	Cluster
गुण	Quality / attribute
गुणात्मक	Qualitative
गोचर	Overt
गौण (भाषा)	Minority (language)
ज्ञान अर्जन युक्ति	Knowledge aquisition device
ज्ञान रूप	Language of knowledge
ग्रहणशील	Receptive
ग्रहणशीलता	Receptivity
ग्रहीता	Recepient /learner
घटक	Constituent / component / Member
घनिष्ठ	Intimate
घोषत्व	Voicing
घोर्षाकरण	Voicing
चयन/चुनाव	Selection
चित्तवृत्ति	Disposition
चिह्नक	Marker
जड़ीभूत	Fossieized
जाति	Type
जाति परक	Generic
जाति विशिष्ट	Species specific
जीवंत भाषा	Living language
जीवित भाषा	Living language
जैविक	Biological
टेपांकित पाठ	Taped lesson
डायग्लासिया	Diaglossia
तकनीक	Technique
तर्क परक	Metalingual
तर्क बुद्धिवाद	Rationalism
तार्किक भाषा	Logical language
तुलना	Comparison

तुलनीय (अक्ष)	Comparative (Axis)
त्रुटि	Error
त्रुटि विश्लेषण	Error analysisation
दक्षता	Proficiency
दक्षता मूल्यांकन	Proficiency evaluation
दिग्दर्शन फलक	Display screen
दृश्य-श्रव्य	Audio-visual
दोष	Lapses
द्वितीयभाषा	Second language
द्विभाषिकता	Bilingualism
द्विभाषिक विधि	Dual-language method
द्विभाषी शब्दकोश	Bilingual education
द्विभाषिक शिक्षा	Bilingual dictionary
द्विमुखी	Bidirectional
ध्वन्यंकन	Recording
ध्वनिक	Acoustic
ध्वनि प्रतीक	Sound symbol
ध्वनिरोधी	Sound proof
ध्वनि विज्ञान	Phonetics
ध्वनि वैज्ञानिक विधि	Phonetic method
निगमनात्मक	Deductive
निदान	Diagnosis
निदानात्मक	Diagnostic
निदानात्मक मूल्यांकन	Diagnostic evaluation
निदेशपरक	Conative
नियम आधारित	Rule based
नियम निर्माण	Rule formation
नियम निर्देशात्मक	Prescsiptive
नियम विभेद	Rule differentiation
नियामक	Regulative
निर्गत	Output
निर्वाह	Maintenance
निषेधात्मक	Prohibitive/negative
निष्क्रिय	Passive

पद प्रयोग	Usage
परंपरा	Tradition
परप्रत्यय	Suffix
परसर्ग	Post-position
परिपूरक भाषा	Complementary language
परिपूरक वितरण	Complementary distribution
परिमाणात्मक	Quantitative
परिवीक्षण विधि	Monitor method
परिशुद्धता	Accuracy
परीक्षा	Test
परीक्षण	Examination
परीक्षण इकाई	Testing unit
परीक्षण मूल्यांकन	Testing
पहचान	Identification
पाठ	Text
पाठ सामग्री	Course ware
पाठ्यक्रम	Syllabus
पाठ्यचर्या	Curriculum
पाठन	Reading
पाठन कौशल	Reading skill
पाठन सामग्री	Reading material
पाठबिन्दु चयन	Items selection
पाठात्मक	Textual
पाश	Loop
पारिभाषिक शब्द	Term
पुन: नियोजन	Restructure
पुनर्बलन	Reinforcement
पुस्तकालयी (भाषा)	Library (language)
पूरकपाठ	Supplementary lesson
पूर्व परीक्षण	Text try out
पूर्वसर्ग	Prefix
पैटर्न अभ्यास	Pattern practice
प्रकार्य	Function
प्रकार्यात्मक	Functional

प्रकार्यात्मक विधि	Functional method
प्रचालन	Operation
प्रणाली	Methodology
प्रणाली तंत्र	Methodics
प्रणाली विज्ञान	Methodology
प्रजनकपरक	Generative
प्रजनन	Generation
प्रजातिपरक	Genetic
प्रक्रियावाद	Process (approach)
प्रक्रिया सामग्री	Software
प्रतिप्राप्ति	Feedback
प्रति बन्धन	Conditioning
प्रतिबाधित	Conditional
प्रतिस्थापन	Substitution
प्रतिस्थापन अभ्यास	Substitution test
प्रतीक	Symbol
प्रतीक विज्ञान	Semeiotics
प्रत्यय विधायिनी प्रक्रिया	Concept forming process
प्रत्यक्ष विधि	Direct method
प्रत्यास्मरण संक्षिप्त पद	Recolled test
प्रथम भाषा	First language
प्रबलन	Reinforcement
प्रभेदक लक्षण	Distinctive/constructive feature
प्रयुक्ति	Register
प्रयुक्ति सापेक्ष	Register-oriented
प्रयोक्ता सापेक्ष	User-oriented
प्रयोग	Usage
प्रयोग सापेक्ष	Use-Oriented
प्रवेश मूल्यांकन	Enterance evaluation
प्रसारण	Broadcast
प्रस्तुतिकरण	Presentation
प्रारंभिक	Incipient
प्राक् कल्पना	Hypothesis
प्रारूप	Model

प्रेषण	Transmission
प्रोक्ति	Discourse
फलत्ववाद	Law of effect
बहुआयामी	Multidimensional
बहुभाषा-भाषी	Multilingual
बहुविकल्पी पद	Multiple choice test
बहुविध प्रतिस्थापन	Multiple substitution
बाह्य (संरचना)	Surface (structure)
बोधात्मक (स्तर)	Cognitive (level)
बोधात्मक विधि	Comprehension method
भावात्मक (प्रकार्य)	Expressive (function)
भाषा अधिगम	Language learing
भाषाई समाज	Speech community
भाषाई कौशल	Linguistic skill
भाषा विशेष	Lauguage specific
भाषा मूल्यांकन	Language evaluation
भाषा नियंत्रण विधि	Language control method
भाषा नियोजन	Language planning
भाषा निर्वाह	Language maintenance
भाषा नीति	Language policy
भाषा परीक्षण	Language testing
भाषा प्रयोगशाला	Language laboratory
भाषा दोष विश्लेषण	Error analysis
भाषा व्याघात	Language interference
भाषा विकल्पन	Language variation
भाषा शिक्षा सिद्धांत	Language pedagogy
भाषिक कोश	Verbal repertoire
भाषेतर	Extralinguistic
भूमिका सापेक्ष	Role-oriented
मध्यस्थता सिद्धान्त	Mediation theory
मनोभावजन्य	Affective
मनोभाषाविज्ञान	Psycholinguistic
मातृभाषा	Mother tongue
माध्यम	Medium

मानक स्खलित/च्युत	Deviated from the standard/ norm
मानकीकरण	Standerization
मापांकन	Measurement
मिलान पद	Matching test
मिश्र विधि	Mixed method
मृत भाषा	Dead language
मूर्त संक्रिया	Concrete operation
मेल	Match
मौखिक मूल्यांकन	Oral test
मौखिक वार्तालाप	Oral conversation
मौन विधि	Silent method
यंत्र सामग्री	Hardware
यादृच्छिकता	Arbitrariness
योजक अभ्यास	Additive exercise
योजना	Planning
रचना	Composition
रूढ़ता	Conventionality
रूढ़िगत	Frozen
रूप	Morph
रूपविज्ञान	Morphology
रूप सिद्धि	Inflection
रूपान्तरण	Transformation
रूपिम	Morpheme
रूपिमिक	Morphemic
रेखीय	Linear
लक्ष्य	Target/Objective
लिखना	Writing
लिखित मूल्यांकन	Written test
लेखिम	Grapheme
लेखिमिक	Graphemic/Orthographic
वर्ग निर्धारण	Categorization
वर्ग मूल्यांकन	Placement evaluation
वर्णनात्मक	Descriptive

वस्तुवादी प्रकार	Objective type
वाक्छल	Prevarication
वाक्प्रवाह	Fluency
वाक्य विन्यास	Syntax
वाक् वेग	Speed/rate
वाक्शक्ति	Speech power
वाक् संश्लेषण	Speech synthesis
वाचन विधि	Reading method
वार्ता क्षेत्र	Field of discanrse
वार्ता प्रकार	Mode of discourse
वार्ता शैली	Style of discourse
विकल्पन	Variation
विकोडीकरण	Decoding
विखंडीकरण	Segmentation
विच्छिन्नतावाद	Discontinuous theory
विचलन	Diviation
विजातीय भाषा	Non-native language
विदेशी भाषा	Foreign language
विधि	Method
वियोजन	Disjunction
विवरणात्मक	Descriptive
विविक्तता	Descreteness
विषम रूपी	Hetrogeneous
विषमीकृत	Differential
विषय केन्द्रित	Subject oriented
विश्लेषणात्मक	Analytic
विश्वसनीयता	Reliability
विस्तारक	Expansion
विस्थापन	Displacement
वृक्ष आरेख	Tree diagram
वैधता	Validity
वैयक्तिक	Personal
वैयक्तिक बोली	Idiosyncratic dialect
व्यक्तिपरक	Individual

व्यतिरेक	Contrast
व्यतिरेकी अक्ष	Axis of contrast
व्यतिरेकी अध्ययन	Contrastive study
व्यतिरेकी विश्लेषण	Contrastive analysis
व्यवस्थापन	Installation
व्यवहारवाद	Behaviourism
व्यवस्थित	Systemic
व्यवहार संदर्भित त्रुटियां	Lapses
व्यवहित अंतरण	Mediated transfer
व्याकरण अनुवाद विधि	Grammar translation method
व्याकरण विधि	Grammar method
व्याघात	Interference
व्यापक/विस्तृत	Elaborate
शाखीय	Branching
शाब्दिक	Lexical
शिक्षण	Teaching
शिक्षण विधि	Teaching method
शिक्षण सामग्री	Teaching material
शिक्षार्थी	Learner
शुद्ध भाषा विज्ञान	Micro-linguistics
शैक्षिक नीति	Educational Policy
शैक्षिक व्याकरण	Pedagogical grammar
शैली	Style
श्रव्य	Audio
श्रव्य निष्क्रिय	Audio-passive
श्रव्य सक्रिय	Audio-active
श्रुत लेख	Dictation
श्रोता	Hearer/addressee
संकलन विधि	Electric method
संकल्पना	Concept
संकल्पना अधिगम	Concept learning
संकल्पनात्मक	Notional
संकल्पनात्मक कोड	Cognitive code
संकेतपरक	Refrential

संकेतार्थ	Reference
संकेतार्थपरक	Representational
संकेत विज्ञान	Semiotics
संकोचन	Contraction
संक्रान्तिपरक (भाषा)	Transitional (language)
संक्रिया	Operation
संज्ञान	Cognition
संचालन केन्द्रक	Central unit
संतत प्रक्रिया	Continuous process
संतत मूल्यांकन	Continuous evaluation
संतत रेखा	Cline
सत्ववाद	Content (approach)
संदर्भ	Context
संदर्भ-मुक्त	Context-free
संदर्भ सापेक्ष	Context-sensitive
संदेश	Message
संध्यक्षर	Diphthong
सन्निहित घटक	Immediate constituent
संभ्रान्त	Elite
संपर्क	Contact
संपर्कपरक	Phatic
सम्पर्क भाषा	Lingua franka
संपूरक भाषा	Supplementary language
संप्रेष्य	Communicable
सम्प्रेषणात्मक विधि	Communicative method
सम्प्रेषणपरक	Communicative
संबंध स्थापन	Contact
समायोजन	Accomodation
समुदायपरक विधि	Community method
संयोजन	Conjunction
संरचना	Structure
संरचनात्मक/संरचनापरक	Structural
संरचनात्मक परिवर्तन	Structural change
संवाद	Dialogue

संवेदी गति	Sensory motor
संस्थान	Institution
संस्थानगत	Institutional
सक्रिय	Active/productive
सजातीय विधि	Cognate method
समग्रताबद्ध	Integrated
समग्रतावादी	Integrative
समग्रतावादी विधि	Integrative method
समझना	Comprehension
समतुल्य द्विभाषिक	Ambilingual
समतुल्य भाषा	Equative language
समरूपी	Homogeneous
समस्तरीय	Horizontal
समाज भाषाविज्ञान	Socio-linguistics
समाजीकरण	Socialization
समाज कोड	Common core
समानाधिकृत	Co-ordinate
समुदायपरक	Societal
सरणि	Channel
सर्जनात्मकता	Creativity
सहज	Natural
सहजात	Innate
सहजानुभूत	Intuitive
सहस्वन	Allophone
सहायक भाषा	Auxiliary language
संसाधन	Processing
सांकेतिक विधि	Suggestopaedia
सांख्यिकीय साधनपरक	Instrumental
सान्त	Terminal
साहचर्य	Association
सामाजिक शैली	Social style
सामान्य	General
सामान्य शैली	Consultative style
सामान्यानुमान	Analogy

सामान्यीकरण	Generalization
सामासिक	Compound
सार्थकता	Significance/validity
सार्वभौम	Universal
सार्वभौम व्याकरण	Universal grammar
सावयव	Orgainic
सिद्धान्त अधिगम	Principle learning
सीमित	Restricted
सुमेलन	Matching
सुसंगत	Self-consistent
सुधारात्मक	Remedial
सोपाधिक	Canditioned
स्थिर	Static/fossilized/stable
स्मरण	Recollection
स्मृति अभ्यास	Memorization
स्तृति कोश	Memory
स्रोत	Source
स्वन	Phone
स्वन विज्ञान	Phonetics
स्वनिम	Phoneme
स्वनिर्दिष्ट	Self instructional
स्वनिमिक	Phonological/phonemic
स्वाभाविक	Natural
स्वाभाविक विधि	Natural method
स्वभाषा	Native language
स्वयं शिक्षण	Self instruction
स्वाश्रित	Automatic